방사선 피폭의 역사

미국 핵폭탄 개발부터
후쿠시마 핵발전소 사고까지

나카가와 야스오(中川保雄) 씀
박찬호·오하라 츠나키·윤종호 옮김

무명인

HOUSHASEN HIBAKU NO REKISHI

Copyright ⓒ 2011 by Yasuo Nakagawa
First published in Japan in 2011 by Akashi Shoten Co., Ltd.
Korean translation rights arranged with Akashi Shoten Co., Ltd.
through Shinwon Agency Co.
Korean translation rights ⓒ 2020 by MU MYEONG IN.

일러두기

1. 이 책의 주석은 원 저자의 주석일 경우 (원주)라고 밝혔고, 별도의 표시가 없는 경우 역주이다.
2. 보고·보고서, 조사 등은 「 」, 국제조약, 영화 제목 등은 < >를 사용했다.
3. 도서나 단체 이름 등 특별한 경우를 제외하고는, 원전은 '핵발전·핵발전소', 원자로는 '핵반응로', 원폭은 '핵폭탄' 등의 용어를 채택했다. 피폭(被爆, 被曝)은 피동의 의미가 있어, 문맥에 따라 '피폭하다', '피폭되다'를 혼용했다.
4. 방사선량 단위 및 환산 등은 다음과 같다.

단위

1시버트(Sv) = 1,000밀리시버트(mSv) = 1,000,000마이크로시버트(μSv)
10밀리시버트 = 0.01시버트, 100밀리시버트 = 0.1시버트
1렘(rem) = 1,000밀리렘(rem) = 1,000,000마이크로렘(rem)

이 책에서 사용하는 방사선 선량당량의 단위인 렘(rem)은 현재 자주 사용되고 있는 단위인 시버트(Sv)의 1/100과 같다.

1렘(rem) = 10밀리시버트(mSv)
100렘(rem) = 1시버트(Sv)
1밀리렘(mrem) = 10마이크로시버트(μSv)

베크렐(Bq, Becquerel)

방사성 물질이 방사선을 방출하는 능력을 측정하기 위한 국제단위(SI)로, 프랑스 물리학자 앙투안 앙리 베크렐(Antoine Henri Becquerel, 1852~1908)의 이름에서 가져왔다. 방사성 물질이 단위 시간(1초)당 붕괴하면서 내놓는 방사선의 양을 뜻한다. 이전에는 큐리(Ci)를 단위로 사용했다. 핵이 붕괴될 때 나오는 방사선은 다양하지만 베크렐에는 방사선의 종류가 반영되지 않으며, 핵의 종류 역시 반영되지 않는다. 해양이나 토양, 식품 등의 오염 정도를 나타내는 데 사용된다. 베크렐은 질량 단위와 같이 사용된다. 보통 1kg을 기준으로 한다. 예) 1Bq/kg

그레이(Gy, Gray)

흡수당량(absorbed dose). 기준 시간 동안 흡수된 방사선의 에너지양이다. 같은 베크렐 수치라도, 핵에서 강한 방사선이 나온다면 그레이 값은 높아진다.

시버트(Sv, Sievert)

선량당량(dose equivalent). 그레이를 인체에 미치는 영향을 고려해 환산한 단위이다. 같은 방사선이라도 피부에 닿는 것과, 몸속의 특정 장기에 조사(照射)되는 경우가 다르다. 피부에 미치는 영향력이 가장 낮고, 눈과 생식기가 가장 높다.

그레이와 시버트는 시간 단위와 같이 사용된다. 보통 시간당 또는 연간으로 표시되는데, 시간당 340nSv/h는 연간 2,978,400nSv/y(340×24시간×365일)이 된다. 우리나라의 자연 방사선 평균 수치는 약 340nSv/h, 3mSv/y이며, 전 세계적으로는 2.4mSv/y(환산하면 약 274nSv/h)이다.
더불어, 우리나라의 경우 자연 방사선을 제외한 인공 방사선의 일반인 연간 허용선량은 1mSv이고, 방사선 종사자의 연간 허용선량은 50mSv(5년간 100mSv)이다.

차례

1. 방사선 피폭의 역사에서 미래의 교훈을—서문을 대신해서 ——— 11

2. 미국의 핵폭탄 개발과 방사선 피폭 문제 ——————— 19
    미국방사선방호위원회의 탄생 ————————————— 19
    맨해튼 계획의 방사선 과학자 ————————————— 23
    2차 세계대전 이전 피폭기준과 방사선 피해 ——————— 26

3. 국제방사선방호위원회의 탄생과 허용선량의 철학 ——— 33
    ICRP의 창시자 ———————————————————— 33
    허용선량의 탄생 ——————————————————— 36
    미국의 핵개발과 허용선량 —————————————— 42
    「ICRP 1950년 권고」 ————————————————— 45

4. 방사선의 유전적 영향에 대한 불안 ————————— 51
    원폭상해조사위원회(ABCC)의 설립 —————————— 52
    ABCC의 유전적 영향 연구 —————————————— 57
    배가선량(倍加線量)과 일반인 허용선량 ————————— 59

5. 핵발전 추진과 비키니섬 '죽음의 재'의 영향 ————— 67
    핵발전 개발에서 미국의 반격 ————————————— 67
    비키니섬 '죽음의 재'가 미친 영향 ——————————— 75
    BEAR위원회의 등장 ————————————————— 81
    허용선량 인하 ———————————————————— 84
    「ICRP 1958년 권고」 ————————————————— 87
    UN과학위원회 ———————————————————— 91

6. 방사선 피폭이 암과 백혈병 발병에 미치는 영향을 둘러싼 논쟁 ── 97
    저선량 방사선의 위험성에 대한 불안 확산 ────────── 97
    '죽음의 재'로 오염된 우유 ─────────────────── 100
    암과 백혈병의 '문턱선량' ─────────────────── 103
    히로시마·나가사키 방사선 피해의 과소평가 ───────── 106

7. 핵실험 반대운동의 고양과 리스크-베네피트론 ── 119
    핵실험 반대운동의 고양 ──────────────────── 120
    리스크-베네피트론의 탄생 ─────────────────── 122
    「1960년 연방방사선심의회 보고」와 「BEAR 보고」 ─────── 125
    「ICRP 1965년 권고」 ───────────────────── 129

8. 핵발전 반대운동의 고양과 경제성 우선 리스크론의 '진화' ── 133
    핵발전 반대운동의 고양 ──────────────────── 133
    고조되는 과학자들의 허용선량 비판 ─────────────── 135
    난관에 부딪친 핵발전 추진 정책 ──────────────── 142
    방사선 피폭의 금전적 계산과 코스트-베네피트론 ───────── 147
    「BEIR-1 보고」 ────────────────────── 151
    ICRP의 코스트-베네피트론 도입 ──────────────── 153
    생명에 대한 금액 산정 ─────────────────────── 156
    다른 산업보다도 안전한 핵발전 산업? ──────────────── 160
    「ICRP 1977년 권고」 ───────────────────── 162

9. 히로시마·나가사키의 핵폭탄 선량 재검토의 비밀 ── 171
    핵폭탄 선량 재검토의 진짜 계기 ──────────────── 172
    맨큐소의 핸퍼드 핵시설 노동자 조사 ─────────────── 175
    절대적이었던 T65D 선량에 대한 재검토 ──────────── 178
    군사기밀 누설의 고등전술 ─────────────────── 183

「BEIR-3 보고」를 둘러싼 논쟁 ——————————— 186
미일합동워크숍에서 DS86 확정 ——————————— 189

10. 체르노빌 사고와 ICRP의 새 권고 ——————————— 195
「ICRP 권고」 개정의 배경 ——————————— 196
신권고로 이어진 파리 성명 ——————————— 200
체르노빌 핵발전소 사고와 일반인의 피폭한도 ——————————— 204
신권고 발표까지의 경과 ——————————— 208
미국 방사선방호위원회와 핵산업의 대응 ——————————— 213
「UN과학위원회 보고」 ——————————— 215
「BEIR-5 보고」 ——————————— 217
'선량 대폭 인하'의 진실 ——————————— 220
신권고의 최대 속임수 ——————————— 221

11. 피폭 피해의 역사에서 무엇을 배울 것인가 ——————————— 227
시대적 변화와 함께 확산되는 피폭 피해 ——————————— 227
방호 기준에서 바라본 피폭 강요 및 대응의 역사 ——————————— 232
현재의 피폭 문제가 지닌 특징 ——————————— 235
일본 피폭 문제의 특징 ——————————— 246
식품의 방사능 오염 ——————————— 261

12. 맺음말 ——————————— 269

| 증보 | 후쿠시마와 방사선 피폭 — 이나오카 고조(稲岡宏蔵) ——————————— 277
1. 후쿠시마 사고의 특징과 노동자·주민의 대량피폭 ——————————— 278
2. 100밀리시버트 이하의 피폭도 위험 ——————————— 288
3 후쿠시마 오염·피폭 대책, 그리고 ICRP ——————————— 302
4. 방사선 피폭과의 싸움에서 탈핵으로 ——————————— 312
5. 후쿠시마가 의미하는 것 ——————————— 320

초판 후기 —————————————————— 327
증보판 후기 ————————————————— 331
옮긴이 후기 ————————————————— 337
참고문헌 목록 ———————————————— 346

1. 방사선 피폭의 역사에서 미래의 교훈을
   — 서문을 대신해서

　인류가 핵개발을 시작한 지 약 반세기가 지났다. 통상 전반기는 주로 핵무기 개발의 역사였고 후반기는 핵발전核發電의 역사로 알려져 있다. 그러나 핵은 개발과 기술발전의 측면에서만 이야기할 수 없고 그렇게 해서도 안 된다. 왜냐하면 지난 반세기는 핵개발에 반드시 따라붙는 방사선 피폭의 역사였기 때문이다. 게다가 방사선은 인류를 사멸시킬지 모를 위험성을 갖고 있다.

　인류의 생존을 좌우하는 방사선과 피폭 위험성을 역사적으로 어떻게 받아들이고, 어떻게 대처해 왔는지를 체계적으로 다룬 서적은 아직까지 없었다. 방사선 피폭 방호의 역사를 표면적으로 다룬 것은 있지만, 모두 방사선 피폭을 관리하는 입장에서 서술했을 뿐이다. 방사선 방호를 위한 행정이나 실무와 관련된 각종 조직, 학회, 협회 등은 방사선 피폭 문제를 핵발전을 추진하거나 허용하는 입장에서 다루고 있다.

　따라서 지금까지 출판된 서적은 핵을 추진해 온 정부나 핵산업계의 방사선 피폭에 대한 정책을 비판적으로 검토할 수 없었다. 아울러 국제적인 과학기구로 인정받고 있는 '국제방사선방호위원회ICRP' 등이 핵무기 개발이나 핵발전 추진과정에서 어떤 역할을 했는지도 알려 주지 않는다. 더욱이 핵폭탄 피해자나 핵발전소 노동자 등 소위 '히바쿠샤'[1]의 진정한 피해나 고통을 알 수 있는 내용도 전혀 없었다.

핵문제에 관심을 가진 많은 사람들에게 지금 가장 필요한 자세는, 모든 핵개발에 따르는 방사선 피폭을 근거로 핵이 인류의 미래를 약속할 수 있는지 생각해보는 데 있다.

1979년 미국 스리마일섬 사고는 "실제로 핵발전소에서 중대사고가 일어날 수 있다"는 것을, 1986년 소련 체르노빌 사고는 "핵발전소가 전 지구적 방사능 오염을 불가피하게 일으킬 수 있다"는 점을 보여줬다. 핵발전소와 핵연료주기[2]로 인한 방사능 오염은, 인류와 지구상의 모든 생물에게 사활死活이 걸린 지구 환경문제의 최우선 주제일 수밖에 없다.

오늘날 핵전쟁으로 인류가 멸망할 가능성은 점점 낮아지고 있다. 그러나 단 한 번의 핵발전소 중대사고만으로도 핵전쟁에 필적하는 심각한 피해가 초래될 수 있음을 우리는 지금 온몸으로 실감하고 있다. 핵전쟁이 아니라 핵발전소와 핵연료주기 시설의 중대사고로 인류와 지구상의 생물이 멸종되지 않는다고 누가 단언할 수 있을까.

인류의 발전을 위해 핵발전소가 불가피하다는 생각이 여전히 세계를 지배한다. 오히려 최근에는 주요 선진공업국이 핵발전을 새롭게 추

---

1) 피폭자(被曝者)의 일본식 발음(HIBAKUSHA)으로, 국제적인 고유명사
2) 우라늄의 채굴에서부터 변환과 농축, 핵연료 가공, 핵발전소 운영과 사용후핵연료 재처리, 핵폐기물의 보관과 폐기 등 핵연료가 순환하는 전 과정을 통틀어 핵연료사이클(cycle), 핵연료주기(週期)라고도 부른다.

진하는 것에 미래를 맡기려 한다. 일본은 선두를 달리고 있다. 게다가 히로시마와 나가사키 참사를 겪어서 방사능의 위험성을 익히 알고 있다는 일본이 핵발전을 추진함으로써, 세계적으로 핵발전 추진 동력을 크게 고무시키는 역할까지 하고 있다.

우리는 방사선 피폭의 영향에 대해 얼마나 알고 있는가? 아니, 핵무기나 핵발전을 개발한 사람들과 얼마나 다른 관점에서 위험성이나 피해를 생각했을까? 방사능의 공포나 방사선 피폭의 위험성에 관한 공식적인 국제적 평가는 핵무기를 개발하고 사용한 사람들, 또 동일한 기술을 핵발전소로 확장한 사람들이나 협력했던 사람들이 구축해왔다. 따라서 이것을 진리로 보는 관점에 비판적이지 않다면, 피폭국인 일본이라 해도 세계의 다른 나라 사람들보다 방사능의 공포를 잘 알고 있다고는 결코 말할 수 없다.

피해를 판단하는 기준을 가해자가 일방적으로 평가하고 게다가 과학적으로 포장까지 한 것을 그대로 받아들여도 좋은가. 현재의 방사선 피폭 방호 기준과 법령은 가해자들의 평가와 과학적 포장을 무비판적으로 수용한 결과다. 바꿔 말하면 일반적으로는 통하지 않는 방식으로 방사선 피폭의 위험성과 피해를 은폐하고 극히 과소평가 하면서 핵개발을 추진해 온 것이다.

핵시대의 출범 당시에는 방사선 피폭의 위험성을 어떻게 생각했을까? 어떤 사람들이 어떤 식으로 과소평가 했을까? 피해자들은 어떤 대우를 받았을까? 이 질문에 기존의 설명과는 전혀 다른 관점과 증거로 답하는 것이 본서의 목적이다.

비밀의 장막으로 켜켜이 둘러싸인 상태가 핵 문제의 본질적인 특징이다. 하지만 공개된 자료와 정보 또한 방대하다. 나는 입수 가능한 자료를 샅샅이 뒤져 숨겨진 실타래를 찾고, 엉킨 것을 풀어 새롭게 엮는 방식으로 본질적으로 중요한 진실을 밝혀내고자 했다.

먼저 미국의 '맨해튼 계획'의 방사선 인체 영향 연구를 원점에서부터 재검토하기 시작했다. 일반적으로 핵폭탄 방사선 연구는 히로시마·나가사키 핵폭탄 피해 조사에서 시작한다고들 말한다. 분명 그런 면이 있다. 그러나 파괴를 목적으로 하면서 파괴의 정도를 전혀 예측하지 않고 개발했을 리는 없다. 이런 생각에서 맨해튼 계획에 따른 방사선 피해부터 살펴보기로 했는데, 놀라운 사실을 발견했다. 맨해튼 계획에서 방사선 피폭 인체 실험까지 했음을 알 수 있었다. 이런 사실은 나중에 미국 의회에서 폭로됐고(1986년) 일본에서도 많은 사람들이 알게 됐다.

당시에는 맨해튼 계획의 방사선 피폭 문제를 조사해 봐도 비밀의 장벽 때문에 아무것도 얻을 수 없어 아무도 지적할 수 없었다. 이런 점만 보더라도 일본의 맨해튼 계획에 관한 연구는 큰 문제가 있다고 여겨진다. 동시에 누구나 잘 안다고 생각하는 히로시마와 나가사키의 핵폭탄 재해災害 방사선 피해 연구도 기본적인 관점에서 결함이 있었다. 히로시마와 나가사키의 방사선 피해는 일본에서도 많은 연구가 이루어졌다. 하지만 당시 미국 점령군의 통제정책으로 방사선 피해 실정이 은폐됐기 때문에, 일본이나 미국에서 이미 공개한 자료에서는 질적으로 다른 사실을 찾기 어렵다고 생각하는 사람들이 많다. 처음에는 나도 그렇게 생각했다. 그러나 가해자인 미군이 조사한 내용을 피해자의 입장에서 평가해야 할 일본 연구자들이 미군의 조사내용을 상당히 많이 수용한 것은 아무래도 이해하기 어렵지 않은가.

핵폭탄 투하 직후 히로시마와 나가사키를 조사한 조직을 일본에서는 '미일합동조사단'으로 부른다. 하지만 미국의 공식 문서는 '미군합동조사위원회'로 지칭한다. 이 사례에서 드러나듯, 일본은 조사를 시행한 주체조차 정확하게 파악하지 못했다. 방사선 피폭의 위험성을 평가할 때도 똑같다. 사실 일본의 대표적 연구자들도 미군의 핵폭탄 피해 은폐와 과소평가를 그대로 수용해 왔다. 이후 많은 피폭자들의 급성사망이나 급성장애가 방사선 탓이 아니라고 하거나, 암이나 백혈병 등 일정기간이 경과한 후에 나타나는 방사선의 만발성晩發性 영향도 왜곡했다.

어째서 이런 식으로 해 왔을까? 이를 명확히 밝히는 것도 이 책의 목적 중 하나다. 히로시마와 나가사키 핵폭탄 피해를 조사한 일본인 연구자들이 대부분 일본의 침략 전쟁에 협력했었다. 혹은 전쟁 중에 일본의 핵폭탄 개발에 종사했거나 전후 핵개발에 관련되어 있었다. 이런 사람들을 동원해서 핵폭탄 피해자 조사를 했고, 이를 바탕으로 핵발전의 방사선 피폭 방호 기준을 만들었다.

방호 기준에는 방사선 피폭을 얼마만큼 위험하다고 여기는지가 집약될 수밖에 없는데, 이 과정에 미국 원자력위원회와 관련 조직이 가장 큰 역할을 해왔다. 방사선 피폭 문제를 미국 중심으로 다루면서, 1987년부터 1988년까지 내가 뉴욕시립대학에 있을 때 당사자들을 직접 만나 조사했다. 예를 들어 이 책에 종종 등장하는 테일러 L. S. Taylor 미국 방사선방호위원회 명예 위원장, 모건 K. Z. Morgan 국제방사선방호위원회 위원장 등이 대표적이다. 또 미국 원자력위원회 관련 문서 중에는 정보공개법에 따라 기밀이 풀렸거나, 출판된 내용도 적지 않았다. 이런 문서에 기초해 지금까지 거의 알려지지 않았던, 미국방사선방호위원회가 방사선 피폭 문제에 어떻게 대응했는지, 미국 원자력위원회가 어떻게 국제적인 조직을 구축했는지, 내부 사정을 분명하게 알 수 있었다. 이런 실태를 해명하고 기존의 '정설定說'과 다른 역사를 보여주는 것이 이 책의 큰 목적이다.

무엇보다 이 책에서 밝혀지는 일들은 숨겨진 비밀의 극히 일부일 뿐이다. 그런데도 핵무기와 핵발전 개발에 따른 방사선 피폭 피해자가 지금까지 어떻게 무시되고 버려져 왔는지 기본적인 구조를 드러낼 수 있다. 이 구조는 핵개발과 그로 인한 방사선 피해만이 아니라, 지구적 규모의 환경 오염과 피해 문제에도 기본적으로 적용될 수 있다.

나는 인류가 쌓아온 문명의 수준과 풍요로움의 기준은 '가장 약한 입장에 있는 사람들을 어떻게 대우하는가'로 판단해야 한다고 생각한다. 여기서 다루는 문제와 관련해서 말한다면 방사선에 쪼인 히바쿠샤의 피해와, 앞으로의 시대를 짊어질 아기나 아이들에게 끼치는 영향을 역사적으로 인류가 어떻게 판단해 왔는지가 중요하다. 아이들의 안전을 지키려고 하면, '방사선이 인체에 미치는 영향'이라는 과학적 판단과 동시에 '안전을 어떻게 볼 것인가'라는 사회적인 판단이 얽히게 된다. 지금까지 이 판단은 정보와 사회적 권력을 쥔 사람들 입맛대로 이루어져 왔다. 핵산업과 핵발전을 추진하는 사람들은 아이들을 방사선으로부터 지키는 일에도 경제적인 이익을 우선하는 원리, 즉 인간의 생명조차 돈으로 계산하는 구조를 만들어냈다. 이 책의 목표는 이 원리와 구조가 어떻게 '과학'으로 다뤄져 왔는지를 밝히고, 새롭게 찾은 증거와 함께 어둠 속에 버려진 채 감춰졌던 피해를 보여주는 데 있다.

안전한 것은 굳이 "안전하다"고 선전할 필요가 없다. 사람들이 핵발전에 품고 있는 불안은 이런 '홍보' 등으로 결코 없어지지 않는다. 오히려 거액을 들여 만든 수상하기 짝이 없는 안전 홍보에 한층 더 불안을 느낄 수밖에 없다. 체르노빌 사고로 우리는 이 불안의 실체를 직접 대면하게 되었다. 체르노빌 사고가 울린 경종을 받아들이고 지난 반세기에 걸친 방사능 피해의 역사를 직시하는 것에서 시작하도록 하자. 그리고 방사능 피해자를 양산하는 근원을 똑똑히 보고, 새로운 피해자를 만들지 않도록 무엇이 필요한지 고민해야 한다.

2. 미국의 핵폭탄 개발과 방사선 피폭 문제

핵시대가 시작되면서 방사선 피폭을 둘러싼 문제는 정치적으로 매우 중요했다. 방사선 피폭의 방호 기준과 체계는 핵의 시대에 부응하여 바뀌었다. 과연 어떤 세력들이, 어떤 정치적 과정을 통해 달성했을까? 지금까지도 숨겨져 있는 전후 역사 중 하나이다. 먼저 이런 의문을 규명해 보자. 물론 미국의 동향이 관건이다. 무엇보다 2차세계대전 이후 미국의 상황을 봐야 한다.

미국방사선방호위원회(NCRP)의 탄생

2차세계대전이 시작될 때까지 방사선에 노출되는 대부분의 경우는 의료 등 극히 제한된 분야였다. '미국 X선및라듐방호위원회'는 주로 의료 분야에서 X선과 라듐을 사용하는 의사와 의료기사 등 방사선 작업 종사자들의 피폭으로 인한 직업병 방지를 임무로 하고 있었다. 위원회는 1928년에 설립됐고 위원은 방사선 및 라듐 관계 학회, 방사선 기기 생산업체 협회, 그리고 미국 규격표준국[3] 대표 등이었다.

그러나 2차세계대전 시작과 동시에 상황은 일변했다. 전쟁 중에 핵무기 개발을 시작하면서 핵산업에 종사하는 사람들이 피폭됐다. 핵폭탄 개발을 위한 맨해튼 계획 아래 만들어진 일련의 핵무기 공장과 연구소가 그러했다. 방사선의 피폭 관리는 전쟁 중에는 완전한 군사기밀이었다. 핵폭탄 개발 조직이었던 '맨해튼 공병부대'[4]는 전후에 겉으로는 민간조직이라 할 수 있는 '미국 원자력위원회'[5]로 바뀌었다. 이곳에서 일하는 노동자의 방사선 피폭 관리도 다른 민간 방사선 작업 종사자와 같은 기준을 적용할 수밖에 없었다. 결국 1940년 이후 활동을 중단했던 미국 X선및라듐방호위원회는 미국 원자력위원회가 설립된 1946년 말부터 활동을 재개했다.

2차세계대전 직후 미국 X선및라듐방호위원회 위원장이던 테일러L.

---

3) National Bureau of Standards, NBS. 미국 국립표준기술연구소(National Institute of Standards and Technology, NIST)의 전신. 1901년부터 1988년까지 명칭이 미국 규격표준국이었다.
4) 맨해튼 공병부대는 1942년 8월 13일에 설치되어, 핵폭탄 프로젝트에 관한 연구, 개발 및 실험 감독, 우라늄 농축을 실시하는 오크리지 공장, 플루토늄을 생산하는 핸퍼드 공장, 핵분열성 물질의 최종 처리와 핵폭탄 장착을 하는 로스엘레모스 실험장과 같은 각 연구소 및 실험장의 관리, 시설과 인원의 유지 및 관리를 맡았다.
5) 미국 원자력위원회(Atomic Energy Commission, AEC)는 1946년부터 1974년까지 존재한 미국 정부 독립행정기관. 2차세계대전 후 핵기술 연구와 이용을 미군으로부터 민간으로 옮길 목적으로 1946년 8월 설립했다. 핵기술의 촉진과 안전성 확보를 위한 규제라는 상반되는 역할을 한 기간이 맡았기 때문에 비판적 여론이 컸다. 1974년 미국 의회는 원자력위원회 폐지를 결정, 미국 원자력규제위원회(Nuclear Regulatory Commission, NRC)와 미국 에너지연구개발관리국(Energy Research and Development Administration, ERDA) 산하로 분리. ERDA는 1977년 미국에너지부에 흡수 합병되었다(위키피디아 참고).

◀ 테일러(L. S. Taylor) 박사

S. Taylor는 방사선 방호 체제 재편성에 착수했다. 물론 재편성의 핵심은 거대한 핵산업체에 있었다. 테일러는 먼저, 1946년 9월 미국 X선및라듐방호위원회의 비공식 회의를 소집했다. 회의 목적은 위원들의 합의를 얻어 맨해튼 계획의 대표를 위원회에 새로 추가하는 것이었다. 같은 해 12월, 2차세계대전 종료 후 처음으로 미국 X선및라듐방호위원회의 공식회의가 열렸다. 이 때 맨해튼 계획을 대표해 워렌S. L. Warren과 모건K. Z. Morgan이 출석했다. 워렌은 핵폭탄 투하 직후에 히로시마와 나가사키 조사에 착수한 미군합동조사위원회 주요 위원이었다. 모건은 맨해튼 계획의 일환으로 만들어진 오크리지Oakridge연구소의 방사선 피폭 관리 책임자로, 해당 분야의 1인자였다.

맨해튼 계획의 대표를 추가한 회합에서 다음 사항을 결정했다. (1) 명칭을 '미국방사선방호위원회The National Commitee on Radiation

Protection, NCRP'로 바꾼다. (2) NCRP에는 집행위원회, 중앙위원회Main Commission 및 7개 소위원회를 설치한다. (3) NCRP 위원장은 테일러가 맡고 전체를 조정하는 역할은 미국 규격표준국이 계속 맡는다. 이렇게 해서 NCRP가 탄생했다.

방사선 작업에 종사하는 사람들을 방사선 장애로부터 지키기 위한, 정부로부터 독립적인 학술조직으로 알려진 NCRP, 과연 그럴까. 의문에 답하기 위해서는 구체적인 실태를 확인해 볼 필요가 있다.

NCRP 집행위원회는 위원장을 포함해 5명이었다. 집행위원은 스톤 R. S. Stone, 윌리엄스E. G. Williams, 파일라G. Failla, 스탠포드 워렌Stanfford Warren(임시)이었다. 집행위원은 NCRP 위원장이 임명했다. 중앙위원회에 대표를 보낸 조직은 미국 의학회, 북미방사선협회, 미국 라듐협회, 미국 규격표준국, 이전의 X선 장치 제조자를 대신하는 전미전기제조자협회, 그리고 새로 가입한 미국 원자력위원회, 육군, 해군, 공군, 공중위생국, 국제X선및라듐방호위원회였다.

소위원회는 (1) 외부피폭 허용선량(위원장, 파일라) (2) 내부피폭 허용선량(위원장, 모건) (3) 2메가볼트 미만의 X선(위원장, 뉴웰R. R. Newell) (4) 중이온(위원장, 월란E. O. Wollan), (5) 전자 및 2메가볼트 이상의 X선(위원장, 마리넬리L. D. Marinelli) (6) 방사성 동위원소, 핵분열 생성물(위원장, 파커H. M. Parker) (7) 모니터링 방법 및 장치(위원장, 앤드류스H. L. Andrews)의 7개였다. 소위원회 위원장은 집행위원회 위원을 겸했지만, NCRP 위원장이 임명했다. 소위원회 보고서도 집행위원회 승인이 필요했다.

이상의 내용에서 알 수 있듯이 위원장과 집행위원회가 절대적인 권한을 쥐고 있었고, 집행위원회를 구성한 5명은 각각의 조직을 대표했다. 테일러가 미국 규격표준국, 파일라와 스톤이 북미방사선협회, 윌리엄스가 공중위생국, 스탠포드 워렌이 미국 원자력위원회를 대표했다. 형식적인 구성은 이런 식이었지만, 파일라와 스톤은 맨해튼 계획에 깊이 관여하고 있었고, 집행위원회는 실질적으로 미국 원자력위원회의 입장을 관철하는 별동대로서 완전한 통제를 받고 있었다.

맨해튼 계획의 방사선 과학자들

이들의 경력을 살펴보자. 스톤은 시카고대학 야금학연구소의 '플루토늄 계획보건부', 즉 맨해튼 계획에서 추진한 방사선 영향 연구의 중심 지도자였다. 그가 주도한 연구에서는 암 환자 전신에 X선을 퍼붓는 인체실험을 했다. 인체실험은 그의 출신대학인 캘리포니아대학 의학부 부속병원에 입원하고 있던 암 환자를 이용했다. 결론은 1회당 20~25렘[6] (200~250밀리시버트)은 물론, 40렘(400밀리시버트)까지라면 방사선에 쪼여도 피폭 영향을 제일 민감하게 나타내는 림프구의 유의미한 감소는 찾아볼 수 없다는 것이었다. 심지어 총 피폭선량도 3시버트까지라면 장애는 나타나지 않는다. 즉 "견딜 수 있다"는 내용이었다.

파일라는 뉴욕 메모리얼 병원의 방사선 치료 분야 1인자로, 맨해튼 계획 고문을 역임했고 2차세계대전 후에도 미국 원자력위원회 각 연구소 고문과 생물·의학부 생물·물리 부문의 장을 겸임해 왔다. 그는 또 콜롬비아 대학 관계자와 공중위생국에도 큰 영향력이 있었다.

NCRP 위원장 테일러는 X선 선량측정의 전문가로, 맨해튼 계획에는 참여하지 않았으나 2차세계대전 중에 공군 오퍼레이션 리서치(OR, 운영분석)에 종사했다. 전쟁 종료 후에는 미국 규격표준국에 복귀했고 1948년에 미국 원자력위원회에 파견돼 생물·물리 부문의 장을 맡는 등 산업계, 군軍, 원자력위원회와 깊은 관련을 맺고 있었다.

스탠포드 워렌은 맨해튼 계획의 의학부장이었다. 그는 1945년 7월

---

6) (원주) 렘: 물질 1g당 흡수 에너지가 100에르그(erg)인 경우의 흡수선량은 1 라드(=0.01그레이). 인체가 X선 또는 감마선을 1라드(rad) 쬐인 경우 방사선 생물효과가 1렘(0.01시버트)이다. 렘은 '선량당량(線量當量)'을 나타내는 단위이다. '선량당량'은 '흡수선량'과 방사선 종류와 에너지로 단위가 달라지는 '선질계수'(線質係數, 생물효과비에 상당, X선과 감마선의 경우 1, 중성자의 경우 10, α 입자의 경우 20) 및 선원(線源) 분포와 선량률을 고려한 '기타 수정 계수'의 곱으로 정의되고 있다.

이 책에서 취급하는 인체 방사선량 피폭에 대해서는 1렌트겐의 X선과 감마선이 조사되면 1라드 흡수되고 1렘(0.01시버트) 선량을 입었다고 생각해도 된다. 통상 일본에서 자연방사선은 연간 약 0.1렘(1밀리시버트)을 약간 넘을 정도이다. 그리고 1989년 4월에 단위가 국제단위계로 바뀌었다. 따라서 증보판에서는 렘 및 라드 뒤에 시버트 표시를 추가했다.

(역주) 에르그(erg). 1dyn(다인)의 힘이 그 힘의 방향으로 물체(질점)를 1cm 움직이는 일이 1erg이다. MKS단위계인 J(줄)의 1000만분의 1에 해당한다. 즉 $1erg=1dyn \cdot cm=10^{-7}J$이다. 명칭은 일을 뜻하는 그리스어 ergon에서 유래한다. 1873년 영국에서 제안되었다.

렘(Rem, Roentgen Equivalent Man): 생물학적 효과를 고려해서 정한 방사선 흡수선량의 단위로 시버트와 비슷한 개념이지만, 현재는 사용하지 않는다. 1렘=10밀리시버트(mSv), 1시버트(Sv)=1000mSv, 10000명·1렘=100명·1Sv(100명·1000mSv). 번역과정에서 특별한 경우를 제외하고, 렘·라드 단위는 생략하고, 시버트 단위로 표시했다.

16일 뉴멕시코 앨라모고도에서 진행한 첫 번째 핵실험 '트리니티 실험'에서 방사능 측정을 진두지휘한 인물이다. 이후 그를 대신해서 NCRP에 들어간 쉴즈 워렌Shields Warren은 미국 원자력위원회 생물·의학부 초대 책임자로, 임기 후에도 계속해서 미국 원자력위원회 각종 조직에서 요직을 맡았다. 그가 집행위원회에 참여함으로써 NCRP에 대한 미국 원자력위원회의 영향력은 더욱 강력해졌다.

이렇듯 NCRP 집행위원 5명 중 4명이 미국 원자력위원회와 관련된 인물이었기 때문에 미국 원자력위원회는 NCRP를 거의 완전히 수중에 넣을 수 있었다. 미국 원자력위원회는 추가로 NCRP 소위원회 인사도 통제했다. 소위원회는 군사기밀과 관련이 있는 미국 원자력위원회의 자료 없이는 아무것도 할 수 없었다. 미국 원자력위원회는 군사기밀 단속을 이유로 소위원회 위원장 인선에도 개입해 제3소위원회와 제6소위원회를 제외한 모든 위원장 자리에 미국 원자력위원회 관계자를 앉혔다.

소위원회 중에서도 가장 중요한 제1소위원회는 파일라가 위원장을 맡았다. 위원은 멀러H. J. Muller를 제외하고 모두 맨해튼 계획 관계자로 고정했다. 스톤과 파커는 맨해튼 계획 방사선 영향 그룹의 중심인물이었고, 다우디A. H. Dowdy는 맨해튼 계획과 깊은 연관이 있는 로체스터대학 그룹의 한 명이고, 프리델H. L. Friedell은 맨해튼 계획과 육군을 잇는 역할을 하고 있었다. 다음으로 중요한 제2소위원회 위원은 모건(위원장)을 비롯해, 파일라, 파커, 쉴즈 워렌, 브루스A. Brues, 해밀턴J. G. Hamilton, 로즈J. E. Rose였다. 파커, 해밀턴, 로즈는 모두 맨해튼 계획의 '플루토늄 계획보건부' 위원이었으며, 훗날 히로시마와 나가사키의 만발성晩發性 영향 연구 예비조사의 주도적 인물로 일본을 방문했다.

이상과 같이 NCRP를 편성했으니, 이는 미국 원자력위원회가 지배했다기보다는 오히려 한 부서에 불과한 인력구성이었다고 보여진다.. 게다가 미국 원자력위원회는 스스로 지배와 통제를 관철하기 위해 다음과 같은 대책도 강구했다. 첫째, NCRP의 제반 보고는 미국 원자력위원회에 불이익을 주지 않도록 준비, 작성해야 했다. 미국 원자력위원회는 이런 내용을 테일러 등에게 확인했고, 공개 전의 검토, 즉 사전 검열을 요구했다. 둘째, 미국 원자력위원회는 NCRP에 연간 5,000달러의 자금을 지원해 재정적으로도 NCRP를 지배했다. 말하자면 미국 원자력위원회가 NCRP의 인적 측면이나 재정 측면 모두를 지배하는 형태로 정비한 후에, 전후 미국 방사선 피폭 방호 기준을 마련하기 시작했다.

2차세계대전 이전 피폭기준과 방사선 피해

재편성된 NCRP에서 서둘러 가장 먼저 보고서로 정리해야만 하는 과제가 있었다. 방사선외부피폭의 선량기준을 정해야 했다.

방사선 피폭 방호에 대해서는 2차세계대전 이전인 1936년부터 줄곧 하루에 0.1렌트겐[7](1밀리시버트mSv)라는 기준을 적용해왔다. 동일한 기준을 핵폭탄 개발 하의 방사선 피폭 관리에도 적용했다. 미국 원자력위원회는 '실적'과 생물·의학적 이론의 양면에서 기준의 안전성은 보증된다고 큰소리쳐 왔다.

그러나 사실 미국 원자력위원회와 NCRP 지도자들이 입에 담기조차 싫은 사건이 있었다. NCRP 전신인 '미국 X선및라듐방호위원회'가 당시 기준이 너무 높다는 비판을 받아들여 매초당 선량률을 10만분의 1에서 100만분의 1뢴트겐으로 내린 것이다.[8] 즉, 기존 기준을 10분의 1 인하하는 결정을 1940년에 내렸다가 다음해인 1941년 회의에서는 전년도 회의에 불참했던 파일라가 선두에 서서 반격했다. 그는 선량 인하 실행을 연기하겠다며 전년 결정을 강제로 뒤집어버렸다. 물론 파일라의 반격은 핵폭탄 개발 조직이 본격적으로 나선 것으로 볼 수 있다. 어쨌든 전시 체제로 이행하면서 선량 인하는 미뤄졌고 기존의 높은 기준을 관철시킨 상태에서 NCRP를 재편성했다.

1940년에 미국 X선및라듐방호위원회가 기준선량을 낮춘 것은 '내

---

7) (원주) 뢴트겐: 표준상태 공기 1cc에 X선 또는 감마선을 조사(照射)할 때, 공기 중에 1정전단위(靜電單位)의 양·음 이온을 만드는 선량이 1뢴트겐(단위 R)이다. 1R 조사로 공기 1g은 87에르그, 또한 물 1g은 97.4에르그를 흡수한다. 감마선이나 X선의 1뢴트겐은 생물 연조직(軟組織)의 경우, 거의 0.96라드에 상당하므로, 1뢴트겐과 1라드(10밀리그레이)는 거의 같은 양으로 생각해도 된다. 그것은 감마선의 경우 10mSv 피폭에 해당된다.
8) 인체에 피폭하는 선량은 시버트라는 단위를 적용하며, 선량 자체를 나타낼 때는 조사(照射)선량이라 해서 그레이(Gy)단위를 적용한다. '선량률'이라는 것은 선량을 시간으로 나눈 것이다. 즉, 선량률의 단위는 시간당 그레이(Gy/h) 혹은 시간당 시버트(Sv/h)가 된다. 시간 단위를 변경할 경우 시간당 선량은 60분당 선량 혹은 3,600초당 선량으로 변경할 수 있다. 또한 뢴트겐은 렘이라는 단위를 적용하며 1렘=10mSv라는 공식에 대해선 앞에서 이미 언급한 바 있다. 시버트는 렘보다 세분화한 선량단위이다. 이 책에서 반복해서 나오기 때문에 "1렘은 10밀리시버트"를 기억해두면 좋다. 당시 파일라 등의 주장이 얼마나 문제가 있는지를 알 수 있다.

용耐容선량[9])에 대한 유전학자들의 강한 비판 때문이었다. 비판은 멀러가 1927년에 초파리를 이용한 실험에서 방사선 돌연변이를 발견한 것에서 시작, 1930년대를 통해 유전학자들 사이에 확산된 상태였다. 방사선 피폭으로 유전적 영향이 발생하고, 유전에 대한 영향은 피폭선량에 비례한다는 점을 다른 어떤 분야의 과학자들보다 가장 빠르고 심각하게 받아들인 집단은 유전학자들이었다.

내용선량이란, 명칭에서 시사하는 바와 같이, 특정 선량값 이하면 방사선은 아무런 생물·의학적 악영향을 주지 않는다고 생각한 피폭의 방호 기준이다. 미국 X선및라듐방호위원회가 1931년에 처음으로 내용선량 값을 설정했다. 이후 국제방사선방호위원회ICRP의 전신인 국제X선및라듐방호위원회IXRPC가 하루 7시간, 주 5일 노동에 종사하는 "정상적 건강상태에 있는 사람이 견딜 수 있는 X선 피폭선량으로 하루 2밀리시버트"를 내용선량으로 한다고 1934년에 권고했다. 다음해인 1935년 미국 X선및라듐방호위원회는 내용선량을 하루에 1밀리시버트(1년으로 환산하면 250밀리시버트)로 내리는 결정을 내렸고, 바로 이 기준을 맨해튼 계획 핵폭탄 개발에 적용하였다.

1930년대에는 원자물리학이 급속히 발달해, 방사선 이용도 학술 연구에서 의학 분야로 급격히 확장됐다. X선을 이용한 의학적 진단법과

---

9) tolerance dose. 내용선량은 신체적 영향에 주목한 개념으로, 인간이 장애를 받지 않고 장기간에 걸쳐 견디어낼 수 있는 선량을 말한다.

더불어 고출력 X선 발생 장치와 방사성 동위원소를 이용한 각종 의학적 치료법이 전 세계로 보급되었다. 아울러 방사성 토륨을 이용한 X선 진단용 조영제造影劑도 빈번히 사용했다. 방사성 라듐도 대대적으로 이용했다. 벨기에령 콩고와 캐나다에서 고품질 라듐 광석을 새로 발견하면서, 1914년에 1g에 16만 달러였던 라듐은 1930년에는 2만 달러로 하락했다. 그 결과 라듐은 대량으로 쓰이는 방사선 치료 외에도 정맥 주사액이나 내복액 등으로 폭넓게 사용됐다. 라듐을 이용한 라돈 물까지 등장해 대중들에게 '건강음료'로 대량 판매되기까지 했다.

이렇게 방사선을 이용한 새로운 산업이 연이어 나타났고, 이에 착안해 대자본을 투자하는 독점기업도 등장했다. 미국 버클리방사선연구소는 방사성 동위원소를 전 세계에 공급했지만, 록펠러 재단이나 듀폰 등 화학 독점기업체의 이익을 대표하는 화학재단은 버클리에 대형 사이크로트론[10] 건설에 자금을 제공하는 등 거대한 자본을 필요로 하는 방사선 분야로 진출하기 시작했다. 1938년에 우라늄 핵분열을 발견하자, 카네기·멜론과 모건 등 대재벌도 핵 분야에 촉수를 뻗기 시작했다. 이러한 금융 독점기업 산하에 있는 유니온카바이드&카본, 몬산토 등의 화학독점기업체, 제너럴일렉트릭(GE), 웨스팅하우스 등 전기 독점기업체가 새롭게 핵산업 분야로 진출했다.

---

10)   cyclotron. 원형가속기의 일종

그런데 방사선 피폭 우려가 있는 산업 분야에서 일하는 사람들이나 방사선 치료와 진단을 받은 환자들 사이에서는 이미 1930년부터 방사선 피해가 발생하기 시작했다. 동시에 내용선량에 대한 의문이 생기기 시작했다. 그러나 방사선 이용 산업, 또 새로운 거대 산업으로 급성장하고 있던 핵산업의 이익을 지키기 위해, 무엇보다도 핵폭탄 개발을 위해 내용선량의 재검토는 뒷전으로 밀려났다.

2차세계대전 후 방사선 피폭 문제는, 방사선 유전학회라는 전문가만의 좁은 세계에서 핵폭탄과 핵전쟁에 반대하는 광범위한 사람들의 세계로 넓혀졌다. 그러면서 어떤 수치 이하면 인체에 영향이 없다는 '안전선량'이란 존재하지 않는다는, 내용선량에 대한 비판도 확대됐다. 비판의 최선봉에 선 학자가 멀러였다. 그는 히로시마·나가사키 핵폭탄 투하 직후부터 방사선 피폭이 인류 전체에게 미칠 유해한 영향에 강한 위기감을 가졌고, 사람들에게 위험성을 알리는 대중적인 강연을 활발하게 진행했다. 멀러는 1946년 노벨 생리학·의학상을 수상했고, 방사선이 인류에 미치는 영향에 대해 폭넓은 사회적 관심을 불러일으켰다.

이런 상황에서 재편성된 NCRP가 핵무기의 방사선과 인류의 미래라는 문제에 과연 어떤 견해를 제시할지가 초미의 관심사가 됐다. NCRP 지도자들이 먼저 취한 전술은 미국 원자력위원회가 지배하는 조직 체계를 구축한 다음 멀러를 포섭하고자 했다. NCRP 집행위원회는 조직을 정비한 1947년에 멀러를 제1소위원회 위원으로 추가했다. 물론 이것은 비판 진영에 대한 교묘한 분열책이었다. NCRP 집행위원회는 앞서 서술한 것처럼 전국에서 관련 학회 및 협회 대표자를 위촉했지만, 내용선량을 단호하게 비판하는 유전학회에 대해서는 멀러를 제외하고는 아무도 위촉하지 않았다.

3. 국제방사선방호위원회의 탄생과 허용선량의 철학

미국의 핵추진 세력은 미국 내 방사선 방호 조직의 안정된 기반이 마련되자, 다음은 국제조직 구축에 착수했다. 국제방사선방호위원회는 어떤 과정을 거쳐 탄생했을까? 과연, 통상 언급되고 있는 것처럼 '과학분야 국제 권위의 결집'이라고 부를 수 있을까.

ICRP의 창시자

미국의 NCRP 집행위원회는 다른 소위원회 논의의 전제가 되는 제1소위원회 보고 작성을 재촉했다. 제1소위원회 위원장 파일라는, 집행위원회는 물론 미국 원자력위원회와도 사전 검토를 한 후 1948년 1월에 외부피폭선량에 관한 잠정보고를 정리했다. 보고는 1) 내용耐容선량이란 관점을 포기하고, '허용許容선량' 개념을 처음 공식적으로 받아들였고, 2) 선량값을 하루 1밀리시버트에서 주週당 3밀리시버트로, 대략 절반으로 낮추었다. NCRP 집행위원회는 같은 해 6월 미국 시카고에서 열린 회의에서 파일라 소위원회 보고서를 승인하는 동시에 다른 소위원회에 신속한 보고서 작성을 요구했다. 동시에 집행위원회는 국외 활동을 본격적으로 시작했다.

미국은 맨해튼 계획에 참여한 영국과 캐나다가 핵개발을 원활하게 추진하려면, 3국이 협력해 국제적인 방사선 방호 기준을 만들 필요가 있다고 판단했다. 파일라 등은 허용선량 보고서를 정리한 후 곧바로 영국 대표와 협의에 들어갔고, 1948년 봄 잠정적인 합의에 도달했다. 미국은 파일라 보고를 정식으로 결정한 후, 같은 해 9월 미영 공식협의를 시작했다. 미국 NCRP에 대응하는 영국의 조직은 '영국 의학연구회의MRC' 방호 소위원회 내용선량 전문위원회였다.

미영 협의는 그 후 캐나다를 추가해 3국협의로 진행됐다. 1948년 3월 비공식 회의를 열고, 공식 협의는 다음해 9월 캐나다 초크리버에서 개최했다. 표면적으로 3국협의에 임한 것은 NCRP와 MRC였지만, 실제로 협의를 개최하고 지도한 것은 각 나라의 원자력위원회였다. 미국 대표단에는 생물·의학부장인 쉴즈 워렌을 비롯하여 테일러, 파일라, 모건, 파커 등 미국 원자력위원회 관계자가 이름을 올렸다.

3국협의의 첫 번째 목적은 미국 NCRP가 정리한 파일라 보고서를 영국과 캐나다가 실행할 수 있는지, 그 여부를 검토하는 것이었다. 아울러 앞에서 서술한 허용선량을 적용했을 때 핵시설을 원활하게 운영할 수 있을지를 협의하고, 자국으로 돌아가 협의결과를 군부와 조정하는 일을 진행했다.

미국은 국내조직을 정비하고, 3국협의에서 미국 제안이 수용될 수 있을 것으로 평가했다. 이후 1937년 이래 개점휴업 상태인 '국제X선및라듐방호위원회IXRPC'의 재건에 착수했다.

IXRPC는 1925년 런던에서 개최한 제1회 국제방사선학대회의 논의를 거쳐, 1928년 스웨덴 스톡홀름에서 개최한 제2회 대회에서 설립됐다. 1920년대에 방사선으로 인한 업무상 재해가 세계적으로 빈발한 탓에 설립한 것이었다. 1차세계대전 중에 X선 장치와 라듐의 이용, 또 의학적 진단·치료 장비를 급속히 보급한 결과 방사선 의사·기사와 방사선을 쪼인 환자들 사이에서 방사선의 급성증상과 만성증상, 게다가 치명적인 암이 무수히 발생했다. 또한 라듐의 경우에는 야광도료의 원료였기 때문에 이것을 칠한 시계가 1차세계대전 참전 병사들 사이에 널리 보급되었다. 시계의 숫자판에 야광도료를 칠하는 작업에 종사했던 미국 여성노동자 중에, 1924년경부터 골육종과 재생불량성 빈혈로 생명을 잃는 경우가 속출했다. 미국 노동부와 공중위생국이 전국적 조사를 진행해야만 할 만큼 큰 사회문제가 되었다.

　　이렇듯 방사선 피폭으로 인한 직업병 방지를 주요 목적으로 IXRPC가 탄생했다. 위원회는 영국, 미국, 독일, 스웨덴 4개국, 전체 5명의 위원으로 구성됐다. 그 후 1인을 추가해 6명이 되었고, 위원 중 1948년까지 생존했던 사람은 스웨덴의 시버트R. Sievert와 미국의 테일러 2명뿐이었다. 게다가 테일러는 전쟁 전에 사무국장 취임을 의뢰받고 이미 이에 동의했던 인물이어서, 조직 재건은 미국의 의도대로 진행할 수 있었다.

　　테일러는 영국의 메이놀드W. V. Mayneord와 협의하여, 다음과 같은 구조로 위원회를 조직하였다. 칼링E. R. Carling(영국)을 의장으로, 사무국장 테일러(미국), 빙크스W. Binks(영국), 체리에E. L. Chérigié(프랑스), 시프리안니H. A. Cipriani(캐나다), 예거R. Jaeger(서독), 메이놀드(영국),

방사선 피폭의 역사

뉴웰(미국), 시비트(스웨덴)를 위원으로 두는 체제었다. 영국의 칼링, 빙크스, 메이놀드 그리고 캐나다의 시프리안니는 앞서 언급한 3국협의의 구성원이었다. 위원 중에 무려 3분의 2가 3국협의와 관련된 사람들이었다. 위원회의 인적 구성은 1949년 말에 승인되었으며, 전쟁 후 첫 공식회의는 1950년 런던에서 개최했다. 이런 과정을 거쳐 과학적 권위의 모임으로 알려진 '국제방사선방호위원회ICRP'가 탄생했다.

IXRPC는 방사선 관련학회들 협의를 중심으로 방사선으로 인한 직업병을 방지하기 위해 탄생했다. 일종의 피폭 방호를 위한 과학자들의 학술조직이었다. 그러나 ICRP는 미국을 중심으로 하는 3국협의, 즉 맨해튼 계획의 전후 진행 결과 중의 하나였다. 조직의 성격과 목적도 크게 달라졌다. 방사선 방호를 위한 전후의 국제조직은, 미국의 주도하에 핵무기와 핵개발을 추진하는 사람들이 적극적으로 호응하면서 만들어졌다. 말하자면 ICRP는 본래 과학자의 조직이었으나 과학을 빙자한 핵개발 추진세력의 국제적인 협조조직으로 변질되고 말았다.

허용선량의 탄생

미국의 NCRP가 도입하고 ICRP가 추인했던 방사선 방호의 새로운 기준은 허용선량으로 불린다. 지금은 법령 등의 공식 문서에서는 사라졌지만, 핵발전이나 방사능 문제에 관심 있는 사람들에게 널리 알려져 있고 사회적으로도 여전히 유효하다. 허용선량이란 무엇인가? 이 개념을 뒷받침하는 철학은 무엇인가? 지금도 많은 논란을 불러일으키는 허용선량식 사고의 탄생과정이나 내용은 지금까지 거의 밝혀지지 않았다.

여기서 당시의 ICRP의 정신이라고 말할 수 있는 허용선량의 사고체계를 더 자세히 살펴보자.

내용선량의 사고체계는 방사선 돌연변이의 발견을 계기로 붕괴했다. 내용선량을 사용할 수 없다고 본 미국의 방사선 방호 관계자들은 1930년대 중반 이후 '최대 허용선량'이라는 용어를 사용했다. 이후 허용선량이라는 개념을 공식적으로 채택한 것은 NCRP의 제1소위원회가 썼던 1946년이었다. 그러나 이 때는 허용선량의 의미를 정해놓지 않았다. "유해한 영향이 발생하지 않는 피폭량"이라는 개념이 NCRP의 최대공약수적인 이해였지만, 도대체 "유해한 영향이란 무엇이며, 어떻게 발견할 수 있는가"에 관해서는 일치할 수 없었다.

NCRP 지도자들은 피폭선량의 한도에 대해, 안전을 고려해 1일당 1밀리시버트의 2분의 1인 주당 3밀리시버트로 낮추면서, "피폭 당사자에게 유해한 영향이 나타나지 않는다"는 견해를 유지했다. 유전적 영향에 관해서도 "한도 값 이하에서 영향이 있다는 어떤 증거도 없다"라고 주장했다. 하지만 그들의 주장을 따르더라도 영향 자체를 부정할 수는 없기 때문에, 유전학자들의 비판을 억누르기는 어려웠다. 유전적 영향은, NCRP는 물론 미국 원자력위원회 등의 행정 분야 과학자들에게 피할 수 없는 최대 난제였다.

난제에 대처하기 위해 대두한 논리가 리스크risk[11] 수용론이었다.

---

11) 'risk'를 '위험'이라고 번역하게 되면 부정적 의미만 있는 'danger'에 가까워, '위험 가능성'이란 의미가 내포된 '리스크(risk)'라는 표현을 그대로 썼다.

허용선량과 리스크의 개념을 최초로 제시한 것은 미국이었다. ICRP의 재편성을 위해 영국과 협의를 진행하던 중에 미국은 다음과 같은 견해를 피력했다.

(1) 방사선 피폭은 적으면 적을수록 바람직하지만, 그렇다고 중요한 업무를 심각하게 방해할 정도로 한도를 낮출 수는 없다. 인간의 모든 활동에서 일정한 재해로부터 완전히 벗어나려는 기대는 불합리하다.

(2) 따라서 아무리 실용적인 피폭선량 한도라고 하더라도 재해를 초래하는 일정한 리스크를 포함할 수밖에 없다. 문제는 리스크를 평균의 보통 사람들이 쉽게 받아들일 수 있을 만큼 적게 하는 것에 있다. 즉, 핵분야의 경우에는 방사선 피폭을 동반하지 않는 통상의 다른 직업과 같은 정도로 리스크를 작게 해야 한다. 사람들은 리스크를 어느 수준에서 받아들일 수 있을까? 그것은 주로 장애를 피할 가능성에 따른다.

(3) 방사선 장애에 대한 민감성은 사람에 따라 크게 다르지만, 누가 방사선에 가장 민감한지를 미리 결정할 수는 없기 때문에, 평균의 보통 사람을 상정해야 한다.

(4) 허용선량은 유해하다고 알려진 높은 선량부터 피할 수 없는 자연방사선량까지의 중간 어디쯤엔가 있다. 지금까지의 경험상 안전하다는 기준은 1일당 1밀리시버트와 가깝지만, 해당 선량의 피폭 영향을 다수의 사람들을 대상으로 관찰한 햇수가 너무 짧기 때문에 단정할 수 없다. 현재로선 사람의 생애선량에 대해 엄밀하게 말할 수 있는 내용은 "자연방사선보다도 상당히 높은 수준에서, 사람의 생애 중에 눈으로 확

인할 수 있는 장애가 전혀 나타나지 않는 선량이다. 설령 있다고 해도 가장 민감성이 높은 사람에게만 나타날 뿐이다."

(5) 유전적 영향에 대해선 돌연변이의 발생률이 선량에 비례하지만, 자연발생적인 유전이상과 비교해 발생률이 너무 높지 않도록 피폭량에 대한 통제가 중요하다. 전체 인구 중에서 극히 소수만이 피폭하는 한, 현재든 미래든 향후 세대에 발현되는 유전 장애가 허용선량 값을 결정하는 데 제한요인이 될 수는 없다. 그러나 피폭인구의 비율이 증가할 때에는 피폭선량이 한층 더 중요해진다. 개인의 생애 및 바로 다음 세대에 발현하는 새로운 유전 장애를 고려한다면 모든 개인의 피폭량 통제 필요성은 명백하다.

(6) 동물실험의 결과, 상당량의 피폭은 수명을 단축한다. 그러나 저선량의 경우 1일당 피폭량 추정은 불확실하고 정량적인 결과를 얻을 수 없다. 전신피폭의 경우, 가장 손상받기 쉬운 곳은 방사선에 가장 민감한 조직이다. 이것을 결정조직이라고 부른다. 과거 사례에서 드러난 바, 조혈造血계통의 장기臟器가 결정조직이다.

(7) 내용선량이라는 개념은 특정 '문턱선량'[12] 이하라면 안전하다는 가정을 포함한다. 그러나 방사선으로 인한 돌연변이에는 한계선량이 없기 때문에 엄밀한 의미에서 내용선량은 존재할 수 없다. 무엇보다 방사

---

12) 문턱선량(Threshold dose). 방사선 피폭의 영향이 임의의 문턱값(선량) 이하에서는 영향이 없고, 문턱값을 넘어서면 영향이 발생한다는 논리

선 방호의 입장에서 내용신량이란 표현은 신체가 견딜 수 있는 유해한 영향의 선량이라는 뜻으로 사용해 왔다. 그러나 모호함을 피하기 위해서는 허용선량이라고 표현하는 쪽이 바람직하다.

(8) 허용선량이란 개념은 피폭한 본인과 후속 세대에 방사선 장애의 발생 가능성을 포함하고 있지만, 가능성 자체가 매우 낮기 때문에 평균적인 보통 사람에게는 쉽게 받아들여질 수 있는 리스크이다. 따라서 허용선량은 생애의 어떤 시점에서도 일반인에게 눈으로 확인할 수 있는 수준의 신체장애가 발생하지 않는 전리電離방사선[13]의 선량으로 정의할 수 있다.

이상이 미국 NCRP가 1949년의 시점에서 내놓은 허용선량의 내용이다.

---

13) 전리(電離)방사선. 생물을 구성하는 세포들 간의 전자 결합을 떼어놓을 수 있는 방사선으로 암, 세포괴사, 질병 등을 초래할 수 있다. 보통 '방사선'이라고 하면, 전리 방사선을 의미한다. 방사선의 작용은 '전리'에 있다. 전리는 분자를 절단하는 것이다. 유전자와 인체에서 기능분자의 절단은 건강을 파괴한다. 분자가 절단되기 때문에, 피폭의 위험은 두 가지 타입으로 구분할 수 있다. 원자는 원자핵과 주변을 돌고 있는 궤도전자로 구성되지만, 전리라는 것은 궤도전자를 원자의 밖에까지 밀어내버리는 것이다. 방사선 작용의 대부분은 우선 바깥쪽 전자를 원자에서 날아가게 하고, 방사선 자신은 전리시킬 때 필요한 에너지를 상실하는 것이다. 세포괴사는 급성 증상을 초래하는 데, 탈모, 붉은 반점, 설사를 비롯해 즉사 등으로 나타난다. 유전자의 변형으로 만성, 만발(晚發)적 영향을 초래하는데, 이것은 암 또는 백혈병과 같은 질병으로 나타난다.

허용선량의 개념에 대해 역사적으로는 다음과 같이 평가할 수 있다. 첫째로 안전선량으로 인정해 왔던 내용선량에 대한 비판을 받아들일 수밖에 없는 상황에서, 이를 대체하고 장애 발생 가능성을 인정하는 선량기준으로 공식전환했음을 명실상부하게 보여준다. 둘째로 인류 전체에 대해 방사선으로 인한 유전 영향의 고려, 결정장기의 정의, 인체 흡수선량 '렘rem'의 도입과 함께, 리스크의 사회적 수용을 포함한 하나의 체계적인 기준을 제시한 것이었다. 결국 주당 선량을 3밀리시버트로 낮췄다.

허용선량은, 요컨대 다음과 같이 설명할 수 있다. 핵무기 공장 등 핵·방사선 시설의 존재와 운전의 필요성을 군사적·정치적 및 경제적 이유로 인정하고, 방사선에 쪼이며 일하는 핵 노동자를 비롯해 방사선 작업 종사자, 혹은 일반인에게 피폭을 부담시키기 위해 정부 등이 법령 등으로 정한 피폭기준이며, 좁게는 선량한도를 의미한다. 방사선 장애와 관련하여 말하면 방사선에 민감한 사람에게는 유해한 영향이 불가피하지만, 평균적인 보통의 인간에게 두드러지게 나타나지 않으면, 비록 피해가 있더라도 사회적으로 허용해야만 한다는 점을 근거로 국민들이 쪼이는 방사선량이다.

이는 핵무기 지배를 밀어붙이는 정책에 걸맞은 생각이다. 핵개발을 추진하기 위해서는 약간의 희생을 감수해야 한다는 사상에서 나온 논리이다. '평균적 보통의 인간'을 기준으로 삼는다고 말하며, 방사선에 가장 약하고, 따라서 방호에서 가장 중시해야 하는 태아나 아기를 비롯한 약자를 내팽개치는 사상이다. 피해가 생길 줄 알면서도 피해자를 '평균 이하'의 인간으로 포기하고 사회 발전을 위해서는 이런 식의 만행도 허용해야 한다고 다수의 '평균적 인간'에게 강요한다.

허용선량을 '수용선량'이라고 하는 것은 올바르지 않다. 수용이라는 것은 본인이 스스로 참고 견디며 받아들이는 상태이다. 허용선량은 앞서 말한 것처럼 핵발전 추진 세력이 국민에게 강요한 것이다.

지금부터는 이러한 사상과 내용을 가진 허용선량 기준이 어떤 정치·경제적 요인으로 탄생하고 국제적으로 어떻게 취급되었는지 서술하려 한다.

미국의 핵개발과 허용선량

1940년대 말 미국은 핵폭탄을 확대 생산하면서 새롭게 수소폭탄 개발에 나섰다. 미국 원자력위원회는 핵무기 개발과 생산을 진행하면서 그곳에서 일하는 노동자를 관리하는 책임도 지고 있었다. 후자를 위해 만들어진 허용선량이란 개념이, 전자의 핵무기 개발과 어떻게 관련되었을까? 대부분 두 가지 내용을 분리해서 별개의 항목으로 설명한다. 하지만 실제로는 한 뿌리에서 뻗어나와 서로 얽혀 있는 하나의 실체였다. 미국의 핵 산업에서 허용선량이 어떤 경제적 의미를 지니고 있었는지 생각해보면, 핵무기 개발과 허용선량과의 관계를 잘 알 수 있다.

허용선량을 도입할 때 미국 원자력위원회가 노동자의 방사선 피폭 통계를 분석한 결과 연간 피폭선량의 평균치는 1945년이 9밀리시버트, 1946~1948년은 각각 6, 4, 3밀리시버트였다. 이런 수치들은 새로운 기준인 연간 150밀리시버트와 비교하면 크게 낮은 값이었다. 고선량 피폭도 높은 쪽 10명의 평균 피폭량이 어느 해나 20밀리시버트 이하로, 별로 문제가 없는 것으로 여겨졌다. 발표 값이 확실하다면, 피폭 관리에 새로운 기준을 적용해도 괜찮다는 결론이었다. 오히려 핵 산업체들은 새로운 기준 도입을 계획하면서, 안전을 홍보해서 노동자를 확보하는 쪽이 좋다고 생각했다.

문제는 새로운 기준을 마련하면 공장의 설계 변경, 피폭 방호 시설이나 장비에 많은 비용이 들어간다는 점에 있었다. 수소폭탄의 개발을 추진하고 있던 미국 원자력위원회는 맨해튼 계획을 상회할 기세로 개발비를 투입하기 시작했다. 1948년에 전후 처음 증가세로 돌아선 핵 예산은 1951년까지 총액이 26억 달러에 도달해, 22억 달러의 맨해튼 계획을 가볍게 넘어섰다. 한편에서는 핵 산업체를 지원하고, 다른 쪽에서는 막대한 정부 재정으로 대학이나 공공 기관 연구소와 밀접한 관계 속에 군·산·학 복합체를 만들어냈지만, 미국 원자력위원회에게 비용 문제는 방치할 수 없는 골칫덩어리였다.

방사선 피폭 방호에도 많은 비용이 필요했다. 때문에 건설비는 일반적인 경우보다 수십 배에 달했다. 운전비용도 훨씬 많이 들었다. 당시 미국 원자력위원회는 방사선 방호 비용에 운전비용의 3~4%를 책정했지만, 건설비와 운전비의 합계는 1949년 회계연도에만 6.3억 달러에 달했다. 결국 미국 원자력위원회는 비용 절감 대책으로 핵 예산에 한해서는 정부의 타 예산과는 다른 회계 방식을 채택하기로 했다. 바로 '코스트 퍼포먼스'(비용-성능)예산[14]으로 불리는 방식이었다.

이런 상황에서 허용선량이 부상했다. 내용선량은 과학적으로도 유지할 수 없었고, 동시에 방사선 피해가 불가피한 상황에서 피폭 방호 대책을 운영하는 것은 경제적 이유로도 불가능해졌다. 허용선량은 정치적·경제적인 요인에 따라 리스크를 수용해야만 한다는 철학을 뿌리에 두고 탄생한 것이다. 그렇다면 당시 미국 이외의 ICRP 구성 국가들에게 허용선량 체계는 얼마나 필요했을까?

---

14) 코스트 퍼포먼스(cost performance)는 주로 민간회사에서 많이 사용하는 개념으로, 어떤 상품이나 서비스의 비용 대비 효과의 비율이다. '비용대비효과(CP)', 또는 '가성비'로 불린다. 수치를 산출하기 위해서는 효과를 비용으로 나눈다. 즉 비용이 싸거나, 효과가 높을수록 코스트 퍼포먼스가 높다고 평가한다. 정부 등 공공기관에서는 '코스트 베네피트(cost benefit, 비용-편익분석)' 방식을 많이 쓰는데, 개량경제학자들은 '코스트 퍼포먼스'와는 약간은 다른 개념이라고 주장한다. '편익'(benefit)을 산출하기 위해선 시장가격이 결정되어 있어야 한다. 민간부문에서 생산하는 상품이나 서비스는 대체로 기존의 시장가격에 기초하여 진행하기 때문에 별 문제가 없다. 그러나 정부가 수행하는 사업의 경우에는 시장가격이 형성되어 있지 않은 경우가 많기 때문에 사실상 편익을 수치로 나타내는 것은 여러 가지 이유에서 어렵다. 정부사업의 경우에는 특별히 외부효과도 있을 수가 있고, 또 특정 분야만이 아니라 여러 영역에 걸쳐 영향이 발생할 수도 있다. 근본적으로 공공사업의 '공공성'을 과연 화폐로 계산할 수 있는지도 의문이다. 아예 화폐로 파악할 수 없는 '가치 개념'도 있고, 가격산정 자체가 공공성 본래의 모습을 훼손할 수도 있다. 개량경제학에서는 "시장가격이 형성되어 있지 않거나 혹은 형성되었다고 해도 시장 자체가 불안정한 경우에는 정확한 계산을 하지 못한다"는 식으로 주장하면서 비용-편익분석의 어려움을 제기한다. 개념상 정부사업의 '공공성'을 단순하게 화폐가치로만 표현하기 때문에 발생하는 모순임에도 개량경제학에서는 이것을 해결하기보다는 회피해 버린다. 이렇게 해서 편익을 추정하기 어려울 때, 계산의 편리함과 설득을 위해 제시하는 사실상의 개념이 '코스트-퍼포먼스'이다. 코스트 퍼포먼스의 원칙이란 무엇인가? 무조건 비용이 가장 싼 것을 선택하라는 것이다. 자본주의에 너무도 잘 어울리는 개념이라고 할 수 있을 것이다.

허용선량은 미국 NCRP에서 파일라 소위원회의 잠정 보고서로 등장해, 1949년 미국, 영국, 캐나다 3국협의에 미국 안으로 제안되어 다음해 ICRP에서도 검토되었다. 미국 대표단은 양쪽 회의에서도 파일라 보고를 기본적으로 수용했다고 발표했지만 상당히 자의적인 평가였다. 파일라 보고와 ICRP 1950년 권고를 비교해 보면 바로 알 수 있는 내용이지만, 둘 사이에는 자구상의 표현보다 훨씬 큰 차이가 존재한다. 당시 미국과 다른 나라들과의 입장 차이, 즉 허용선량 체계의 필요성에 대한 차이가 드러난다.

「ICRP 1950년 권고」

ICRP의 1950년 권고는 내용선량 대신에 허용선량이라는 개념을 채택했으나, 구체적인 시스템 도입에는 매우 신중했다. ICRP 권고는 방사선 피폭에 따르는 리스크, 즉 장애가 발생하는 것을 인정하였으나 리스크 부담 강요에는 신중한 자세를 보였다. 반대로 ICRP는 방사선의 영향이 회복 불능으로 축적될 수 있다는 점을 적극적으로 인정했다. 때문에 ICRP는 "피폭을 가능한 최저 수준까지 낮추기 위해 모든 노력을 기울여야 한다"라고 강한 어조로 권고했다.

ICRP는 왜 "가능한 최저 수준까지"라고 권고했을까? 이런 주장은 ICRP가 얼마 안 있어 폐기하지만 역사에서 지울 수 없는 내용이다. ICRP가 "가능한 최저 수준까지"라고 표현한 가장 큰 이유는 방사선에 의한 유전적 영향 때문이었다. 유전적 영향은 피폭선량에 비례한다는 점을 부정할 수 없었기 때문에, 피폭량을 가능한 한 낮게 해야 한다고 권고

할 수밖에 없었다. 당시 ICRP와 미국의 NCRP 및 원자력위원회의 의견 차이는 대부분 유전적 영향 평가 때문이었다. 미국은 방사선에 노출되는 사람 수가 적을 때는, 유전적 영향이 선량한도를 책정하는 결정적 요인이 아니라고 주장했다. ICRP는 유전적 영향을 작게 하기 위해서는 피폭자를 줄임과 동시에 일반인에게도 피폭선량 한도를 설정함으로써 개인별 피폭량의 총 합계인 총 피폭선량(명·렘)을 억제할 필요가 있다고 생각했다.

사실 일반인에게 적용하는 허용선량의 기준은, 미국·영국·캐나다 3국협의 단계부터 풀지 못한 채 질질 끌고온 문제였다. 앞서 언급했던 ICRP의 판단은 NCRP라고 하더라도 부정하기 힘들었다. 이로 인해 3국협의 과정에서는 일반인에게도 허용선량을 설정해야 한다는 결론에 이르렀고, 구체적인 수치는 노동자 허용선량의 1%가 적당하다는 것으로 일단은 끝이 났다. 하지만 허용선량 1%안은 노동조합이나 보험회사에게는 거꾸로 노동자에게 부당하게 높은 리스크를 부과한다는 비판의 빌미를 제공할 것으로 예상됐기 때문에 채택할 수 없었다. 결국 3국협의에서는 노동자 허용선량의 10%로 책정한다는 합의가 이루어졌다.

그런데 이런 사실을 나중에 알게 된 미국 원자력위원회는 즉시 NCRP 위원장 테일러를 불러들여, 일반인에 대한 피폭한도 설정은 승복할 수 없다고 강하게 반대했다. 테일러는 어쩔 수 없이 미국 원자력위원회를 따라 NCRP는 합의에 동의하지 않는다고 표명하고 3국협의의 결정을 사실상 뒤집어버렸다. 이로 인해 일반인 허용선량은 「ICRP 1950년 권고」에서도 명기되지 않았지만, 피폭선량을 낮추어야 한다는 생각 자체는 부정할 수 없었기 때문에, "가능한 최저 수준까지"라는 문구가 담긴 것이다. 물론 리스크 수용론 등이 권고에 들어갈 여지는 없었다.

요컨대 미국과 다른 나라의 대립은, 핵무기 개발과 대중의 방사선 피폭의 관계를 어떻게 평가하느냐라는 근본적 차이 때문이었다. 1949~50년은 미국 핵개발의 큰 전환기였다. 1949년 소련이 핵폭탄 실험에 성공하며 핵 보유를 선언하자 미국의 핵 독점은 붕괴됐다. 미국은 소련 사회주의 체제를 봉쇄하기 위해 핵군비 확산에 더욱 돌진하는 노선을 선택했다. 1950년 1월에는 수소폭탄 개발 착수를 공식화했다. 동시에 핵전쟁 정책의 일환으로 핵 대피소 건설을 포함하는 민간 방위 계획을 전면적으로 전개하기 시작했다.

또한 미국은 핵무기 개발에 더욱 속력을 내며, 핵전쟁의 실전實戰 준비를 위해 멀리 떨어진 비키니섬보다 국내의 네바다에서 핵실험을 계획하고, 1951년 1월 7일 최초의 실험을 했다. 물론 이것은 핵무기 개발 비용을 줄이기 위한 시도였지만, 국내에서 핵실험을 한다면 자국민의 피폭은 피하기 힘든 일이었다. 이런 계획들에 맞추어 미국은 핵전쟁 정책을 국민들로부터 인정받기 위해, 핵전쟁이 일어나더라도 저선량의 방사선 피폭이라면 아무런 피해도 없이 핵전쟁에서 승리할 수 있다고 선전하기 시작했다. 미국 원자력위원회는 전문가뿐만 아니라 대중을 겨냥한, 방사선의 인체 영향에 관한 정보를 대량으로 유포하기 시작했다. 예를 들어 『원자력 계획에서 방사선 장애의 관리』 등의 책자를 널리 배포하고, 핵무기와 핵 개발의 필요성과 이익을 재차 강조하면서, 이에 따른 방사선 장애는 문제가 될 정도는 아니라고 홍보했다. 이런 분위기에서 대중에 대한 허용선량의 설정은, 지금까지 노력해 온 핵전쟁 승리 정책을 곤란하게 할 것이 불을 보듯 뻔했다. 미국 원자력위원회는 대중에 대한 허용선량 도입을 어떻게든 저지해야 했던 것이다.

반면 영국과 캐나다와 같은 맨해튼 계획 참가국을 비롯해 미국 이외의 ICRP 위원들은 히로시마·나가사키의 참화로 드러난 방사선 피해를 의식하지 않을 수 없었다. 게다가 유럽에서는 핵폭탄에 반대하는 운동이 미국도 능가할 만큼의 세력으로 발전하고 있었다.

영국에서는 1947년에 과학노동자연맹이 핵폭탄 즉각 폐기를 요구하는 운동을 전개하기 시작했다. 프랑스에서도 같은 해 과학자연맹이 핵폭탄 사용중지를 요구하는 운동을 전개했다. 과학자들의 운동은 히로시마·나가사키를 목격한 전 세계 많은 사람들의 핵폭탄 반대 요구를 대변했다. 1950년에 미국 트루먼 대통령은 한국전쟁에서 핵폭탄을 사용할 가능성이 있다고 발표했다. 이에 반대하고 핵무기 금지를 요구하는 스톡홀름 호소[15] 서명 운동이 확산되면서, 전 세계에서 5억 명의 서명이 모아졌다. 유럽의 ICRP 위원들은 유럽에서 벌어졌던 평화운동과 결합한 과학자 운동을, 미국의 위원들보다 강하게 의식하지 않을 수 없었던

---

15) 스톡홀름 호소(Stockholm Appeal)는 1950년 세계인들의 서명을 불러일으킨 핵무기 금지를 요구하는 호소로, 1950년 3월 16일~19일 스웨덴 스톡홀름에서 개최된 평화옹호자세계대회(World Congress of Partisans of Peace)에서 채택·발표됐다. 주요 내용은 1) 핵무기 무조건 사용금지 2) 핵무기 금지를 실현하기 위한 국제관리기구의 설립 3) 핵의 선제사용을 억제하기 위해, 휴머니티에 반하는 범죄로 간주한다는 것이다.

것이다.

　ICRP의 1950년 권고는, 맨해튼 계획 관련 국가의 과학자들을 중심으로 마련됐지만, 2차세계대전 후 핵폭탄에 반대하는 세계적인 운동의 목소리를 어느 정도 반영할 수밖에 없었다. 거침없이 핵군비 확산으로 달리는 원자력위원회에 지배당한 미국의 NCRP와, 일정하게 영향을 받으면서도 아직 자국의 독자적인 핵무기·핵 개발의 구체안을 갖지 않은 상태에서 반핵운동을 의식할 수밖에 없었던 유럽을 중심으로 한 ICRP의 차이가 유전적 영향, 일반인 허용선량, 리스크 수용론의 평가와 대응에서 서로 엇갈린 입장으로 드러날 수밖에 없었다. "피폭을 가능한 최저수준까지 낮게", 이는 핵무기에 반대하는 세계의 많은 사람들의 염원과 의지를 구체적으로 표현한 것이자, 지금도 역시 지켜가야 할 방사선 피폭의 원칙인 것이다.

4. 방사선의 유전적 영향에 대한 불안

1950년대 초반 세계적으로 확산된 핵무기 반대운동에서 공통된 인식의 토대는 물론 히로시마·나가사키 핵폭탄 투하의 참상이었다. 2차세계대전 후 과학자들을 비롯하여 일반인들도 광범위하게 히로시마·나가사키의 피해 실태를 알 수 있었다. 그 중 방사선의 유전적 영향은 다른 어떤 파괴적인 무기에도 없는 핵무기만의 특수한 공포로 받아들여졌다.

방사선에 의한 즉사도 두렵지만, 급성사망을 피했다고 하더라도 선량에 따라 나타나는 유전적 영향을 막을 수 없다. 당시까지 있는 줄 알았던 피폭 안전선량이 없는 이상, 핵폭탄에 이어 수소폭탄까지 사용하면 인류는 서서히 사멸해가는 운명을 피할 수 없다. 핵무기에 반대하는 운동이 활발해지면서 방사선 피폭이 위험하다는 인식이 사람들 사이에 점차 확산되었다.

핵무기 개발을 위해 방사선 연구에 종사했던 과학자들이 가장 두려워하며 대처해야만 했던 첫 번째 과제도 방사선 피폭에 따른 인류의 완만한 사멸에 대한 공포였다. 때문에 1940년대 말부터 1950년대 초에 걸쳐 미국 원자력위원회와 NCRP는 방사선의 유전적 영향 문제에서 어떻게 하면 주도권을 잡고, 국제적 여론을 유리하게 이끌어 리스크 수용론을 주축으로 한 허용선량 체계를 전면적으로 도입할 수 있는지에 필사적으로 매달렸다.

이런 목적을 위해 미국이 주력한 연구 분야가 두 가지다. 하나는 물론 히로시마·나가사키 조사였다. 또 하나는 맨해튼 계획 아래 진행되어 온 방사선 연구에서 계속 중심 연구기관이었던 오크리지국립연구소가 시행한 동물실험이었다. 두 연구 결과는 모두 각각 사례로만 인용되고 있지만, 당시 어떤 정치적 논란을 야기했는지는 오늘날 완전히 잊혀지고 말았다.

특히 히로시마·나가사키 조사결과는 미국이 만들어낸 역사를 기본 정설로 받아들이고 있다. 하지만 이것은 가해자가 피해자를 조사하고, 과학적 자료를 자신만이 독점했으며, 핵전쟁 승리전략과 방사선 피폭 피해의 수용을 세계인에게 강요한 것이었다. 이 사실을 조금이라도 고려한다면, 미국이 히로시마·나가사키에서 시행한 핵폭탄피해조사의 본질적 문제점을 근본적으로 재검토해야 한다. 특히 일본 연구자들이 중요한 역할을 맡아야 한다. 여기서는 우선 '방사선에 의한 유전적 영향'에 한정해서 당시 연구를 재검토해 보도록 하자.

원폭상해조사위원회ABCC의 설립

히로시마·나가사키의 방사선 유전 영향을 조사한 기관은 '원폭상해조사위원회Atomic Bomb Casualty Commission(ABCC)'였다. ABCC는 자신들의 활동에 대해 스스로 "진정한 성격이 무엇인지 오해받고 있으나, 실제로는 전미과학아카데미·학술회의NAS-NRC[16]와 일본 국립예방위생연구소(예연)[17]의 순수한 학술적 사업이다"라고 일관되게 주장해왔다. 이 주장을 충분히 비판하지 않았던 탓에, ABCC의 조직과 군사적 성격의 연구내용에 대한 평가는 줄곧 불분명한 상태로 머물렀다. 예를 들어 『히로시마·나가사키 원폭 재해広島·長崎の原爆災害』(이와나미서점岩波書店, 1979)는 해당 분야의 일본 내 연구의 포괄적 성과를 담았다고 평가받지만, 기본적으로 ABCC의 주장을 그대로 수용했다.

여기에서는 ABCC의 주장과 연구내용을 근본적으로 재검토하기 위해, ABCC의 전신인 핵폭탄 투하 직후의 미일합동조사단의 조직과 조사 및 연구내용을 포함해 ABCC의 전체 역사를 살피고자 한다.

ABCC 스스로의 설명에 따르면, 미일합동조사단의 조사결과를 해석하면서 핵폭탄 영향 조사를 계속 진행해야 할 필요성이 제기되었다고 한다. 1946년 11월 26일 미국 트루먼 대통령은 전미과학아카데미·학술회의(NAS-NRC)에 ABCC 설치 명령을 내렸고, 1947년 1월에 발족하게

---

16) 전미과학아카데미(National Academy of Sciences, NAS)는 1863년에 설립된 미국의 과학아카데미로 민간 비영리 단체이다. NRC(United States National Research Council)는, 1916년에 설립된 미국의 학술기관이며, 전미과학아카데미, 전미기술아카데미(1964년 설립), 미국의학연구소(1970년 설립)와 함께 전미아카데미스(United States National Academies, National Academy Complex)를 구성한다(위키피디아 참고).
17) 일본 후생노동성에 속하는 기관으로, 1947년 설립되어 1997년 국립감염증연구소로 명칭을 바꾸었다.

된다. 이런 식의 설명은 『히로시마·나가사키 원폭 재해』에서도 나오고, 일본에서도 '정설'로 알려져 있다.

그러나 이는 ABCC가 순수한 학술조직임을 주장하기 위해 자신에게 유리한 사실만을 나열한 것으로, 감히 말한다면 역사왜곡이다. 진실은 다음과 같다.

히로시마와 나가사키 핵폭탄 투하 직후 핵폭탄의 파괴력 중 특히 인체에 대한 살상력에 중점을 둔 조사는 미일합동조사단에 의해 이루어졌다. 미국 육군 및 해군 각 의무사령부에서 지휘했던 미일합동조사단은, 맨해튼 계획 추진 당시부터 밀접한 협력관계에 있던 전미과학아카데미·학술회의에 히로시마와 나가사키의 후천적 장애, 방사선으로 인한 만발성晩發性 영향 연구를 추가 의뢰했다. 군사적인 계획 일정에 잡혀 있던 핵폭탄 상해 연구에 관한 포괄적 계약 연구의 일환이었다. 이를 위해 육군 및 해군 의무사령부는 전미과학아카데미·학술회의에 '원자상해조사위원회Atomic Casualty Commission, ACC'[18]라고 불리는 조직을 만들었다. 물론 군과 미국 원자력위원회에 밀접한 관련을 맺고 있는 위원들로 조직됐다.

동시에 미국 육군 및 해군 당사자들은 히로시마·나가사키 현지조사

---

18) 원폭상해조사위원회(ABCC)의 미국 내 조직인 원자상해조사위원회(ACC)에 대해 역자들이 참고할 수 있는 별도의 자료는 없었다. ABCC의 역사를 다룬 공식적인 문헌에서 ACC는 전부 생략되어 있다.

기관으로 ABCC를 구성했다. ABCC라는 명칭은 ACC 통제하에 있음을 보여주기 위함이었다. ABCC가 미국 본국에서 결성된 시기는 ACC 정식 발족보다 빠르고, 대통령의 발족 명령보다도 빠른 1946년 11월 14일이었다. 또한 ABCC 위원으로 일본에 파견된 사람은 ACC 위원인 브루스Austin M. Brues와 맨해튼 계획 종사자였던 핸쇼Paul S. Henshaw, 그리고 육군 의무부대 닐Jim V. Neel 등 의무醫務 관계자 5명이었다. 이들이 일본에 온 것은 1946년 11월 25일로, "ABCC 설립에 대한 대통령 명령이 내려졌다"고 하는 11월 26일 이전이었다. 쉽게 말하면 이들은 ABCC의 공식적인 설립일 전에 활동을 시작했던 것이다. 요컨대 미군은 이렇게까지 해서라도 히로시마·나가사키에 대한 조사를 자신의 통제하에 진행하려 했다.

그러나 미군과 미국 원자력위원회의 주도는 히로시마·나가사키의 입장에서는 거꾸로 무수한 곤란을 만들어내는 본질적인 요인이 되고 말았다. 말 그대로, 핵폭탄을 투하한 나라의 군 관계자가 투하된 나라에서, 피해자를 상대로 치료는 전혀 하지 않고 새로운 핵전쟁에 쓸 자료 조사만을 했던 것이다. 당연히 미국은 조사의 학술적·인도적 성격을 강조하면서, 일본 정부와 과학자의 협력을 요청했다. 이것은 미일합동조사단 이후 미국이 사용해온 교묘한 전술이었다.

핵폭탄 투하 직후 히로시마·나가사키에서 조사를 진행한 미국 조사단은 육군 맨해튼 공병부대 조사단, 해군 방사선 연구진, 그리고 태평양 육군사령부 군의관으로 구성된 혼성부대였다. 그들이 히로시마·나가사키에 들어간 1945년 9월 상순의 경우 이미 중증 피폭자들은 거의 대부분이 급성사망했고, 중태에 있던 환자들 가운데서도 거의 절반이 사망했다. 그들이 가장 중점적으로 조사한 것은, 핵전쟁을 승리로 이끌기 위한 조건을 찾는 것, 즉 방사선에 피폭되더라도 생존이 가능한 조건을 찾는 것이었다. 그런 의미에서 핵폭탄 투하 직후 한 달여의 조사결과는 놓쳐서는 안 될 중요한 자료였다.

한편 핵폭탄 투하 직후 신형 폭탄이 핵폭탄임을 확증하는 데 중점을 둔 일본 정부와 육해군의 조사가 진행되었다. 미국 측 조사단이 니시나 요시오仁科芳雄, 아라카츠 분사쿠荒勝文策, 아사다 조사부로淺田常三朗, 타지마 에이죠우田島英三 등의 물리학자와 의학자 츠즈키 마사오都築正男[19], 나카이즈미 마사노리中泉正德[20], 미소노오 게이스케御園生圭輔, 구마토리 토시유키熊取敏之 등 일본조사 그룹의 협력을 얻는 것은, 자료와 함께 이후 조사를 순조롭게 진행하기 위해 꼭 필요했다.

이런 이유로 미국 측은 핵폭탄 투하 직후 일본의 의학조사 최고 지휘자였던 육군 의무사령부 중장 츠즈키 마사오를 일본 정부를 대표하는 과학자로 임명하여 일본인 연구자들을 통괄하게 했으며, 조사단을 미일합동조사단으로 명명했다.

그러나 명칭은 일본의 협력을 끌어내기 위한 방편일 뿐, 미국 본국

---

19) 1892~1961. 의학자, 해군 군의(軍醫), '일본 원폭증 연구의 아버지'로 불리는 인물
20) 1895~1977. 일본의 방사선의학자, 도쿄대학 의학부 교수 등을 역임했고, 일본 원자력위원회 등에 관여했다.

에서는 '일본의 핵폭탄 효과를 조사하기 위한 군합동위원회'[21]가 정식 명칭이었다. 즉 '합동'이란 어디까지나 미국의 육군, 해군, 주둔군의 합동을 의미했다. 따라서 핵폭탄 투하 직후의 히로시마·나가사키 조사단은 '미군합동조사위원회'라고 불러야 맞다.

더불어 미국은 히로시마·나가사키에서 ABCC 활동을 시작할 때도 일본인의 협력을 얻기 쉬운 조직형태를 추구했다. 먼저 연합군 총사령부GHQ가 일본 후생성을 끌어들여 ABCC 조사 협력을 약속받고, '국립예방위생연구소'를 1947년 초에 설립한 다음 'ABCC-예연 공동연구' 체제를 구축했다. 이때도 공동연구 체제는 명목뿐이었으며, 처음 브루스와 핸쇼 조사단 이후 ABCC의 실태는 명실공히 미군 관계자와 미국 원자력위원회의 통제 아래 있었다. 재정적으로도 ABCC는 미국 원자력위원회에 의존했다. 아래 그림은 ABCC 조직 계열을 표로 보여준 것이다.

ABCC의 유전적 영향 연구

1946년 말 브루스 등이 이끈 일본 방문 조사단은, 일본에서의 예비조사결과를 1947년 1월, 보고서로 정리했다. 같은 해 6월 미국 원자상해조사위원회ACC는 보고서 내용에 맞춰 닐을 책임자로 유전 영향 조사를

---

21) The Armed Forces Joint Commission for Investigating Effects of the Atomic Bomb in Japan

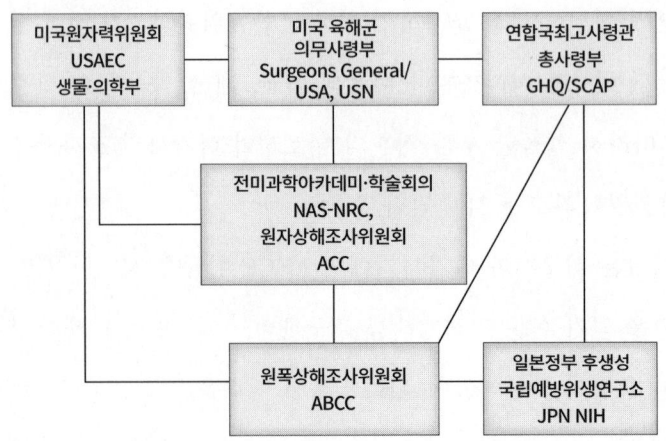

▲ ABCC의 조직계열

진행하도록 정식 결정하고, ABCC는 1948년 3월부터 히로시마·나가사키에서 본격적인 조사를 시작했다.

ABCC 계획대로 핵폭탄 피해자 간에 유전적 영향이 발견될지는, 원자상해조사위원회ACC 내부에서도 처음부터 의문시하는 목소리가 많았다. 왜냐하면 ABCC가 추적 조사한 임신 사례는 약 7만 건이었지만, 그중 1시버트 이상 피폭되었다고 추정되는 아버지 수는 약 1,400명, 어머니 수도 약 2,500명에 불과한, 압도적 다수가 저선량으로 피폭된 사람들이었다. 저선량 피폭자를 대상으로 유전적 영향을 검출하기 위해서는 대규모 인구집단이 필요하다. 게다가 10~20년 정도 장기적으로 연구해야 한다. 이렇듯 ABCC의 유전 영향 조사는 대상 피폭자가 적어서 통계적으로 유의미한 결과를 낼 수 있을지 상당한 의문이었다. 하지만 예상했던 영향을 찾을 수 없을 때에는 방사선의 유전적 영향에 대한 대중들의 불안을 역으로 잠재울 수 있다는 정치적 판단을 최우선시 하면서, ABCC는 유전학 조사를 진행했다.

닐 등의 조사는 1948년부터 1953년까지 진행되었다. 방사선의 유전 영향으로 연구한 것은 다음 다섯 항목이었다. (1) 사산, 돌연변이로 인한 유산 (2) 신생아 사망 (3) 저체중아 증가 (4) 이상 및 기형의 증가 (5) 성비性比 변화(만일 영향이 있다면, 어머니의 피폭 경우에는 남자 수가 감소하고, 아버지가 피폭한 경우에는 남자 수가 증가한다). ABCC가 추적한 임신 사례는 대상자 약 7만 명 중 대략 3분의 1에 불과했다. 만약에 유전 영향이 있다고 할 경우, 예를 들어 유산, 사산 또는 신생아 사망이 정상의 80% 이상 증가한 것을 확인해야 하고, 또 선천적 이상과 기형 증가의 경우에는 정상의 100% 이상 증가한 것을 확인해야 했다.

이렇게 적은 집단이었기 때문에 (5)의 성비 불균형을 제외하면 방사선으로 인한 유전적 영향은 통계적으로 유의미하다는 점을 확인할 수 없었다. 성비 불균형도 1954~58년 출생아를 추가해서 재검토한 결과, 통계적 유의미성을 입증할 수 없었다. 조사결과를 단적으로 요약한다면 핵폭탄 피해자 사이에 태어난 아이들에게 방사선의 유전적 영향이란 "있다고 하기도 그렇고, 없다고도 할 수 없는, 당초 예상했던 어정쩡한 상태"였다. 그러나 미국 원자력위원회와 원자상해조사위원회ACC 및 ABCC는 사전 예상은 한마디도 언급하지 않은 채 유전적 영향은 없다고 대대적으로 선전했다.

배가倍加선량과 일반인 허용선량

미국 원자력위원회가 유전 영향 연구에 힘을 실었던 미국 내 연구 조직은, 맨해튼 계획 실행 이후 핵무기 영향 연구에서 중요한 역할을 담당해온 오크리지국립연구소였다. 미국 원자력위원회는 1949년 이후 오크리지국립연구소에서 진행하는 유전학 연구를 적극적으로 지원했다. 책임자는 맨해튼 계획 당시부터 연구소에서 유전학 연구를 진행해온 러셀W. L. Russell이었다. 그는 쥐를 이용한 동물실험을 통해서 자연 상태에서 돌연변이 발생률이 2배가 되는 피폭선량, 즉 '배가'선량으로 300~800밀리시버트란 수치를 얻었다. 이런 결과는 1953년쯤에 다른 유전학자들 사이에서도 알려지게 되었고, 미국의 유전학자들 대부분은 방사선 돌연변이 배가선량 상한치는 800밀리시버트 정도라고 생각했다.

위의 수치를 유력한 근거로, 미국 원자력위원회와 NCRP는 유전 영향 문제에서 공세적으로 전환하면서 일반인 허용선량과 개인이 평생 입을 피폭선량에 대한 논의를 진행했다. 오늘날에는 새까맣게 잊혀져버린 유전 영향과 대중 허용선량과의 관계를 둘러싼 초기 논의를 알기 위해, 1952년부터 1953년에 걸쳐 벌어진 논쟁을 다시 살펴볼 필요가 있다.

1952년에 덴마크 코펜하겐에서 ICRP 회의를 개최했다. 회의에서 미국의 멀러는 러셀의 동물실험 결과를 기초로 가임여성의 피폭선량을 800밀리시버트의 25%, 즉 200밀리시버트 이하로 규정해야 한다고 주장했다. NCRP에 포섭된 멀러는 이때부터 NCRP 집행부에 타협적인 입장으로 돌아섰다. 미국은 멀러의 권위를 최대한 이용해서 대중 허용선량 문제에서 주도권을 잡으려고 했다.

같은 회의에서 영국 대표단은 영국 국민이 자연방사선으로부터 받는 1인당 피폭선량 측정치를 공표했다. 수치는 연간 약 1밀리시버트, 30년간 30밀리시버트였다. 인공방사선으로 인한 돌연변이는 자연발생률의 10% 이하로 해야 하고, 피폭량은 80밀리시버트 이하가 바람직하다는 이유에서, 영국은 일반인 피폭선량 한도를 자연방사선으로 인한 피폭량과 같은 30년간 30밀리시버트 이하로 해야 한다고 제안했다.

회의 주최국 대표이자 ICRP 의장이던 시버트는, 스웨덴에서는 자연방사선에 의한 30년간의 피폭량이 목조건물에서 50밀리시버트, 벽돌·콘크리트 가옥에서 150~300밀리시버트가량 된다는 점을 이유로, 영국의 제안은 너무 엄격하고 실제적이지 않다고 비판하며 일반인의 피폭한도는 30년간에 50~80밀리시버트로 해야 한다고 주장했다.

논의 결과 1952년에 열린 ICRP 회의에서는 미국 안과 영국 안을 절충해서 일반인의 피폭한도는 30년간 100밀리시버트로 한다고 비공식 합의를 했다. 합해서 절반으로 나누는 방식은 참으로 ICRP다운 방식이다. 하지만 일단 합의를 했던 사안도 핵추진파의 압력에 간단하게 뒤집히고 마는 행태 역시 ICRP다운 일이었다. 논의의 결론으로 공식 발표한 내용은 다음 세 가지다. (1) 영국에서 일반인의 방사선 피폭은 거의 대부분 자연계에서 비롯된 것이다. (2) 일반인이 평생 받는 선량한도를 공개적으로 밝힐 필요는 없다. (3) 많은 사람의 피폭에 대비해 일정한 안전수준을 고려하여 직업성 피폭의 허용선량을 주당 3밀리시버트보다 더 낮춰야 한다. 결국 일반인의 30년간 100밀리시버트 안은 또 다시 폐기되고 말았다.

위의 사례가 말하는 것처럼, 방사선으로 인한 유전적 영향을 기초로 일반인의 피폭선량을 어떻게 설정하느냐가 1952년부터 1953년까지 ICRP의 최대 쟁점이었다. 당시 미국 원자력위원회의 반대는 여전히 강했고, NCRP 내부에서도 의견 일치가 꽤 어려웠다. NCRP의 파일라 소위원회는 허용선량을 언급한 잠정 보고를 발표한 이후 최종 보고를 오랫동안 낼 수 없었다. 쟁점이 되는 유전적 영향에 대해서는 별도 보고로 보류해 놓는 타협안을 마련한 1953년에야 겨우 제출할 수 있었다. 미국은 유전적 영향이 빠진 보고서를 기초로 ICRP 회원국과 적극적으로 사전교섭을 진행했다. 1953년 뉴욕에서 개최한 세 번째 3국협의에서도, 같은 해 덴마크 코펜하겐에서 열린 ICRP 회의에서도 오로지 NCRP의 파일라 보고서에 근거해 논의를 진행했다.

허용선량 문제를 다루는 ICRP 제1소위원회는, 파일라 위원을 비롯해 멀러, 스톤, 쉴즈, 워렌 등 미국의 비중이 꽤 컸다. 그러나 구성 위원의 과반수는 유럽과 호주 출신 위원들이 차지하고 있었다. 미국이 주도권을 발휘하려고 했지만, 대립은 여전했다. 결국 미국의 파일라 보고는 NCRP 권고 형태로 1954년에 발표됐고, 같은 해 ICRP에서도 권고안을 공표했다. 당시 양자의 주요 대립점은 세 가지였다.

첫 번째는 NCRP 허용선량 정책의 토대를 구성한 '리스크 수용론'에 대해선 ICRP가 여전히 강한 거부감을 갖고 있어 전면적 수용은 불가능했다. ICRP 1954년 권고는 "자연 수준보다 높은 방사선 피폭이 안전하다고 결코 인정할 수 없지만, 무시할만한 수준의 리스크를 수반하는" 선량을 허용선량이라고 설명했다. 권고에는 "리스크 수용"이라는 문구는 없었다. 하지만 미국은 "무시할만한 리스크"라는 문구를 권고에 포함시켜, 향후 ICRP가 리스크 수용론을 도입할 수 있는 발판을 만들었다.

두 번째는 유전적 영향 평가를 둘러싼 문제다. 미국은 영향이 미치는 범위를 직업상 피폭한 당사자와 이후 첫 세대로 한정한 뒤, 유전적 이상이 자연발생률과 비교해 크게 차이가 나지 않는다면 리스크를 수용해야 한다고 주장했다. 이에 대해 당시 ICRP 권고는 미래 세대를 포함한 인류 전체에 대한 영향을 고려해야 한다며 미국에 반대했다. 하지만 ICRP도 현재의 조건하에서는 이 점이 직업성 피폭 허용선량을 설정할 때 제한 요인이 아니라며 미국 안에 양보했다.

세 번째는 앞서 서술한 일반인 허용선량 문제다. 미국은 피폭노동자의 평생선량이 3시버트 이하면 괜찮다고 판단했다. 다만 미성년자에 한해서만 성년이 될 때까지 총 피폭선량을 제한할 필요가 있다는 이유에서 허용선량을 직업인의 10분의 1로 해야 한다고 주장했다. 이에 대해 ICRP는 광범위한 일반인이 장시간에 걸쳐 피폭될 경우의 위험성을 고려해, 미성년자에 한정하지 않고 전체 대중의 허용선량을 직업인의 10분의 1로 해야 한다고 권고했다.

이렇듯 미국은 핵전쟁 정책에 발맞춰 리스크 수용론을 중심으로 하는 허용선량 정책을 국제 방사선 피폭 방호 기준으로 도입하려고 반복적으로 시도했다. ICRP도 반대라기보다는 일정한 타협 방식으로 대응했다. 방사선의 유전적 영향에 따른 인류의 미래를 걱정하면서 핵무기에 반대하는 세계적 운동의 확산을 고려하여 리스크 수용론의 전면 도입에 대해선 신중한 태도를 유지할 수밖에 없었던 것이다. 그러나 ICRP는 조금씩 미국이 제시하는 허용선량의 입장으로 기울어지기 시작했다.

ICRP는 인류의 유전적 장애를 문제로 삼았지만, 핵개발을 위해 허용선량의 피폭을 강요하는 것 자체에 대해선 본질적 측면에서 어떠한 의문도 갖지 않았다.

5. 핵발전 추진과 비키니섬 '죽음의 재'의 영향

방사선 피폭 문제는 1954년에 큰 전환점을 맞이한다. 최대 계기는 미국이 비키니섬에서 실시한 수소폭탄 실험 때문이었다. 핵실험으로 인한 '죽음의 재'가 수많은 피해자를 낳고 지구적인 수준의 오염을 일으켰다. 1950년대 전반에 발전한 핵무기 반대운동은 1950년대 후반에도 세계적으로 더욱 강력해졌다. 시대는 미국을 선두로 핵군비 확대 경쟁과 핵개발로 나아가고 있었다. 한편에서는 방사선 피폭의 위험성을 제기했지만, 또 다른 한편에서는 핵군비 확대를 경쟁적으로 추진했다.

방사선 피폭과 핵개발이라는 두 가지 문제는 항상 개별사안으로 다뤄져왔다. 하지만 피폭 문제의 본질을 이해하기 위해서는 두 사안을 동전의 양면으로 파악할 필요가 있다. 여기서는 먼저 핵개발 문제를 살펴보고, 개발 과정에 비키니섬의 '죽음의 재'가 어떤 영향을 주었는지, 아울러 허용선량을 중심으로 피폭에 대한 논의가 핵발전 개발이라는 새로운 문제와 어떤 관계였는지에 대해 살펴본다.

핵발전 개발에서 미국의 반격

미국은 핵폭탄 독점체제가 무너진 후 수소폭탄 개발로 핵의 군사적 이용을 확대했고, 미국의 수소폭탄 실험이 있은 지 불과 9개월 후인 1953년 8월, 소련도 수소폭탄 실험에 성공하고 수폭 보유를 알렸다. 미국으로선 어쩔 수 없이 핵전략을 대폭적으로 수정해야만 했다. 아이젠하워 정권은 국지적 분쟁에 개입하기보다는 소련 중심부를 핵으로 공격해 긴장을 고조시키는 핵 선제공격 전략을 채택했다. 동시에 소형 전술 핵무기도 배치했다. 당시 '뉴룩New Look전략'[22]으로 불린 새로운 대(對)소련 우위 정책을 급속하게 추진했다. 이런 핵전략 아래에서 미국은 핵무기 재료인 우라늄과 플루토늄의 대량 생산 체제를 구축하고 그것을 뒷받침하는 방사선 방호 기준을 정비해야 했다.

동시에 새로운 핵군비 확대에 대응할 수 있는 핵발전 개발체제를 서둘러 구축해야 했다. 왜냐하면 미국이 수소폭탄 개발에 전력을 쏟고 있는 사이에, 소련과 유럽에서는 핵발전 기술 개발을 급속도로 진행했기 때문이다. 소련은 1954년에 세계 최초로 핵발전 운전을 시작했고[23], 영국과 프랑스도 잇따라 적극적인 핵발전 계획을 발표했다. 미국은 핵반응로(원자로) 건설과 운전에서는 이런 나라들보다 훨씬 앞섰지만, 1950

---

22) 1953년 미국 아이젠하워 대통령이 취임 직후에 취한 새로운 군사전략. 적의 본격적 공격을 받을 경우, 대규모의 핵무기 탑재 전략 폭격기로 적절한 방법과 장소를 선택하여 곧장 보복·반격한다는 전략(국방과학기술용어사전에서 인용)
23) 오브닌스크(Obninsk) 핵발전소. 모스크바에서 남서 방향으로 100km 거리에 위치하는 과학도시 오브닌스크에 건설되어, 1954년부터 운전을 시작해 2002년까지 운영되었다. 열출력 30MW. 흑연감속 경수냉각 핵반응로로, 흑염감속 비등수형 경수로의 원형이 되었다.

년부터 1953년에는 핵잠수함 개발과 여러 종류·형태의 핵실험로 개발에만 집중해, 핵발전용 동력로는 주요한 규격조차 결정하지 못하고, 실용화 계획마저도 세우지 못한 상태였다. 미국 산업계에서는 세계적으로 압도적인 우위를 점하고 있다고 믿어 의심치 않았던 핵 분야에서, 미국이 뒤처진 것에 극심한 동요와 조바심이 생겼다. 후발 지연 상황을 만회하고 세계 핵강대국의 왕관을 다시 차지하기 위한 정책수립이 아이젠하워 정권에 주어진 중요한 당면 임무였다.

한편 맨해튼 계획 때부터 핵 분야에 진출한 독점기업들로서는 스스로의 자본으로 상업용 핵반응로 건설과 운전을 시행하려는 의도가 강했다. 예를 들어 몬산토 화학이 이런 기업의 하나로서 미국 원자력위원회를 상대로 활발한 활동을 하고 있었다. 미국 원자력위원회도 이런 동향을 받아들여, 이미 1952년경부터 상업용 핵반응로의 가능성에 대한 연구를 시작했다. 그렇지만 전통적으로 미국 원자력위원회와 군부軍部에서는 핵의 민간 소유를 인정하지 않는 분위기가 지배적이었다. 최우선 과제인 핵군비 확산에 지장이 생길지 모른다는 강한 불안감도 있었다. 미국 원자력위원회가 지금까지 핵기술을 독점적으로 소유해 온 것은 무엇보다도 핵무기에 관한 군사기밀을 지키고, 다음으로는 유능한 두뇌를 가진 인재를 자신들의 통제 아래 두기 위해서였다.

아이젠하워 정권이 딜레마에서 선택한 길은 어려울 때는 어려운 대로 민간 자본의 활력에 기대는 방식이었다. 미국다운 선택이었다. 이것이 바로 '원자력의 평화 이용' 선언이 나온 배경이다. 아이젠하워 대통령은 최대의 정치적 효과를 노려, 1953년 12월 유엔UN에서 대전환 정책을 내놓았다. '원자력의 평화 이용'은 기울어지기 시작한 핵무기 개발에서 다시 한 번 미국의 절대적 우위를 노리면서, 핵발전에서도 압도적 우위를 차지하겠다는 야망으로 가득 찬 선택이었다.

이러한 핵발전 추진 정책을 배경으로 1954년에 들어서면서 구체적 안이 계속 나오기 시작했다.

우선 첫째로 핵의 상업적 이용을 촉진하기 위한 국내 정책 전환을 추진했다. 핵은 당시까지 기밀보유의 문제로 인해 원자력위원회가 독점적으로 관리해 왔다. 하지만 이때부터 미국은 원자력법을 개정하여, 핵의 민간 소유를 인정했다.

둘째로 낙후된 발전용 동력로를 새롭게 개발하면서 상업용 핵발전 기술을 서둘러 향상시켰다. 이를 위해 미국은 막대한 국가 자금을 투입하여 개발해온 핵잠수함 추진용 동력로 기술을, 핵발전소의 상업용 핵반응로 개발로 전용하는 방법을 모색했다. 세계 최초의 핵잠수함 노틸러스호는 이미 1954년 1월에 진수 단계까지 도달했으나, 여기에 사용한 동력로를 발전용 경수로로 전용하는 지름길을 선택했다. 이로써 1957년 말 최초의 상업용 시설로서 전기출력 6만kW, 가압수형[24] 경수로인 시핑포트Shippingport 핵발전소가 운전을 시작했다.

셋째, 미국은 핵반응로를 비롯해 핵기술 전반의 수출에 힘을 쏟기 시작했다. 세계 각국과 '원자력 협정'을 체결하고 방사성 동위원소 기술 등 방사선 이용 기술과 더불어 각종 기술을 적극적으로 수출했고, 곧이어 연구로 및 동력로를 수출하는 등 핵산업의 해외 진출을 점점 확대해 나갔다.

시핑포트 핵발전소는 이후 건설된 미국 핵발전소의 중요한 모델이었다. 하지만 현재는 이미 폐로되었다. 당시 시핑포트 핵발전소가 많은 전력 자본가를 매혹시킨 비밀은 역사 저편으로 사라졌다. 하지만 시핑포트 핵발전소의 설계단계에 깔린 기본적 사상은 오늘날 경수로가 기본적으로 안고 있는 위험성과 방사선 피폭의 경시 문제를 잘 보여준다. 이런 차원에서 시핑포트 핵발전소의 역사적 역할을 되돌아볼 필요가 있다. 시핑포트 핵발전소가 상업용 핵발전소로 '성공'한 주요인은 '원자력의 평화 이용', 즉 핵발전의 상업적 이용을 구체화하기 위해 철저하게 경제주의를 관철시킨 점에 있다. 예를 들어 당시까지 핵반응로는 플루토늄 생산이라는 군사적 측면과, 에너지 생산이라는 측면을 완전히 분리하지 못해, 전력생산로爐로서는 비경제적인 성격을 벗어나지 못했다. 영국의 콜더홀로Calder-Hall爐나 프랑스의 P-2로爐도 마찬가지였다. 이런 상황에서 플루토늄 생산과 에너지 생산을 확실히 구분하여, 에너지 생산으로서 다른 석탄화력이나 석유화력과 비용 면에서 경쟁할 수 있는 발전기술로 적용한 최초의 핵반응로를 장착한 곳이 시핑포트 핵발전소였다.

---

24) 핵반응로의 유형 중 하나로, 대표적으로 비등수형(沸騰水型), 가압수형(加壓水型) 등이 있다. 비등수형은 핵반응로에서 핵분열시킨 에너지로 직접 끓인(비등) 증기를 이용하여 터빈을 돌려 전기를 생성시킨다. 이에 비해 가압수형은 핵반응로에서 핵분열시킨 에너지로 끓어오른 증기에 높은 압력을 가하면(가압) 고온의 물이 되고, 이 고온의 물을 증기발생기로 보내면 여기서 발생한 증기를 이용하여(일종의 중탕) 터빈을 돌려 전기를 생성시킨다.

구체적으로 설계단계에서 지향한 경제성 원칙은 다음 세 가지였다. (1) 중앙발전소 시스템의 기존 터빈 기술 등을 그대로 이용해, 보일러 부분을 핵반응로로 바꾸는 것 (2) 특별한 군사용 규격이 아닌, 일반 상업용 규격을 적용하는 것 (3) 건설 및 운영비용의 최소화를 꾀할 것. 물론 경수로가 지닌 경제적 특징이 이것에 추가되었다. 즉, 용량이 소형인데도 고출력 밀도를 얻을 수 있어 건설비가 싸게 든다는 점, 그리고 경수輕水[25]를 감속재뿐만 아니라 냉각재로도 사용함으로써 설계가 간소화되어 경제적이란 점이다. 동시에 중요한 점은 경수라는 비교적 싼 재료를 이용하면서 어느 정도 누수를 허용하는 설계를 하게 했다는 것이다.

시핑포트 핵발전소의 실제 설계단계에서는, 다음의 내용을 지적할 수 있다. 시핑포트 핵발전소에서 경제성을 높이기 위해 중요했던 점은 장기 운전을 가능하게 하는 시스템 구축이었다. 구체적으로는 4개의 증기발생기를 보유하고, 열 출력은 23kW였다.[26] 네 개의 순환밸브를 갖고

---

25) 중수(D_2O, 重水)와 대비하여, 보통의 물(H_2O, 輕水)을 뜻한다. 중수는 수소의 동위 원소 중 수소보다 분자량이 두 배 큰 듀테늄(Deuterium, D)과 산소로 이루어져 있는 물로, 중수의 중성자를 흡수하는 성질을 이용하여 몇몇 핵반응로에서 감속재나 냉각재로 사용되고 있다. 핵반응로의 냉각재·감속재로 무엇을 사용하는냐에 따라 중수로형과 경수로형으로 나눌 수 있다. 예를 들어, 천연 우라늄을 연료로 사용하는 캐나다에서 개발한 중수로 CANDU(canada deuterium uranium)가 대표적인데, 한국의 경우 경주 월성핵발전소 1~4호기가 중수로형이다.
26) 열출력은 23만kW지만, 실제 전기로 전환할 수 있는 출력은 6만kW. 나머지는 온배수의 형태로 바다 등으로 버려진다.

있는 증기발생기 시스템은 운전 중에 어느 한 곳의 밸브가 고장나더라도 운전을 계속하면서 수리하기 위한 것이었다. 게다가 운전 중의 파손으로 핵반응로 속에 갇힌 '죽음의 재'가 냉각수 속에 포함된 채 새어나오고, 결국 대기 중에도 누출될 수 있는 점을 걱정했으나, 핵연료봉의 파손은 1%까지는 용인했다. 연료봉의 건전성을 엄격하게 추구하면 연료비용이 늘고, 발전비용도 늘어날 수밖에 없기 때문이다. 아울러 설계 초기단계에선 핵반응로 속의 '죽음의 재'가 외부로 누출되는 것을 막기 위해 발전소 전체를 지하에 설치하는 지하 격납방식을 고려했다. 그러나 이것도 경제성을 이유로 포기했다.

'죽음의 재'는 제1의 벽이라 일컬어지는 지르코늄합금 연료 피복관에 둘러싸여 있다. 아울러 냉각수는 압력용기와 관쯤이라는 제2의 벽 속에서 순환한다. 여기에 제3의 벽이라 할 수 있는 콘크리트 격납용기가 덮고 있기 때문에 핵반응로는 안전하다. 즉 "핵반응로는 3중의 방어벽으로 둘러싸여 있어 안전하다"[27]는 선전문구를 이때 고안했으며, 현재도

---

27) 통상 한국이나 일본에서는 '핵발전소는 5중 방호벽으로 안전하다'고 홍보하고 있다. 산화우라늄 등의 가루를 고온에서 구워 만든 핵연료 펠릿이 방사성 물질을 가두어 두는 1차 방호벽이라고 한다. 이 핵연료 펠릿을 지르코늄 합금으로 둘러싼 핵연료봉 피복관이 2차 방호벽이다. 그리고, 이 핵연료봉은 약 30cm 두께의 강철로 된 핵반응로 용기 안에 들어가게 되는데, 강철 핵반응로 용기가 3차 방호벽이다. 핵반응로는 돔 모양의 격납건물 안에 들어가 있는 데, 격납건물 안쪽 벽에 두께 6mm의 강철로 된 철판(CLP)이 있고, 이 철판이 4차 방호벽이다. 마지막으로, 격납건물 바깥 외벽은 두께 100cm~120cm 철근콘크리트로 건설되어 있는데, 이 철근콘크리트가 5차 방호벽이라고 설명하고 있다.

널리 쓰고 있다. 물론 핵발전소에서 일하는 노동자의 방사선 피폭에 대해서는, 허용선량 이하라면 안전하다는 생각 외에는 어떤 고려도 하지 않았다.

이렇게 해서 시핑포트 핵발전소는 1953년 6월, 개발결정을 내린 지 불과 4년 반 만인 1957년 12월 18일에 운전을 시작했다. 극히 짧은 기간의 기술개발로 '저발전 비용'을 위한 소형대용량 발전, 장기운영 시스템의 핵발전소가 탄생했다. 비록 훗날 개발된 대형 핵발전소와 비교하여 규모는 작다고 하더라도, 노심 용융의 위험, 방사능 대량 방출의 위험성을 탄생 당시부터 스스로의 운명으로 짊어지고 있다는 점은 변하지 않았다. 여러 가지 의미에서 시핑포트 핵발전소는 이후 계속해서 설립된 상업용 핵발전소의 모델인 것이다.

미국의 핵발전 추진 동향은 일본에도 곧바로 전해졌다. 미국 시찰여행을 다녀온 개진당改進黨[28] 나카소네 야스히로中曾根康弘 의원은 우라늄235와 관련하여 2억 3,500만엔의 핵반응로 제작비와 1,500만엔의 우라늄 채굴비를, 1954년도 예산안을 수정해서 1954년 3월 2일에 보수 3당의 공동제안으로 국회에 제출했다. 제안은 즉시 중의원을 통과했으며, 이로써 전후 일본의 핵발전 개발이 시작되었다. 바로 이때 비키니 환초에서 엄청난 방사선 피폭이 발생한다.

---

28) 1952년~1954년에 걸쳐 활동했던 일본의 정당으로, 주요 정책은 수정자본주의, 협동주의, 자주외교 등을 내세웠다(일본 위키피디아 참조).

비키니섬 '죽음의 재'가 미친 영향

당시 미국은 수소폭탄을 운반 가능한 형태로 축소하는 것, 바꿔 말해 모스크바까지 운반할 수 있도록 소형화하고자 했다. 1954년 3월 1일 비키니섬 수소폭탄 실험이 최초실험이었다. 미국 원자력위원회가 방사능에 의한 오염과 피폭 위험성을 소홀하게 다루어왔던 것이 여기에서 한순간에 터졌다.

히로시마 핵폭탄의 약 1,000배에 달하는 폭발력을 가진 수소폭탄 '브라보 샷'[29]으로, 마샬제도[30] 주민 243명이 피폭했다. 물론 미국 원자력위원회가 "유의미한 선량에 피폭했다"고 인정한 피폭자는 롱겔라프섬 86명뿐으로, 우티리크섬 주민 157명은 피폭자 대우를 받을 수 없었다.

롱겔라프섬 주민들은 '죽음의 재'가 마치 눈처럼 3cm나 쌓여 있는 방사능 섬에서 무려 50시간 동안 갇혀 있었으며, 외부 감마선만으로 1750밀리시버트 이상 쪼였다고 인정받았다. 하지만 우티리크섬 주민들

---

29) 미국은 1954년에 비키니 환초와 에니웨톡 환초에서 총 6회 핵실험을 실시했다. 그 중 1954년 3월 1일 비키니 환초에서 실시한 핵실험 '브라보 샷'이 제일 유명하다. 롱겔라프섬 주민을 비롯해 약 2만 명 이상이 피폭했다. 실험을 실시한 섬은 거대한 구멍이 생기고 사라졌다.

30) 마샬제도공화국은 적도에서 북쪽으로 800km에 위치하는 마주로(Majuro) 환초를 중심으로 200만㎢의 광대한 해역에 있는 29개의 환초와 5개의 섬으로 구성되어 있다. 인구는 약 6만 명이다. 1914년 일본군 점령 후, 1944년 미군이 점령—1947년부터 미국의 신탁통치령—1979년 자치정부가 발족한 후 1990년 신탁통치가 종료됐다.

의 피폭 감마선량은 140밀리시버트로, ICRP 1950년 권고에서 정한 허용 선량인 연간 150밀리시버트에 못 미치는 수치라서 "안전에는 어떤 영향도 없다"라고 결론 내렸다.

피폭 주민들은 이후 미국 원자력위원회 조사에서도 심각한 방사능 영향을 받은 것으로 알려졌다. 유산과 사산의 급증, 마셜제도의 평균보다도 훨씬 높은 사망률, 생존자 중 대다수의 비중을 차지한 갑상선 이상, 특히 10세 이하 어린이 대부분에게서 갑상선 이상이 발생해, 갑상선을 절제하거나 전이 암을 피할 수 없었다.

물론 마셜제도 주민들이 실제로 받은 방사선 피해는, 3월 1일 당일 하루의 직접적인 피폭으로 끝난 것은 아니다. 주민들은 방사능이 이미 많이 줄었다는 설명을 듣고 오염된 섬으로 돌아왔다. 롱겔라프섬(1957년), 우티리크섬(1954년), 비키니섬(1977년), 에니웨톡섬(1980년) 주민들 832명과 이후 출생자들은, 귀환한 섬에서 잔류 방사능에 오염된 토양으로부터 피폭했다. 뿐만 아니라 바로 이곳에서 자란 야자나무 열매와 섬의 어패류와 랍스터 등의 먹거리를 통해 신체 내부로 방사능을 흡수할 수밖에 없었다.

1982년 미국 에너지부는 롱겔라프섬 잔류 방사선으로 인한 연간 최대 피폭선량은 4밀리시버트로 일반인의 허용선량 이하이기 때문에 영향은 없다고 발표했다. 그러나 이후에도 유산, 사산, 장애아 출산 등 다양한 피해가 끊이지 않았다. 결국 롱겔라프섬 주민들은 1985년 또다시 섬을 떠날 수밖에 없었다. 심각한 방사능에 한번 오염되면, 수십 년에 걸쳐 주민들, 특히 취약한 사람들의 건강과 생활은 물론이고 사회 전체를 지속적으로 파괴하는 경향이 비키니에서도 나타났다.

　　당시 미국 원자력위원회가 지정한 위험해역 밖에 있던 일본 어선 제5후쿠류마루福竜丸호를 비롯한 참치 어선 선원들도 다수 피폭했다. 제5후쿠류마루호의 선원 23명은 외부 감마선만 약 2시버트를 쪼였고, 그 중 구보야마 아이키치久保山愛吉는 사망했다. 고농도 방사능 오염은 미국 원자력위원회의 주장과 예상을 훨씬 뛰어넘어 상당히 넓은 해역에 영향을 주었다. 더 나아가 비키니 방사능은 지구적인 오염을 초래했다.

　　일본으로 가져온 참치 중에 방사능에 오염된 것들이 속속 나와 대량 폐기처분해야 했다. 비키니 방사능은 일본 사람들을 공포의 도가니로 몰아넣었고, 결국엔 일본에서 수소폭탄 개발과 실험에 반대하는 운동이 급속하게 확대됐다. 1954년 8월에는 '원수폭금지서명운동전국협의회'[31]를 결성하였고, 순식간에 2,000만 명의 서명을 받을 수 있었다. 뒤이어 수소폭탄 실험으로 인한 '방사능 비'가 일본 전역에 내린 1955년에는 '원수폭금지세계대회'를 히로시마에서 개최하기에 이른다. 비키니 환초의 방사능 오염을 계기로 바야흐로 국민적 규모의 원수폭금지 운동이 일본에 뿌리내릴 수 있었다.

---

31) 이 서명운동 실행위원회는 1955년에 명칭을 '원수폭금지일본협의회'로 변경해 일본의 반핵 및 평화단체 전국조직으로 발전했다. 약칭은 원수협. 한편, 원수폭금지일본국민회의(약칭 원수금)는 1965년 원수협에서 탈퇴한 사회당 계열이 만들었다.

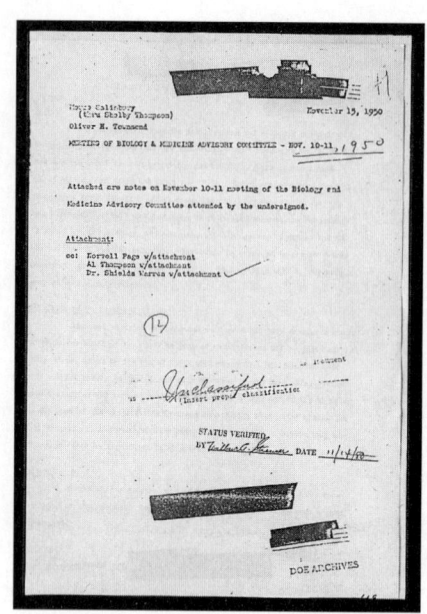

▲ 공개된 미국 원자력위원회(AEC) 기밀문서

이렇듯 비키니 사건은 미국 정부와 미국 원자력위원회의 예상을 뛰어넘는 큰 문제로 발전했다. 미국 원자력위원회는 당초 방사능 오염은 높지 않아 위험하지 않다고 주장했지만, 구보야마 아이키치의 사망을 계기로 피해 사실이 계속 드러나자 처음의 주장을 철회했다. 방사능에 대한 자료도 이전처럼 미국 원자력위원회만 독점할 수 없었다. 미국보다 먼저 일본이 자료를 발표하는 일도 종종 일어났다. 언론도 군사기밀이 얽힌 사안임에도 불구하고 방사능 문제를 비롯해 대대적인 취재 공세를 펼쳤다.

비키니 사건을 계기로 핵무기와 핵실험에 반대하는 운동이 일본뿐만 아니라 전 세계로 확산되었다. 가장 큰 변화는 미국에서 비판의 목소리가 높아진 것이다. 여기에는 사정이 있었다. 앞서 언급했듯이 미국 내의 빈번한 핵실험으로 인한 방사능 오염 문제는 이미 비키니 사건 1년 전인 1953년부터 네바다와 인근 지역에서 문제로 나타나기 시작했다. 게다가 1954년 4월에는 핵실험으로 인한 '죽음의 재'가 멀리 떨어져 있는 뉴욕주 트로이시의 수돗물을 오염시켰다는 사실이 확인됐다. '죽음의 재'가 사회문제로 처음 대두된 상황에서 비키니 사건이 발생해, 미국 국민은 방사능 재해에 더 큰 관심을 가질 수밖에 없었다.

다음 해인 1955년에는 수소폭탄 시대가 열린 것에 대한 불안이 더욱 폭넓게 확산되었으며, 세계적으로 핵무기에 반대하는 운동을 고양시켰다. '러셀-아인슈타인 성명'[32]은 당시 운동에 참여한 사람들의 생각을 잘 보여준다. 성명서는 핵전쟁으로 인해 인류가 한순간에 멸망하지 않더라도, 방사능의 장기적인 영향 때문에 서서히 죽음으로 내몰릴 수밖에 없다는 점을 언급한다. 비키니 핵실험 이후 인류의 완만한 사멸에 대한 공포와 불안이 세계적으로 확대됨으로써, 비키니 핵실험은 방사능 문제를 향한 전 세계적 대응의 출발점이 되었다. 히로시마와 나가사키 핵폭탄 투하 직후와 가장 큰 차이점은 바로 저선량의 방사선 피폭에도

---

32) 영국의 철학자 러셀과 미국의 물리학자 아인슈타인이 중심이 되어 1955년 7월 9일 런던에서 11명의 과학자들과 함께, 미국과 소련의 핵실험 경쟁에 반대해 핵무기 없는 세계와 분쟁의 평화적 해결을 호소하는 선언문을 발표했다. 이 선언을 시작으로 1957부터 매년 퍼그워시 회의(과학과 국제정세에 관한 퍼그워시 회의)가 열렸다.

큰 위험성이 잠복해 있다는 점을 사람들이 훨씬 더 많이 이해했다는 것이다.

　나라 안팎으로부터 영향을 받은 미국 국민들은 잔류 방사선에 대한 이해를 지속적으로 넓혀 나갔다. 미국 원자력위원회가 비밀로 했기 때문에 당시 극소수만이 알고 있었던 트로이시의 수돗물 방사능 오염 사실도 1955년에는 일반인에게 널리 알려졌다. 핵무기에 반대하는 시민과 과학자들의 대표로 알려졌던 폴링L. Pauling이 미국 원자력위원회 리비W. F. Libby 위원과 대논쟁을 벌였고, 이런 내용이 신문에 대서특필 되면서 '죽음의 재' 문제가 더욱 더 많은 사람들의 불안과 관심을 불러일으켰다.

　1956년은 미국 대통령 선거가 있는 해였다. 국민들 사이에 '죽음의 재'에 대한 관심이 커지자, 민주당 후보 스티븐슨은 수소폭탄 실험 금지를 공약으로 내걸었다. 비로소 '죽음의 재'인 '낙진(폴아웃fallout)'이 최대 정치문제가 된 것이다. 아이젠하워는 재선을 달성했지만 낙진 문제는 2기 아이젠하워 정권이 겪안은 최대의 정치문제였다. 이런 과정에서 과학자들이 주축이 된 핵실험 반대운동이 크게 발전했다. 폴링이 시작한 핵실험 즉각 중단을 요구하는 서명운동에 불과 2주 만에 2,000명이 넘는 과학자의 서명이 달성된 것은 운동의 급속한 발전을 보여주는 단적인 사례였다.

　일반인들도 방사선 피폭 문제에 민감한 반응을 나타내기 시작했다. 네바다에서 계속되는 핵실험으로 인한 '죽음의 재'로, 우유를 비롯한 식품이 오염되면서 불안감이 확산되었다. 심지어 흉부 X-레이 촬영이나 치과에서 찍는 X-레이 사진에 대해서도 거부 반응을 보이는 사람들이 나타나기 시작했다. 미국 내 핵실험으로 인한 낙진으로 미국 국민의 불안감이 급속히 높아져가는 가운데, 미국 원자력위원회와 NCRP 지도자들은 머리를 싸매며 피폭 방호 대책에 몰두하지 않을 수 없었다.

BEAR위원회의 등장

방사선 피폭이 큰 사회문제가 될 때마다 반드시 학계가 등장했고, 그 때마다 마치 제3자인 것처럼 나타났다. 역사상 최초의 사례가 미국의 BEAR위원회이다. 과학자를 중심으로 전면에 나서지만 실제적인 내용은 무대 뒤 정치인들과 은밀하게 합의하며 그 대가로 자신들의 이해관계를 확대하는, 한 마디로 정치무대를 이용하는 소위 '정치꾼 과학자'가 등장해서 분탕질한다는 교훈을 잘 새겨야만 할 것이다.

핵실험과 '죽음의 재'로 인한 방사능 오염에 반대하는 운동이 전 세계로 급속히 확산된 결과, 미국 지배층은 위기감을 느꼈다. 록펠러 재단이 대표적인 사례였다. 록펠러 재단은 이미 1930년대부터 방사선의 상업적 이용에 주목해, 맨해튼 계획 아래 핵산업을 크게 육성했었다.

록펠러 재벌의 중심인 스탠더드오일은 새로운 에너지원으로 주목한 핵에 촉수를 뻗었다. 록펠러와 카네기·멜론, 두 금융 독점 그룹이 지배하는 유니언카바이드&카본사는 우라늄 광석과 확산법[33]으로 우라늄 농축공정을 독점했다. 특히 아이젠하워 대통령의 '원자력의 평화 이용' 선언 이후, 록펠러 그룹은 핵의 상업적 이용에 대대적으로 진출하기 시작했다. 카네기·멜론 산하 핵반응로 제조업체인 웨스팅하우스사에 대규모 자본을 투자했을 뿐만 아니라 스스로 지배하는 밥콕&윌콕스사를 통해서 핵발전 분야에도 진출하기 시작했다.

록펠러 그룹은 이러한 전략 하에 산학 협동을 추진하는데, 록펠러 재단을 통해서 생물, 의학, 공중위생 연구와 교육 장려사업에 주력하기 시작했다. 이런 와중에 비키니섬의 '죽음의 재'(낙진)로 인한 방사능 오염 문제가 미국에서 큰 사회문제로 대두한 것이다. 록펠러 재단은 선두에 서서 대응하기 시작했다.

록펠러 재단 배후에서 움직였던 인물을 보면 당시 국무장관 덜레스 John F. Dulles가 대표적이다. 그는 록펠러 재단 전 이사장으로 미국 원자력위원회와도 밀접한 관련이 있었다. 록펠러 재단은 미국 원자력위원회의 거물 과학자 뷰어 John C. Bugher와도 밀접한 관계를 맺고 있었다. 그는 1952년 미국 원자력위원회 생물·의학부장이었고, ABCC 조직을 구성하는 과정에서 영향력을 행사했으며, 비키니 사건 때는 방사능 피해를 한사코 은폐하거나, 과소평가 하는 데 힘을 썼던 인물이다. 그는 1953년 이래 NCRP 위원이기도 했다. 록펠러 재단이 '죽음의 재' 문제를 타개하기 위해 표면에서 움직이기 시작한 1956년에 미국 원자력위원회를 그만두고 록펠러 재단 활동에 전념했다. 게다가 록펠러 재단을 대표해 미국

---

33) 우라늄235과 우라늄238의 육불화우라늄에 열이 흐르면 약간의 확산류(擴散流)가 생겨, 가벼운 성분은 상류 방향, 무거운 성분은 하류 방향으로 흐르는 열확산 효과를 이용해 농축우라늄을 얻는 분리법

원자력위원회 자문위원회 위원이 된 다음, 독점기업체 이익을 공공연하게 옹호하기 시작했다. 핵산업과 미국 원자력위원회의 협력이라기보다는 유착 구조를 대표해서 록펠러 재단이 활동했던 것이다. 덜레스에서부터 뷰어까지, 연출가도 배우도 다 갖춰졌다. 정부와 핵산업이 하나가 된 활동이었다.

록펠러 재단은 비키니 사건 이후 위기를 눈앞에 두고, 정부기관이 아닌 '제3자'가 사태를 타개하는 것이 상책이라고 생각했다. 낙진 문제를 해결하기 위해서는 당사자인 미국 원자력위원회보다 제3자인 과학계의 판단을 금과옥조로 내세우는 방식이 좋다고 본 것이다. 미국 국내만이 아니라 국제적인 동향도 고려한 판단이었다. 당시 유엔에서도 핵실험으로 인한 '죽음의 재' 문제를 논의하고자 하였다. 이런 문제의 경우 소련과의 대결은 결코 피할 수 없었다. 그 때 자신에게 분명히 불리한 비키니 사건을 비롯해 낙진 문제에서 미국이 주도권을 쥐려면, 미국 원자력위원회보다 과학계를 앞장세우는 편이 더 설득력이 있다. 이리하여 제3자로 명명한 과학자 조직이 미국 원자력위원회, NCRP, 민간 독점 기업체와 음지에서 연대하여 탄생하였다. 뷰어는 이런 연대의 핵심 인물이었다.

이렇게 해서 록펠러 재단은 1955년 가을에 전미과학아카데미에 '원자방사선의 생물학적 영향에 관한 위원회BEAR' 설립을 공식적으로 요청하고, 소요 자금 명목으로 당시로서는 파격적인 50만 달러를 제공했다. 전미과학아카데미는 BEAR위원회 아래 록펠러 재단이 요청한 방사선의 유전적 영향에 관한 위원회 외에, 병리학적 영향, 기상학적 영향,

해양과 어업의 영향, 농업과 식량 공급의 영향, 핵폐기물 처리 및 처분에 관한 위원회 등 총 6개의 위원회를 설치하고 각각 보고서를 내기로 했다. 주요 위원회인 유전학과 병리학 위원장으로는 록펠러 재단의 웨버W. Weaver와 미국 원자력위원회 소속의 쉴즈 워렌이 각각 부임했다. 양 위원회의 기타 멤버로는 파일라, 브루스, 닐 등 미국 원자력위원회나 ABCC 활동에서 이미 협조적으로 알려진 사람들이었고, 누가 봐도 "그 얼굴이 그 얼굴"이었다.

허용선량 인하

「BEAR 보고서」는 이례적으로 신속하게 1956년 6월에 발표되었다. 물론 초점은 방사선의 유전학적 영향에 대한 평가였다. 이에 대한 BEAR위원회의 기본적 견해는 다음과 같다.

(1) 유전학의 관점에서 볼 때 방사선 이용은 가능한 한 적게 해야 한다. 하지만 의료, 핵발전, 핵실험으로 인한 낙진(폴아웃), 핵과학 실험으로 인한 방사선 피폭을 줄이는 것은 세계에서 미국의 지위를 상당히 약화시킬 수 있기 때문에 합리적인 피폭은 허용해야 한다고 판단한다.

(2) 유전적 영향을 배가시키는 선량은 50에서 1500밀리시버트 사이에 있다고 판단하지만, 동물실험에 의하면 300에서 800밀리시버트 사이에 있다고 제시되었다. 이에 따라 합리적인 선량으로서 노동자의 경우는 30세까지는 생식기에 500밀리시버트 이하, 40세까지는 전신 500밀리시버트 이하로 하고, 일반인은 30세까지 생식기에 100밀리시버트 이하로 권고한다.

BEAR위원회는 이렇게 주장하며 노동자의 허용선량을 지금까지의 주당 3밀리시버트, 즉 연간 150밀리시버트에서 연간 50밀리시버트로 낮추는 한편, 일반인도 노동자의 10분의 1로 허용선량을 설정했다.

미국 원자력위원회가 당시까지 완강하게 저항해왔던 일반인에 대한 허용선량을 설정하고, 노동자의 허용선량도 3분의 1로 인하한 것이다. 최대 요인은 확실히 비키니 이후 확산된 방사선 피폭에 대한 불안과 핵실험 반대운동이었다. NCRP 의장인 테일러도 선량 인하는 대중적 압력 때문이라는 점을 인정했다.

그러나 여기에는 다음과 같은 의도가 숨겨져 있었다. 핵개발을 정부가 독점할 때에는 노동자의 피폭선량도 정부가 통제할 수 있지만, 민간 자본의 자유경쟁에 맡겨버린 상황에서는 피폭 방호의 문제를 경시하여 상한치를 넘는 피폭도 피할 수 없다. 방사선 피폭에 대한 비키니 이후 정세 변화를 고려한다면, 정부·자본 대 노동자·시민과의 대립을 격화시키는 요인을 가능한 한 없애고, 핵무기와 핵발전 개발의 새로운 정책 전개를 용이하게 해야만 했던 것이다.

BEAR위원회가 보고서를 내면서 가장 고민했던 점은 선량 인하로 인하여 결과적으로 상한값을 넘는 피폭이 빈번하게 발생할 경우에 대한 대응이었다. 1956년 2월, 최종적인 조정 단계에서 록펠러 재단은 "선량 인하가 미국 원자력위원회와 핵산업에 큰 위험과 비용을 부과하지 않겠는가?"라고 미국 원자력위원회 생물·의학부장 던햄C. L. Dunham에게 질문했다. 결과적으로 미국 원자력위원회가 양해하여 선량 인하를 최종적으로 확정했던 것이다.

「BEAR 보고서」를 공표하자 NCRP는 즉각 이전의 권고를 개정하는 작업에 착수했다. 핵산업의 방사선 피폭 관리 실무를 NCRP에서 총괄했기 때문이다. 물론 미국 원자력위원회와 핵산업계 내부에서 일부 반대하는 사람도 있었다. 미국 원자력위원회의 일부가 그런 의견을 대변했다. 허용선량 수치를 50밀리시버트로 내릴 경우, 만일 이런 기준을 넘었을 때 거액의 벌금을 부과하거나, 혹은 노동자들의 손해배상 소송이 빈발하게 되는 등 노사 대립이 악화되지 않을까가 반대 의견의 주된 내용이었다.

이것을 중요한 지적이라고 생각한 NCRP는 머리를 짜내 다음과 같은 타협안을 제시했다. 새로운 허용선량은 노동자에게 종래 기준인 주당 3밀리시버트에 따른 3개월 30밀리시버트의 선량률을 그대로 유지하면서, 「BEAR 보고」가 권고한 연간 50밀리시버트에 근거하여 50밀리시버트 × (연령 — 18세)을 평생 누적선량으로 채택한다. 아울러 일반 대중은 의료를 포함한 인공방사선의 피폭량을 태아부터 30세까지 100만 명당 1,400만 명·렘(14만 명·시버트), 즉 1인당 연간 5밀리시버트로 한다.[34] 이러한 타협안으로 미국의 지배층 내부는 새로운 허용선량 기준 도입에 대한 의견을 모두 통일하였다.

---

34) 100만 명당 1400만 명·렘은 14렘의 의미이고, 14렘(140밀리시버트)을 30년(태아부터 30세까지)으로 나누면, 연간 4.6밀리시버트가 된다. 이를 반올림하여 5밀리시버트로 제시한 것이다.

다음 문제는 미국과 의견이 다른 ICRP를 어떻게 할 것인지였다. 여기에 더해 비키니섬 '죽음의 재'로 인한 지구적 오염 문제도 하나 추가되었다. 말하자면 비키니 사건을 계기로 유엔 산하에 설립된 '방사선영향과학위원회UNSCEAR(이하 UN과학위원회)'[35]에 대한 대책이었다.

「ICRP 1958년 권고」

1950년대 후반에 들어서 영국과 프랑스의 상황이 많이 달라졌다. 양국은 각자 독자적인 핵무장을 지향하면서, 핵무장과 동전의 양면이라 할 수 있는 핵발전의 대규모 개발에 착수했다. 핵발전 개발을 향한 세계적 흐름이 유럽의 ICRP 주도국을 사로잡으면서, 비키니섬의 '죽음의 재'로 인한 방사능 오염 문제의 국제적 논의에 영향을 줄 수밖에 없었다. 국제 정치의 주요 문제였던 '죽음의 재'로 인한 오염을 중심으로, 피폭 방호 기준의 기본 틀이 ICRP에서 어떻게 자리 잡았는지 살펴보자.

ICRP에서 미국 다음으로 중요한 위치를 차지했던 영국에서 비키니 '죽음의 재'는 어떤 사회적 영향을 미쳤을까. 비키니 문제에 대한 불안이 국민들 사이에서 확산되는 상황을 심각하게 여긴 영국 수상은 방사선이 인체에 미치는 유해한 영향에 대해, 수상이 직접 임명한 과학자들에게

---

35) United Nations Scientific Committee on the Effects of Atomic Radiation. 1955년 설립됐다. 방사선의 신체적, 유전적 영향에 관한 과학적 정보를 수집하고 보고서를 공표하고 있다. 사무국은 오스트리아 빈에 있다.

보고서를 작성하도록 요구하였다. 이들이 영국의 '의학연구평의회' 산하에 설립된 위원회에 소속돼 있었기 때문에 보고서는 통칭 「MRC 보고」로 불린다. 위원회는 설립 경과도 목적도, 위원 구성까지 미국의 BEAR 위원회와 상당히 유사했다. 중심적인 위원은 ICRP 위원장인 칼링E. R. Carling과 ICRP 위원 메이놀드W. V. Mayneord, 루팃J. F. Loutit 등이었다. MRC 보고의 발표 시기는 1956년 6월이었다. 「BEAR 보고」와 시기도 같았지만 내용도 판박이였다.

「MRC 보고」는 노동자의 허용선량을 연간 50밀리시버트로 인하했지만, 이전에는 미국과 다른 기준이었던 방사선의 유전적 영향 배가선량을 「BEAR 보고」와 같은 300내지 800밀리시버트로 채택했다. 결국 영국 또한 미국과 같은 핵개발 전략을 채택했다는 사실을 여실히 보여준다. 영국은 소련을 겨냥한 핵무기를 독자적으로 개발해 1952년 최초의 핵실험을 진행했다. 1955년에는 12기의 핵발전소 건설을 핵심으로 한 핵발전 10개년 계획을 발표했다. 영국도 핵개발을 추진하면서 '죽음의 재'에 위기감을 느낀 대중들에게 위험성을 해명하기보다는 어느 정도의 방사능 노출은 불가피하다고 입장을 바꿔버렸다.

영국이 방향을 바꾸자 ICRP 내부의 불협화음은 사라지고, 미국의 「BEAR 보고」와 「NCRP 권고」의 기본 노선은 아무런 저항 없이 관철될 수 있었다. ICRP는 1956년 제네바에서 열린 회의에서 허용선량 수치를 낮추면서 1954년 권고를 전면적으로 개정하여 1958년에 새롭게 작성한 권고를 내놓기로 결정했다. 1958년에 공표하기로 한 것은 뒤에서 언급할 「UN과학위원회 보고」가 그 해 발표될 예정이었기 때문이다. ICRP와 UN

과학위원회와의 관계는 1956년에 UN과학위원회가 의료 방사선 피폭 문제에 대해 ICRP에 보고서를 의뢰하면서 공식적인 관계로 시작했으나, 이후 양 조직은 공식, 비공식을 막론하고 밀접한 협력 관계를 유지했다.

ICRP가 1958년에 내놓은 권고는 방사선의 유전적 영향을 주요 영향으로 평가하였다. 또한 노동자의 허용선량은 3개월 30밀리시버트를 유지하면서도 누적선량 '50밀리시버트 × (연령 — 18세)'로 설정하는 이중 기준을 채택했다. 아울러 일반인의 피폭선량을 노동자의 10분의 1로 설정하였다. 눈치 빠른 독자는 이미 인식했겠지만, 이것은 바로 미국 NCRP의 1956년 권고와 거의 동일한 내용에 불과했다. 「ICRP의 권고」는 이미 미국과 영국이 자국에서 적용하는 기준이었던 것이다. 그럼에도 ICRP가 권고를 발표하기까지 2년이나 걸린 것은 UN과학위원회를 비롯한 여러 국제조직에서 시작한 방사선 피폭 문제에 대한 논의 진행상황을 지켜볼 필요가 있었기 때문이다. 지금까지의 국제적인 논의와는 완전히 다른 상황을 맞이했던 것이다. 말하자면 핵무기와 핵실험에 반대하는 소련과 사회주의 국가들이 UN과학위원회의 일정한 비중을 차지하고 있어, 논의 전개 자체를 회원국들이 서로 협조해 주도권을 장악한 다음 추진하는 그동안의 관행상, 과연 미국과 영국의 입장이 이번에도 관철될 수 있을지 불분명했었다.

결과적으로 ICRP는 당시 2년 동안 현안이었던 문제에서 큰 성과를 올릴 수 있었다. 취약했던 이데올로기 측면에서 상당한 진전이 있었기 때문이다. 핵발전 시대의 개시에 조응하는 방사선 피폭의 철학을 탄생시킨 것이다.

ICRP가 1958년 권고에서 내걸었던 방사선 방호의 기본적 관점은 '리스크-베네피트론(위험-편익론)'이었다. ICRP는 핵개발 등으로 새롭게 추가된 방사선 피폭 리스크는 "핵의 실제적인 응용을 확대하여 발생하는 이익을 고려한다면 피폭을 허용하고 정당화해도 좋다"면서 전면적으로 인정하겠다는 견해를 도입했다. 이것이야말로 예전에 ICRP가 반대했던 미국 원자력위원회와 NCRP의 리스크 수용 관점과 다를 바가 없었다. 예전과의 차이라고 한다면 이젠 미국뿐만 아니라 선진 공업국 모두 핵개발을 향한 정책을 도입했다는 점이었다. 1956년부터는 일본의 나카이즈미 마사노리中泉正德와 이탈리아 대표가 새롭게 ICRP 위원으로 참여했다. 핵개발을 지향하는 국가들의 통일된 견해로서 ICRP 권고에 리스크론(리스크-베네피트론)을 도입한 것이다.

이런 철학을 배경으로 허용선량 정책을 도입하였다. 허용선량은 "개인이나 집단 전반에 허용할 수 있는 위험을 동반하는" 선량으로 정의했다. 연간 한도는 단적으로 표현하면 노동자는 50밀리시버트 일반인은 5밀리시버트였지만, 피폭 제한 자체는 "신체장애를 방지하는" 수준은 결코 아니었다. 동시에 이런 철학을 바탕으로 방사선 피폭의 일반적 원칙을 수정했다. 1950년 권고에서는 "가능한 한 최저 수준까지(to the lowest possible level)"이었지만, 1958년 권고에서는 "실행 가능한 한 낮게(as low as practicable, ALAP)"로 대폭 완화했다. ICRP는 1950년 권고에서 비로소 허용선량이라는 용어를 채택했지만, 이를 지탱하는 철학인 리스크 수용론의 도입에는 저항했었다. 1950년과 1958년 철학의 차이가 바로 피폭 수준의 차원에선 "최저"에서 "낮게"라는 완화 방식으로 나타났다.

리스크 수용론의 도입이 분명해졌다고 판단한 록펠러 재단은 ICRP에 재정적 지원을 제안했다. 「BEAR 보고」를 통해 미국의 여론을 이끌었던 록펠러 재단은 「ICRP 1958년 권고」의 리스크론 도입이 세계에 미칠 영향을 생각하며 회심의 미소를 지었음에 틀림없다.

UN과학위원회

1958년 권고에도 명기되었지만, ICRP 방침 전환에 큰 영향을 준 것은 1955년 '원자력 평화 이용 회의'[36]였다. 이 회의는 미국의 아이젠하워 대통령이 1953년 말에 유엔에서 했던 '원자력의 평화 이용' 연설을 계기로 개최됐다. 전 세계로 확산된 핵개발에 대한 높아진 관심이 회의 개최로 이어졌다고 한다면, 미국의 비키니 핵실험으로 인해 세계적으로 고양된 '죽음의 재'에 대한 불안은 유엔 산하 방사선영향과학위원회 UNSCEAR(UN과학위원회)를 탄생시켰다. 두 조직은 서로 대립하는 계기

---

36) 원자력 평화 이용에 관한 국제협력에 대해 7개국 공동결의안에 따라 열린 국제회의. 1954년 12월 유엔총회에서 채택되었다. 1955년 8월 제네바에서 열린 제1회 회의에는 73개국에서 원자물리학자 등 약 3800명이 모여 원자력 평화 이용에 대해 광범위하게 토론했다. 1958년 9월에는 제2회 회의, 1964년 8월에 제3회 회의, 1971년 9월에 제4회 회의가 모두 제네바에서 열렸다. 그리고 7개국 공동결의안에 따라 1956년 10월에 국제원자력기구(IAEA) 헌장이 조인되었고, 1957년 7월에는 국제원자력기구가 설립되었다(출처, 일본판 브리태니커국제대백과사전).

로 태어났지만, UN과학위원회는 본질적으로 '원자력의 평화 이용'을 유연하게 추진하기 위한 조직에 불과했다. 미국은 두 조직을 장악하기 위해 모든 수단, 방법을 가리지 않았다.

　UN과학위원회는 이름만 "과학"일 뿐, 과학 분야 전문가보다는 각국 대표들로 구성되었다. 미국의 강한 반대가 있기도 했지만, 큰 목적은 인류의 영향을 문제 삼는 유전학자를 배제하고 국가 이익을 전면에 내세운 논의를 관철시키고자 했기 때문이었다. 물론 미국 대표단에 유전학자는 한 사람도 없었다. 비키니 사건 이후 방사선 문제의 향방을 결정하는 논의를 전개한 당시 미국 원자력위원회는 유전학자의 목소리를 가능한 한 봉쇄하려 했다. 이에 대한 좋은 사례가 다음과 같은 사건이었다.

　미국을 대표하는 유전학자 멀러는 NCRP의 외부피폭 허용선량 위원회 위원으로서 이미 NCRP 쪽의 입장을 분명하게 갖고 있었다. 그런 멀러가 1955년 유엔 원자력 평화 이용 회의에서 방사선의 유전적 영향에 대해 발표하기로 예정되어 있었다. 이를 알게 된 미국 원자력위원회는 압력을 가해 멀러를 발표자에서 제외시켰다. 예전의 입장을 버린 멀러마저도 믿지 못했던 것이다. 이런 사례에서 드러나듯 미국은 저선량의 방사선이 인체에 미치는 영향을 근거로 "방사선에 안전선량은 존재하지 않는다"는 주장을 철저히 배제하려고 했다.

　UN과학위원회 미국 대표단에는 쉴즈 워렌, 그 외 브루스, 아이젠버드M. Eisenbud가 참여했다. 모두 미국 원자력위원회를 대표하는 구성원들이었다. 영국과 캐나다 대표도 미국과 비슷했는데, 당시 방사선 문제

전문가라고 하면 대부분이 미국 원자력위원회와 관계있는 인물이었다. 스웨덴도 비슷했는데, ICRP 의장인 시버트가 대표였다. 역시 비슷한 면면들이 등장했음을 알 수 있다.

UN과학위원회를 구성한 국가는 미국, 영국, 캐나다, 스웨덴 이외에도 프랑스, 호주, 벨기에, 일본 그리고 아르헨티나, 브라질, 멕시코, 인도, 이집트 게다가 소련과 체코슬로바키아까지 총 15개국이었다. 이들 국가 중에서 「BEAR 보고」와 「MRC 보고」, 「NCRP 권고」와 「ICRP 권고」 등 방사선 문제 영역에서 많은 경험과 자료를 가지고 있던 나라는 맨 앞의 4개국이었다. ICRP를 주도했던 4개국이 소련·사회주의국가와 개발도상국을 추가한, 말하자면 또 하나의 ICRP라고 말할 수 있는 UN과학위원회를 통솔했던 것이다.

UN과학위원회는 1956년 3월에 제1회 회의를 시작으로, 1958년 6월까지 총 다섯 번의 회의를 열고 보고서 작성을 추진했다. ICRP도 작업에 협력했다. UN과학위원회 보고서는 1958년 8월 6일, 「ICRP 권고」는 그해 9월에 잇따라 발표됐다. 발표까지의 경과를 보더라도 UN과학위원회 보고와 「ICRP 1958년 권고」는 많은 공통점이 있다. 「UN과학위원회 보고」는 한두 가지 예외를 제외하면 「BEAR 보고」, 「MRC 보고」, 「NCRP 권고」의 기본 노선을 그대로 답습한 것에 불과했다.

「UN과학위원회 보고」가 기타 보고나 권고와 가장 달랐던 점은, 당시 국제 정치상의 큰 문제로 대두한 핵실험 낙진(폴아웃)에 대한 정치적 평가였다. 미국, 영국 등과 소련, 체코슬로바키아는 이를 두고 정면으로 대립했다. 사회주의 국가들은 핵실험의 즉각 중단을 보고에 포함시켜야 한다고 주장했다. 피폭 당사국 일본은 츠즈키 마사오都築正男, 타지마 에이죠우田島英三 등이 대표로 참여했지만, 뜻밖에도 일본은 핵실험의 즉각 중단에 반대했다. 결국 핵실험 즉각 중단은 소수 의견으로 밀려났다. 이렇게 UN과학위원회 보고 내용을 둘러싼 논쟁은 미국과 영국의 공동전선, 바꿔 말한다면 ICRP 주도국의 승리로 끝났다. 비키니 사건 이후 세계적으로 확산된 방사선 피폭에 대한 불안과 핵실험 반대운동의 요구는 국제적인 보고나 권고에 거의 반영되지 못했으며, 극히 일부만 포함되는 것에 그쳤다.

1958년 여름에 「ICRP 권고」와 「UN과학위원회 보고」가 나오고 난 후에 방사선 문제에 대한 국제적 논의의 대세가 굳어졌다. 흡사 이것을 기다리고 있었던 것처럼, 다른 국제조직들도 본격적으로 활동하기 시작했다. 1955년 '원자력 평화 이용 회의'를 모체로 하여 결성한 핵추진을 위한 조직인 '국제원자력기구(IAEA)'도, 문자 그대로 핵개발을 추진하는 입장에서 방사선 피폭기준 제정을 목표로 검토를 시작했다. 이런 국제적 협조의 최종 총괄이라고 할 수 있는 모임이 1958년 8월 말에 스위스에서 비밀리에 열렸다.

회의는 ICRP 의장인 시버트의 개인적인 소집이라는 형태로, 1958년 제2회 원자력 평화 이용 회의에 참가하는 각국 대표를 비밀리에 연락했다. 여기에는 국제방사선방호위원회ICRP, 국제방사선단위위원회ICRU, 국제방사선회의ICR, UN과학위원회UNSCEAR, 국제원자력기구IAEA, 유엔교육과학문화기구UNESCO, 세계보건기구WHO, 국제노동기구ILO, 유엔식량농업기구FAO, 국제학술연합회의ICSU, 국제표준기구ISO 등 총 6개 정부조직과 다섯 개 비정부조직이 참가했다. 회의에서는 (1) 방사선 영향에 관한 기초적 연구, (2) 방사선에 의한 리스크 평가를 포함한 자료 수집과 평가, (3) (1)과 (2)를 기초로 한 방사선 방호 기준 확립, (4) 실용적인 규범 확립, (5) 권고 실행을 위한 실무 준비를 추진하기로 의견 통일을 보았다.

'원자력 평화 이용 회의'에 참여한 여러 국제조직은 한편에서는 핵 추진을, 또 다른 한편에서는 방사선 피폭 문제를 논의했다. 따라서 방사선 피폭의 위험성은 부차적인 것으로 가볍게 다뤄졌고 경시될 수밖에 없었다. 더군다나 이런 방침에 입각하여 ICRP 주도하에 협력해서 일을 진행한다는 서약도 있었다. 말하자면 "빨간 신호등도 함께 건너면 무섭지 않다"는 것이다. 이것은 사실로 핵개발 추진을 전제로 한 방사선 피폭 문제에 대한 국제적 협조체제의 구축이었다. 1958년에 결성된 협조체제는 음으로, 양으로 중요한 정치적 역할을 수행했다. 방사선과 핵 문제를 볼 때, 결코 놓쳐서는 안 될 은폐된 핵추진 조직인 것이다.

6. 방사선 피폭이 암과 백혈병 발병에 미치는 영향을 둘러싼 논쟁

비키니 사건 이후 방사능 오염 문제를 다룬 내용으로 「ICRP 권고」와 「UN과학위원회 보고」가 1958년 연이어 발표되면서 어쨌든 결론이 나는 듯 했다. 그러나 ICRP 등은 '죽음의 재'로 인한 저선량 방사선의 위험성에 대한 논의를 자신들의 의도대로 추진할 수 없었다. 오히려 광범위한 대중들이 기존 견해를 비판하면서, 1958년 이후 새로운 양상으로 나타나기 시작했다. 논점은 방사선이 암과 백혈병 발병에 미치는 영향 문제였다. 구체적인 논의는 대기권내 핵실험으로, 갈수록 심각해진 방사능 낙진 문제를 둘러싸고 전개됐다. 여기에서는 방사선 위험성 평가를 둘러싼 논의를 소개하고, 핵개발 추진론자들이 얼마나 비과학적이며 잘못된 내용을 주장했는지 살펴보고자 한다. 아울러 현 시점에서 근본적인 비판이 필요하다는 점을 분명하게 밝혀두고자 한다.

저선량 방사선의 위험성에 대한 불안 확산

2기에 들어선 아이젠하워 정권은 수소폭탄 실험을 계속 확대했고, 소련도 똑같이 대응했다. 게다가 영국도 수소폭탄 개발에 착수했다. 영국은 1957년 초 수소폭탄 실험 계획을 발표했는데, 곧바로 계획 중지를 요구하는 여론이 전 세계로 급속하게 퍼졌다. 하지만 영국은 같은 해 5월 수소폭탄 실험을 강행했다. 프랑스 또한 1958년 사하라 사막에서 핵폭탄 실험을 진행한다고 발표했다. 강대국들이 핵군비 확대와 핵실험을 강화하면 할수록 이에 저항하고 반대하는 운동도 세계적으로 더 한층 거세졌다.

반대운동은 핵전쟁으로 인류가 절멸하는 문제뿐만 아니라, 급증하는 핵실험으로 인한 지구적인 방사능 오염과 저선량 피폭의 위험성을 아주 심각하게 바라보았다. 이런 문제의식이 확산되는 상황에서, 폴링을 비롯한 과학자들의 활동이 운동을 이끄는 큰 역할을 했다. 폴링의 호소로 시작한 핵실험 금지 서명운동은 눈 깜짝할 사이에 9,000명이나 되는 과학자들의 서명으로 이어졌으며, 1958년 1월 유엔에 제출되었다.

제일 앞장서서 핵군비 확산을 추진한 미국에서도, 과학자들과 연대해 핵실험 금지를 호소하는 반대운동이 광범위한 계층으로 확산되었다. 종교인들 또한 운동에 합류했다. 미국 전 지역에서 평화행진을 했다. 미국에서 반대운동이 한층 고조되면서, 1957년 가을에는 핵전쟁과 핵실험에 반대하는 전국 조직, 전미건전핵정책전국위원회全米健全核政策全國委員會(SANE)[37]가 설립됐다. 영화 〈그날이 오면〉[38]이 개봉되자마자 수많은 관람객들이 몰려 영화관마다 장사진을 이루는 풍경

---

37) National Committee for a Sane Nuclear Policy, 1957년 설립. 1993년 반핵단체 FREEZE와 통합해, 미국 최대 평화단체인 '피스액션' 결성

을 볼 수 있었던 것도, 당시 운동의 발전을 보여주는 하나의 에피소드였다.

1957년에는 방사능 오염 문제가 새로운 시대를 맞이했음을 알리는 큰 사건이 일어났다. 영국 윈즈케일[39]에서 핵발전 역사상 최초의 중대사고가 발생해, 2만큐리(1큐리=370억베크렐)가 넘는 요오드131을 포함한 방대한 양의 방사능이 뿌려졌다. 사고가 난 핵발전소 주변 목장과 농장이 핵반응로에서 나온 방사능으로 심각하게 오염되었다. 방사능에 오염된 우유가 대량으로 바다에 버려졌다. 사고의 전모는 군사기밀과 핵발전 추진 정책을 지키기 위해 계속 은폐되었다. 사고 30년이 지나서야 공개된 당시의 비밀문서에 따르면, 방사능 오염은 당국의 설명보다 훨씬 심각했던 것으로 드러났다. 당시에는 사람들이 오염의 실태와 영향을 정확히 파악하기도 힘든 상황이었다. 그러나 핵발전소 사고로 인한 방사능 오염은 심각한 문제를 일으킨다는 점이 전 세계에 알려졌으며, 적지 않은 사람들이 핵발전소의 위험성을 인식하기 시작했다.

---

38) 〈On The Beach〉, 영국의 항공기술자이자 소설가인 네빌 슈트가 1957년에 쓴 소설을 토대로 1959년에 제작된 영화로, 스탠리 크레이머(Stanley Kramer) 감독, 그레고리 펙(Eldred Gregory Peck) 주연. 한국에서는 1962년 개봉됐다. 핵전쟁 이후 방사능에 오염된 세계를 무대로 펼쳐지는 이야기

39) 윈즈케일(Windscale) 핵반응로 화재사고는 1957년 10월 10일에 일어난 영국 역사상 최고의 핵발전소 사고로 1~7등급으로 분류되는 국제원자력사고등급(INES)에서 5등급 사고로 평가받았다. 참고로, 미국 스리마일섬 핵발전소 사고(1979)가 5등급, 구 소련 체르노빌핵발전소 사고(1986년)와 일본 후쿠시마핵발전소 사고가 7등급 사고이다.

그런데 미국에서 핵실험 때문에 '죽음의 재'의 위험성이 다시 많은 사람들에게 문제가 되었을 때, 미국 원자력위원회는 핵실험이 대 소련 군사 정책상 필요하고, 저선량의 방사선 피폭은 걱정하지 않아도 된다는 선전을 강화했다. 한편 미국 원자력위원회는 ICRP의 권고 발표를 염두에 두고, 1957년 말에 핵시설에서 일하는 노동자의 허용선량을 기존보다 3분의 1로 낮춰 안전에 신경을 쓰고 있는 시늉을 했다. 물론 이러한 조치에도 '죽음의 재'로 인한 불안과 비판은 전혀 수그러들 기미가 보이지 않았다. 이런 상황에서 1957년부터 1958년에 걸쳐 새롭게 대두된 중요한 쟁점이 암과 백혈병 문제였다.

앞에서 언급한 것처럼, ICRP도 UN과학위원회도 방사선 피폭에 안전선량은 없다고 인정했지만, 어디까지나 유전적 영향에만 한정했다. 과연 암과 백혈병에도 안전선량이 존재하지 않는가에 대한 논의가 이때의 쟁점이었다. 미국 원자력위원회와 NCRP는 안전선량이 마치 존재하는 것처럼 설명했고, 핵실험은 안전하다고 대중에게 선전했다.

'죽음의 재'로 오염된 우유

미국 원자력위원회는 사실 이 문제에 대한 비판이 확대되는 것을 오래 전부터 몹시 두려워하고 있었다. 네바다에서 핵실험이 빈번히 진행되자 '죽음의 재'가 뉴욕주에서도 검출되었기 때문이다. 1953년 미국 원자력위원회는 비밀리에 핵실험의 '죽음의 재'로 인한 암 발생 연구를 이미 진행하고 있었다. 선샤인Sun Shine 계획[40]으로 불린 연구는, 미국 전 지역에 내린 스트론튬90의 데이터를 토대로, 체내에 들어온 스트론튬90에 의한 피폭영향을 평가하려 했다.

비밀 연구 계획은 미국 원자력위원회 리비가 지도했고, 당시 미국 원자력위원회 소속이었으며 나중에「BEAR 보고」에서 활약한 뷰어, 미국 원자력위원회 낙진 문제의 1인자인 아이젠버드가 주요 멤버로 참여했다. 미국 원자력위원회는 연구내용을 비밀로 했지만, 비키니 핵실험 후 1956년에 일부를 제외하고 공개했다. 데이터를 이용해 핵실험 낙진에 대한 대중의 불안은 근거가 없다고 선전하기 위해서였다. 미국 원자력위원회는 암과 백혈병의 위험성을 완전히 과소평가 했던 것이다. 하지만 미국 원자력위원회가 그러한 연구를 했다는 사실 자체가, 머지않아 '죽음의 재'로 우유 등 식품 오염과 암·백혈병 문제가 피할 수 없는 상황임을 예측하고, 대비했음을 보여주는 중요한 증거였다.

미국 원자력위원회가 비밀 연구를 했던 1953년경에는 스트론튬90의 강하량降下量이 눈에 띄는 정도는 아니었다. 하지만 대형 수소폭탄 실험이 잇따라 실시되면서, 강하량이 급격히 상승하기 시작했고 우유 등에 스트론튬90의 농도도 급격히 높아졌다. 이에 따라 식품의 방사능 오

---

40) 선샤인(Sun Shine) 계획은 전 세계인에 대한 방사성 강하물(降下物)의 영향을 확인하기 위해 실시한 일련의 조사연구를 말한다. 미국 원자력위원회는 핵폭발로 인한 방사선이 생물권에 미치는 영향을 조사했다. 미국 원자력위원회는 발달 중인 뼈가 스트론튬90을 축적하는 경향이 제일 높고, 따라서 방사선 손상에 대한 민감성이 제일 높은 것은 젊은 층의 인체조직이라는 결론을 내렸다. 선샤인 계획에서 사망자 신체의 대부분이 허가 없이 사용된 것이 나중에 밝혀져, 유족들로부터 많은 논쟁을 유발했다(영어판 위키피디아에서 인용).

염에 대한 관심이 높아져, 암과 백혈병 문제가 논쟁의 핵심 중 하나가 된 것이다.

스트론튬90의 영향이 큰 관심을 불러일으킨 것에는 이유가 있다. 핵실험 방사능 오염은 주로 오염된 먹거리 섭취 등으로 내부피폭과 연결된다. 스트론튬90은 화학적으로 칼슘Ca과 비슷한 성질을 가지기 때문에, 체내로 들어오면 대부분 뼈에 축적된다. 미국에서는 과거에도 비슷한 피해로 큰 사회문제가 됐던 적이 있었다. 앞에서 언급했듯이, 라듐 함유 도료를 시계 문자판에 바르는 작업에 종사하던 여성 노동자의 암과 백혈병 피해였다. 이런 사례 때문에 스트론튬으로 인한 암과 백혈병 문제에 대한 이해는 미국에서 빠르게 확대됐다.

암과 백혈병에 미치는 영향을 포함해 '죽음의 재'에 대한 불안이 커져 가자, 이를 두려워한 미국의 핵추진파들은 의회를 활용해 상황을 진정시키려 했다. 상하 양원의 핵추진파 의원들은 합동위원회를 구성하여 정부에 압력을 넣는 한편, 이 위원회에서 낙진 문제 공청회를 열어 안전하다는 내용을 국민들에게 선전하려고 했다. 공청회 증언에 나선 인물들은 NCRP의 테일러 위원장을 비롯해 모두 원자력위원회 측 인물들이었다. 그들은 입을 모아 허용선량 이하의 방사선 피폭이라면 안전하다고 주장했다. 이에 비해 공청회에 증인 초청을 받은 반대파 과학자들은 극소수였고, 그들은 방사선의 생물·의학적 영향의 메커니즘을 생각한다면, 유전적 영향과 마찬가지로 암과 백혈병에도 일정 선량 이하면 영향이 없다는 소위 문턱선량은 존재하지 않는다고 증언했다. 암·백혈병은 피폭 선량에 비례해 발생한다고 주장했던 것이다.

암과 백혈병의 '문턱선량'

　　암과 백혈병의 발생률이 피폭선량에 비례하는지의 여부가, 1957년부터 1958년에 걸쳐 방사선의 위험성을 둘러싼 논쟁의 핵심이었다. 이것은 「ICRP 권고」와 「UN과학위원회 보고」 내용에도 당연히 영향을 미치는 문제였다. ICRP 등의 핵추진파가 이 문제에 어떤 태도를 취했는지 다시 한 번 정리하면서, 그들의 잘못된 평가의 기초가 된 사고思考를 비판하고자 한다.

　　ICRP 주요 회원들은 미국 원자력위원회와 NCRP와 동일하게 암·백혈병 발생에 문턱선량이 존재한다고 판단했다. 유전적 영향에서는 문턱선량이 존재하지 않는다는 사실이 이미 실험을 통해 증명됐다. 그렇다고 암·백혈병에서 문턱선량이 존재한다는 확실한 증거가 있는 것은 아니었다. 그래서 ICRP는 문턱선량의 존재를 강하게 주장할 수 없었다.

　　어쩔 수 없이 「ICRP 권고」에서는 "만약 선량이 특정값보다도 낮으면 백혈병은 발생하지 않는다고 가정해야 한다"라고 서술해 놓으면서도 "가장 보수적인 방식"에서는 발생률이 선량에 "비례할 것으로 가정할 수 있다"고 갈팡질팡하는 표현을 삽입했다.[41] 물론 이런 표현은 ICRP의 취약성을 나타내지만, 상당히 교묘한 표현방식이기도 했다. 상황 자체가 스스로에게 불리하다고 보고, 문턱선량이 존재한다는 주장을 일시적으로 유보해 놓고, 당장은 안전을 고려할 경우 암·백혈병의 발생률이 선량에 비례한다는 점을 염두에 두지만, 어디까지나 가정에 불과하다고 주장한 것이다.

　　UN과학위원회는 ICRP와는 상황이 다소 달랐다. 소련과 체코슬로

바키아가 참여하고 있었기 때문이다. 양국 대표는 핵실험 금지를 요구하는 과학자들의 주장에 따라 암·백혈병의 발생률은 피폭선량과 함께 증가한다며, 미국과 영국 대표들의 견해를 정면으로 반박했다. 미국을 비롯한 다수파는, 암과 백혈병 발생에 대한 방사선의 장기간 영향과 저선량 피폭의 관계는 알 수 없다고 주장했다. 더불어 방사능 장애 중에는 문턱선량이 존재하는 질병도 많고, 또 발병하기까지 장시간이 걸리기 때문에 방사선 이외의 요인 영향과 구별할 수 없다고 주장했다. 요컨대 잘 알지 못한다는 이유로, 소련과 체코슬로바키아의 의견을 핵실험

---

41) ICRP 권고의 특징으로, '애매모호함', 또는 '갈팡질팡'을 꼽을 수 있다. 이런 특징은 대체로 '핵 찬성파에게 불리한 사실을 인정하기 싫은데 어쩔 수 없이 인정해야 할 때' 꼭 나타난다. 지금까지도 여전한, 일관된 ICRP의 특징이다. 본문의 내용은 1958년 ICRP 첫 번째 권고 초반 전체 요약에 나온다. 구체적으로 살펴보면 "방사선 피폭으로 인한 백혈병의 발생 메커니즘을 현재로선 알 수 없다"고 전제하면서, 당시 허용선량이었던 생애선량 750렘(=7500밀리시버트=7.5시버트)에 대해 "충분한 지식이 없기 때문에, 신중하게 생각한다면 문턱값을 넘을 수도 있다고 봐야 할 것이다. 가장 보수적인 방식으로 판단하면 문턱값도 회복도 없는 상태, 즉 설령 저선량의 방사선이라고 해도 감수성이 높은 사람에게서는 백혈병이 발생할 수 있고, 이 때의 발생확률은 누적선량에 비례한다고 가정할 수 있다"라는 식으로 서술했다. 영어 원문은 다음과 같다. "There is not sufficient information to do this, but caution would suggest that an accumulated dose of 750 rems might exceed the threshold. The most conservative approach would be to assume that there is no threshold and no recovery, in which ease even low accumulated doses would induce leukemia in some susceptible individuals, and the incidence might be proportional to the accumulated dose."(「1958년 ICRP」, 4p)

방사선 피폭이 암과 백혈병 발병에 미치는 영향을 둘러싼 논쟁

즉각 중지 요구와 함께 묻어버리고 말았다. 그러나 다수파들의 주장은 과학적 근거가 너무나 부족했다. 결국 UN과학위원회는 "아무리 저선량의 방사선이라고 하더라도, 유전자에 유해한 영향을 주고 상당한 신체적 영향을 피할 수 없다"는 식으로, 극히 모호한 표현이긴 하지만 저선량 방사선으로 인한 암·백혈병의 영향도 인정하는 표현을 썼다. 세계적으로 퍼진 방사능에 대한 불안을 고려해 그렇게 표현할 수밖에 없었던 것이다.

이렇듯 교묘한 속임수와 모호한 표현이지만, 「ICRP 권고」와 「UN과학위원회 보고」는 저선량의 방사능에 의한 암·백혈병 영향에 대해 언급하지 않을 수 없었다. 하지만 매번 저선량 피폭은 안전하다고 선전해온 미국 원자력위원회 등의 핵추진파에게 이런 언급은 모호하더라도 그 자체가 적지 않은 타격이었다. 권고와 보고가 공표된 직후인 1958년 후반부터, 미국 원자력위원회 쪽의 과학자들은 암·백혈병 문제에 일제히 공세를 취했다.

그들은 암·백혈병 등 신체적 영향에는 문턱선량이 존재한다고 줄기차게 선전했다. 미국 원자력위원회를 대변하던 브루스 등은 1시버트 이하면 암·백혈병이 발생하지 않는다고 주장했다. 근거로 삼은 것은 나가사키 피폭자의 백혈병에 관한 ABCC 데이터 등이었다. 핵추진 쪽 과학자들이 최대의 근거로 삼은 데이터가 히로시마와 나가사키의 피폭자 조사였던 셈이다. 그들은 1950년대 말부터 1960년대 전반에 걸쳐, ABCC 조직을 재정비하고 저선량 피폭으로 인한 암·백혈병 발생 문제에 중점을 두는 연구를 정력적으로 진행하기 시작했다.

히로시마·나가사키 방사선 피해의 과소평가

ABCC가 히로시마·나가사키에서 진행한 암·백혈병에 대한 조사연구를 언급하기 전에, 연구의 전제로서 제기된 사안들을 먼저 검토해야 한다. 왜냐하면 이들이 실시한 암·백혈병을 포함한 방사선의 만발성晩發性 영향 연구는, 미군합동조사위원회의 방사선 급성장애 조사연구의 기본 내용을 이어받았기 때문이다. 방사선에 의한 급성사망과 급성장애에 대해 미군합동조사위원회가 내렸던 주요한 결론은 다음 두 가지였다. (1) 방사선 급성사망에는 '문턱선량'이 존재하고, 기준치는 1시버트이다. 기준치 이하로는 사망하지 않는다. (2) 방사선 급성장애에도 문턱선량이 존재하고, 기준치는 250밀리시버트이다. 기준치 이하의 피폭이라면 인체에 아무런 영향을 미치지 않는다. 이러한 결론은 ABCC는 물론 미국 원자력위원회와 국방부 등도 계승하여, 방사선의 영향을 정량적으로 평가할 때 가장 중요한 근거로 여겨져 왔다. 그러나 "급성사망 1시버트", "급성장애 250밀리시버트"이란 문턱선량 수치는 완전히 자의적으로 만들어진 결론으로서 너무 높게 책정된 것이었다.

우선 급성사망의 문턱선량 1시버트는 미군합동조사위원회가 히로시마·나가사키에서 1945년 9월초까지의 급성사망만을 대상으로 시행한 평가에서 나타난 것이다. 1945년 10월부터 12월까지 이어진 급성사망은 평가에서 제외되었다. 아울러 피폭자가 보여준 급성장애 증상은 탈모, 피부출혈반점(자반紫斑)[42], 구내염口內炎, 잇몸출혈, 설사, 식욕부진, 구역질(메스꺼움), 구토, 권태감, 발열, 출혈 등이었다. 이런 증상은 그림에서 보듯, 폭심지로부터 4~5km 떨어진 곳에서 피폭을 경험한 사람

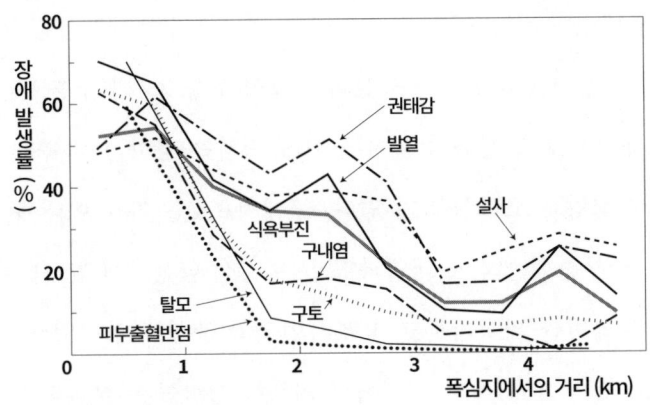

▲ 히로시마 피폭자에게 나타난 방사선 장애와 그 발생률
(「원자폭탄재해조사보고집」에서)

들에게도 발견할 수 있다. 그러나 미군합동조사위원회는 제멋대로 탈모, 자반, 구내염만을 방사선 급성장애로 정의했다. 근거로서 제시한 내용은 위 세 가지 증상은 폭심지 2km 이내에서는 높은 확률로 발생했지만, 2km를 넘어서면 급감하고, 거의 발견할 수 없기 때문이라는 것이었다.

즉 "방사선 급성장애는 2km 이내 피폭자에게서만 나타나는 특유한 증상이다"라고 결론을 내리는 데 이런 증상들이 얼핏 적당해 보였던 것이다. 여기에 폭심지에서 2km 지점의 피폭선량을 약 250밀리시버트로 추정·계산하면서, 방사선 급성장애의 문턱선량은 250밀리시버트라는

---

42) 자반(紫斑). 출혈로 인해 피부 조직 속에 나타난 자줏빛 멍

자의적인 결론을 내렸던 것이다.

　　ABCC는 암·백혈병을 비롯해 방사선의 만발성 영향 조사연구를 방사선 피폭자를 대상으로 진행했지만, 이들이 규정하는 방사선 피폭자란 "유의미한 방사선량을 쪼인 피폭자"였다. 구체적으로는 2km 이내에서 피폭해 탈모, 피부출혈반점, 구내염과 같은 방사선 급성장애를 나타내는 사람만이 유의미한 피폭자들로서 조사연구의 중점 대상이었다. 바꿔 말하면, ABCC는 2km 이외 지역에서 피폭한 사람들은 실질적으로 방사선 영향을 받지 않은 '비非피폭자'로 취급했다. 또한 '죽음의 재'를 포함한 검은 비[43]가 내린 지역의 사람들, 핵폭탄 투하 직후 도시로 들어가 잔류 방사선을 쪼인 사람들과 같은 방사선 피폭자도 '비피폭자'로 취급했다. ABCC는 조사연구 대상을 행정상 1950년 10월 1일에 히로시마·나가사키에 거주하거나 인근에 주소를 둔 사람으로 좁게 한정한 셈이다.

　　이러한 ABCC의 조사연구는 방사선의 영향을 과소평가 하는 것으로 귀결될 수밖에 없었다. 첫째, ABCC는 "의미 있는 선량"을 쪼인 피폭자의 대조군으로, 비슷한 사회적 조건에 있었던 2km권 밖의 저선량 피폭자를 선택했다. 고선량 피폭자의 비교 기준으로 저선량 피폭자를 선

---

43)　검은 비는 핵폭탄 투하 후 방사능을 품고 내린 비를 뜻하며, 방사성 강하물(=낙진)의 일종이다. 핵폭탄이 터질 때 나오는 진흙, 먼지, 그을음 등을 포함하고, 끈적하며 굵은 비를 뜻함

택하여 방사선 영향을 조사하면, 당연히 과소평가 될 수밖에 없다. 동시에 저선량 피폭자들 사이에서 나타나고 있던 방사선 영향을 묵살하는 결과도 초래했다.

동일한 오류가 '비피폭자'를 대상으로 한 조사 연구에서도 나타났다. ABCC는 저선량 피폭자들의 백혈병 발생률은 의미가 없으며, '비피폭자'와 일본 전국 평균 발생률이 거의 비슷한 수준이라고 주장했다. ABCC 이외의 일본인 연구자들도 히로시마 거주 비피폭자의 백혈병 사망률은 일본 평균과 거의 비슷한 수준이라는 견해를 인정해왔다. 그러나 구체적으로 히로시마시의 백혈병 사망률을 보면, 아래의 내용을 간과했다는 것이 드러난다.

ABCC의 평가는 원래 히로시마시의 백혈병 사망률이 낮았다는 점을 누락했다. 전쟁 전의 통계인 1930년부터 1934년까지, 5년 동안의 평균치를 보면 당초 히로시마시의 백혈병 사망률은 일본 전국 평균의 약 절반 정도의 낮은 수준이었음을 알 수 있다. 그러나 핵폭탄 투하 이후인 1947년부터 1950년까지는, 히로시마시의 백혈병 사망률은 일본 전국 평균의 약 2배, 전쟁 전의 히로시마 수준과 비교한다면 3배 이상 급증했다. 이후 히로시마의 비피폭자 백혈병 사망률은 감소세로 돌아서, 1960년 이후에는 일본 전국 평균을 밑돌았다. 히로시마의 백혈병 사망률은 1960년 말에 일본 전국 평균의 약 절반으로 변했고, 표에서처럼 전쟁 이전과 거의 비슷한 수준을 회복했다. 그러나 1970년대에 들어서면 히로시마의 비피폭자 백혈병 사망률은 급증한다. 무엇 때문일까? 히로시마시는 행정특별도시[44]가 되기 위해 1971년 이후 주변 지역을 합병했는데, 합병 과정에서 '검은 비'가 내린 지역을 포함했기 때문이었다.

1970년 이후 히로시마시의 피폭자 인구 통계는 다수의 방사선 피폭자를 새롭게 포함했다. 행정구역의 대폭 확장이 있었던 1971년 이후 '비피폭자'의 백혈병 사망률은 다시 증가했고, 전국 평균과 같은 수준까지 증가했다. 히로시마시 백혈병 급증 사례가 보여주는 사실은, 핵폭탄이 터진 이후 급하게 시에 들어간 사람이나 '검은 비'에 오염된 사람들과 같이 사실상 다양한 형태로 방사선에 피폭된 사람들을 인위적으로 '비피폭자'로 분류했다는 점이다.

두 번째 문제점은 조사시기를 1950년 10월 1일 이후로 한정한 탓에 발생했다. 우선 미군합동조사위원회와 ABCC는 방사선에 의한 급성사망은 핵폭탄 투하 후 약 40일 정도에 종식된다고 평가했다. 실제로는 무려 3개월간 지속됐던 급성사망을 제외한 것이다. 바꿔 말해 ABCC가 주장하는 급성사망 문턱선량 1시버트 이하의 피폭이었으나 사망한 다수의 사람들을 사실상 무시하였다. 또한 급성사망과 급성장애 시기를 무사히 넘겼더라도, 방사선 피폭으로 인한 골수 손상은 온전히 회복할 수 없다는 사실도 간과했다. 골수 내 줄기세포 감소로 림프구, 백혈구의 감소를 피할 수 없기 때문이다. ABCC가 진행한 최초 혈액학적血液學的 조

---

44) 정령지정도시(政令指定都市)로, 일본 지방자치법에서 규정하고 있는 인구 50만 이상의 도시를 뜻한다.

사에서도 피폭 후 20개월 또는 33개월이 지났음에도 림프구 등의 감소가 확인되었다. 림프구 등의 감소는, 면역기능을 떨어뜨려 감염 등에 의한 사망 증가로 이어졌다.

또한 골수 내 줄기세포에 남았던 장애는 돌연변이 발생의 원인이 되고, 만발성 영향인 백혈병, 재생불량성 빈혈, 혈액·조혈계 질병을 일으킨다. 이렇듯 1950년 이전에 감염으로 사망하는 피폭자가 다수 존재했겠지만, ABCC 조사는 이러한 만발성 사망자를 전혀 고려하지 않았다. ABCC는 핵폭탄 투하 후 높은 사망률을 보였던 시기 이후 살아남은, 상대적으로 건강한 피폭자를 대상으로 암·백혈병 등 방사선 만발성 영향조사를 진행했다. 이것이 암·백혈병의 선량 영향 관계 등 방사선 영향의 과소평가로 이어진 것은 명백하다.

세 번째로 ABCC가 조사대상을 히로시마·나가사키 거주자로 한정한 것도, 피폭 영향의 과소평가로 연결된다. 폭심지 주변에서 고선량 피폭을 경험했으나, 폭심지 주변 건물이 참혹하게 파괴되어 오랫동안 히로시마로 돌아올 수 없어 시외로 이주해 살았던 고선량 피폭자를 조사대상에서 제외시켰다. 게다가 1950년 당시 히로시마·나가사키의 거주자 중에 취업 등을 이유로 젊은 세대들이 다른 도시로 이주하여 적은 인원만 있었다고 해도, 어쨌든 이들을 제외한 것도 방사선 영향 과소평가와 관련이 있다. 젊은 나이에 피폭을 경험한 사람일수록 방사선 영향은 뚜렷하게 나타난다. 피폭 후 수십 년이 지났어도 암 발생이 증가하는 것은 핵폭탄이 투하되던 당시에 젊었던 피폭자들 때문에 나타나는 특징이다. 하물며 젊은 층이 누락된 집단에서조차 이런 결과를 얻을 수 있었

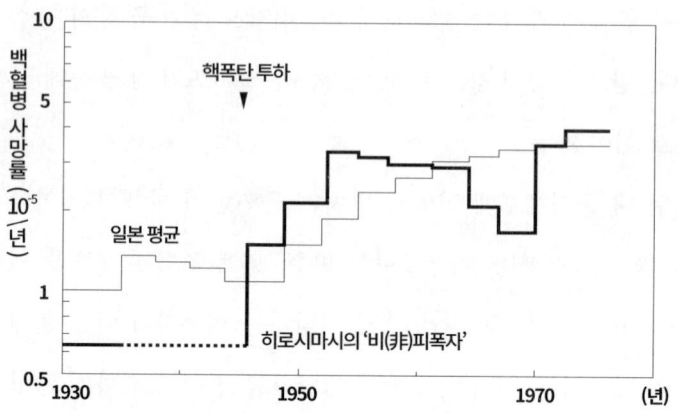

▲ 히로시마시 비(非)피폭자 백혈병 사망률
(1971년 이후, 히로시마시는 '검은비'가 내린 지역을 합병했다)

다. 본래대로 젊은 층을 누락하지 않았다면, 한층 높은 암·백혈병 발생이 나타났을 것이다.

ABCC는 히로시마·나가사키 핵폭탄 피폭자를 대상으로 한 방사선 만발성 영향 연구가, 10만 명 규모의 집단을 30년 이상 장기간에 걸쳐 추적 조사한 유일무이한 정밀연구라고 자랑해왔다. 그러나 이상에서 확인한 바와 같이 많은 문제점이 있었다. 중요한 문제이니 다시 한 번 정리해보도록 하자.

첫째, 피폭 후 수년 간 방사선 피폭 영향으로 높은 사망률을 보였던 피폭자의 존재를 완전히 배제했다. 둘째, 폭심지 근처에서 피폭했으나, 이후 불가피하게 오랫동안 시외로 이주했던 고선량 피폭자를 무시했다. 셋째, ABCC의 조사대상이었던 직접 피폭자는, 1950년 시점에서 파악했던 직접 피폭자 수 28만 3500명[45]의 약 4분의 1 정도에 불과했다. 게다가 조사의 중점 대상을 2km 이내 거주 피폭자에게 두고, 원거리 저선량 피폭자 대부분은 조사대상조차 되지 못했다. 넷째, ABCC는 고선량 피폭자와 저선량 피폭자를 비교대조하는 잘못된 방법을 채택해 조사했다. 다섯째, 연령 면에서도 ABCC는 젊은 층을 조사에서 제외하였다.

이렇듯 ABCC가 진행한 방사선의 만발성 영향 조사는 극히 편향된 집단을 대상으로 이루어진 것이었다. 이렇게 해서 얻은 방사선 피폭선량과 암·백혈병 발생률 및 사망률의 관계, 즉 선량 영향 관계에서 구해진 리스크는 극히 과소평가 된 것일 수밖에 없었다.

구체적으로 표로 나타내면 이런 관계를 더 잘 알 수 있다. 방사선 피폭선량과 암·백혈병 발생률 및 사망률과의 관계는, 선량이 아주 적은 경우에도 정도에 따라 암과 백혈병이 발생한다는 관계가 알려져 있고, 그것은 직선a 형태가 된다. 그런데 앞에서 언급한 것처럼 고선량 영역일수록 암·백혈병의 발생률과 사망률은 과소평가 됐기 때문에, 실제로 관측한 암·백혈병 발생률 및 사망률은 그림처럼 직선에서 크게 벗어난 점 A가 된다. 이렇게 실제로 관측한 점을 연결하면 고선량일수록 과소평가한 범위가 커지기 때문에, 직선a와 어긋나는 차이가 고선량일수록 커지고 결과적으로 볼록한 형태의 포물선b가 된다. 실제로 이렇게 위로 볼록한 형태의 관계가 핵폭탄 피폭자의 모든 암 및 유방암에서 확인된다.

---

45) ABCC의 조사시점인 1950년에 히로시마·나가사키에 실제 거주했다고 답변한 사람들의 수

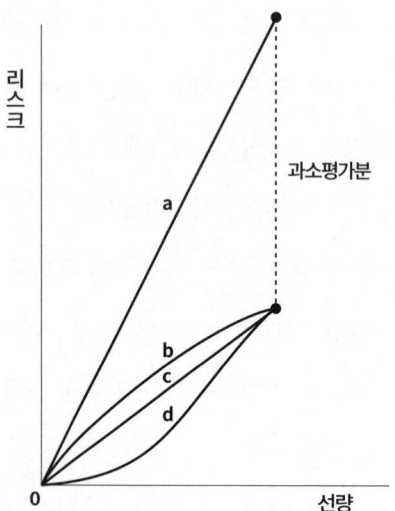

▲ 리스크 과소평가와 선량 반응 관계

점A는 어떤 선량에서 실제로 나타난 암·백혈병의 발생률 및 사망률이지만, ICRP는 점A와 선량 제로(0)이자 암·백혈병 발생률·사망률 제로의 원점原點인 점0를 직선으로 연결하지만, 이런 직선은 어디까지나 가정상으로만 인정한다. 그들이 더 실제에 가까운 선량 영향 관계로 인정하는 것은 점A와 점0을 오목한 형태로 이은 곡선d이다. 곡선d는 마치 '문턱선량'이 있는 듯한 '직선-2차함수 곡선' 혹은 '2차함수 곡선'으로 표시된다. 오목곡선d는 나가사키 고정 집단의 백혈병 데이터에서 나타나는데, 관찰대상 수가 적은 것에서 연유한다. 중요한 점은 나가사키 데이터도 나중에 서술하는 핵폭탄 선량 재검토에 따라 부정될 수밖에 없었다. 하지만 '문턱선량'의 존재를 주장하는 과학자들의 경우 오목한 형태의 곡선d를 지금도 여전히 정확한 선량 영향 관계를 반영했다고 믿고 있다.[46]

여하튼 각각의 직선 또는 곡선의 기울기는 특정 선량에서 선량의 리스크 계수를 나타낸다. ICRP가 가정하여 만들어낸 직선c의 리스크 계수이든, 오목한 곡선d에서 얻은 리스크 계수이든, 실제 리스크 계수인 a의 기울기 기준에서 볼 때는 대폭 과소평가 된 것이다. ICRP와 UN과학위원회 등은 이렇게 과소평가 한 ABCC 데이터에 근거해, 암·백혈병 사망 리스크를 1만 명·렘(100인·시버트)당 1명이라는 수치로 결론을 내렸다. 당연히 이 수치는 실제보다 극히 작다. ABCC의 핵폭탄 피폭자의 암·백혈병 조사연구 데이터에서 올바른 리스크를 구하기 위해서는, 앞에서 언급한 것과 같이 과소평가의 원인이 되어 있는 여러 사안을 다시 고려해야 할 것이다.

피폭선량을 재검토하고 최근 암·백혈병의 높은 발생을 고려하면, 암·백혈병 사망 리스크는 1,000명·렘(10명·시버트)당 1명이라는 결론을 이끌어낼 수 있다. 게다가 여기서 언급한 사안을 평가에 넣는다면 실제 리스크는 더 높아질 것이다. 요컨대 방사선에 의한 암·백혈병 리스크는 지금까지 생각해 온 것보다 훨씬 더 크다는 결론을 내릴 수 있다.

---

46) 우선 위 그래프 중에서 직선은 리스크와 선량의 비례관계를 나타낸다. 곡선은 2차방정식, 즉 선량에 비례하기보다는 일정한 구역 이하에서 높아지거나 낮아졌다가, 일정한 구역 이상에서 낮아지거나 높아지는 관계라고 할 수 있다. 저자가 제시하는 직선a는, 문턱값이 없고 선량에 비례해서 리스크가 커진다. 직

선c도 똑같은 직선이기 때문에 직선a와 원리는 같지만, 직선a쪽이 리스크가 더 크다. 이는 T65D(이 책 9장 참고) 등의 잘못된 선량평가로 인해 발생한 것이다. 따라서 직선c는 직선a와의 간격만큼 리스크가 과소평가 된 것이다. 저자는 히로시마·나가사키 선량 과소평가로 만들어진 그래프가 직선c이며, 실제는 직선a라고 주장한다. 볼록곡선b는 저선량에서 오히려 리스크가 커지는 그래프이고, 오목곡선d는 저선량에서 리스크가 작아지는 그래프이다. 볼록곡선b는 2010년 ECRR 등이 제시했는데, 특별히 내부피폭을 설명할 때 많이 제시되는 곡선이다. 내부피폭에 대해선 우선 '페트카우 효과'를 거론할 수 있다. 캐나다의 아브람 페트카우(Abram Petkau)가 아주 우연하게 세포막에 대한 단순한 실험과정에서 극히 미미한 저선량의 방사선으로도 생물학적 장애가 발생한다는 새로운 사실을 발견했다. 말하자면 수백 그레이의 방사선량에도 견딜 수 있었던 세포막이, 방사성 화학물질 때문에 장시간 지속된 10밀리그레이(1mGy=10mSv) 이하의 방사선 피폭으로 손쉽게 파괴된다는 것이다. 이럴 때는 극저선량에서 오히려 리스크가 증가했다가 선량이 오를수록 리스크가 줄어드는 볼록곡선 형태, 즉 곡선b가 된다. 한편, 오목곡선d는 저선량에서 리스크가 거의 없다가 선량이 일정 수준에 도달하면 리스크가 급증하는 그래프이다. 따라서 오목곡선 그래프는 대개 문턱값을 나타내는 곡선이라 할 수 있다. 일정 수준의 선량 이하에서는 인체 영향이 아주 낮거나 거의 없다가 특정 선량 이후부터는 인체 영향이 확 올라간다.

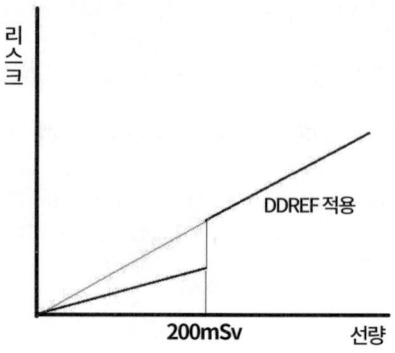

▲「2007년 ICRP 권고」의 그래프

현재 ICRP는 공식적으로는 소위 LNT모델(Linear non threshold, 문턱값이 없는 직선형 모델)을 채택한다. LNT모델은 위의 그래프 중에서 직선그래프(a와 c)를 지칭한다. 그러나 ICRP는 저선량에서는 리스크가 절반으로 줄어드는 소위 '선량선량률효과인자'(DDREF)라는 것을 적용한다. ICRP는 가장 최근 권고인 2007년도 권고의 부록A 「전리 방사선의 건강 위험에 대한 생물학적 역학적 정보: 사람의 방사선 방호 목적을 위한 판단 요약」에서 "권고에서 다루는 선량평가 내용은 주로 200밀리시버트 이상에 적용하는 것이고, 저선량에서는 소위 선량선량률효과인자(DDREF)로 나누어야 한다"고 서술했다. ICRP는 어떠한 근거도 없이 현재 DDREF는 '2'라고 주장했다. 이는 고선량의 리스크를 '2'로 나눈다는 뜻이다. 이러한 ICRP의 주장을 그래프로 나타내면 위와 같다.

7. 핵실험 반대운동의 고양과 리스크-베네피트론

1950년대 말부터 1960년대 전반에 걸쳐 핵실험 반대운동이 전 세계적으로 고양됐다. 운동의 확대와 발전을 뒷받침한 것은 '죽음의 재' 오염으로 인한 저선량 피폭에 대한 불안감이었다. 운동의 성과는 1963년 〈부분핵실험금지조약〉[47] 체결로 나타났다.

저선량 피폭의 위험성에 대한 인식의 심화는, 1960년에 들어서면서 잇따라 시작된 핵발전소 건설 반대운동을 이끌고, 확대하는 토대가 되었다. 핵실험 반대운동과 뒤이어 핵발전소 반대운동이 세계적으로 고조되면서 핵추진파는 예전과는 다른 새로운 대응을 필요로 했다. 여기서

---

[47] Partial Nuclear Test Ban Treaty(PTBT), 정식명칭은 '대기권·외기권(우주공간) 및 수중에서의 핵무기실험금지조약'(Treaty of Banning Nuclear Weapons Tests in the Atmosphere in Outer Space and Under Water)으로 1963년 8월 5일 미국·영국·소련 3국 외무장관이 모스크바에서 서명하고, 1963년 10월 10일 3개국의 비준서 교환으로 발효되었다. 한국은 1964년 7월 24일 발효했다. 지하 핵실험은 금지되지 않았기 때문에 주요국들의 핵개발을 억제하는 것에는 제한적이었다. 1996년 포괄적핵실험금지조약이 UN에서 채택되었지만, 2019년 말 현재 아직 발효되지 않고 있다.

새로운 '리스크 수용론'이 만들어졌다.

핵실험 반대운동의 고양

미국 원자력위원회와 NCRP의 필사적인 노력에도 불구하고, 핵실험과 방사능 오염에 반대하는 운동은 1958년 이후에도 계속 거세지기만 했다. 이것은 당시 소련의 핵군축 공세와 밀접한 관계가 있었다. 1957년 소련은 세계인들의 예상과는 달리 미국보다 앞서 인류 최초의 인공위성 스푸트니크를 발사하는 데 성공했다. 소련은 이런 정치·군사적인 힘과 세계적으로 고양된 핵실험 반대운동을 배경으로, 미국에 핵실험 중지를 강하게 요구했다. 미국이 요구에 응하지 않자, 소련은 1958년 3월에 일방적으로 핵실험을 중지한다고 성명을 발표한 후, 미국, 영국, 프랑스에 핵실험 즉각중지를 요구했다. 이로 인하여 핵실험 즉각중지 요구운동은 전 세계적으로 단숨에 확산되었다. 기세를 몰아 1963년 〈부분핵실험금지조약〉을 체결했다. 궁지에 몰린 미국 아이젠하워 정권은 1958년에 집중적으로 핵실험을 진행하고, 다음해인 1959년 가을에 핵실험 일시중지 성명을 발표했다. 1958년에 진행한 핵실험 횟수가 1950년 전반기의 몇 배였다.

이로 인해 1959년 미국 전 지역에서 '죽음의 재'로 불린 방사성 강하물의 양이 급증했다. 뉴욕시에서도 1956년~1957년 우유 속 스트론튬90의 농도가, 1953~1954년의 5배로 급증했음이 밝혀졌다. 방사능 오염이 급속히 진행되고 있다는 사실은 미국 원자력위원회도 부정할 수 없었다. 게다가 인체에 축적된 스트론튬90의 양이 똑같은 양상으로 급증하고 있음이 드러났다. '죽음의 재' 오염에 대한 불안은 미국 국민들 사이에 한층 더 넓고, 깊게 확산되었고 '죽음의 재'로 불린 낙진에 대한 비판은 이전에 볼 수 없을 정도로 강해졌다.

아이젠하워 정권은 불안과 비판이 높아진 원인이 핵군비 확대정책에 있다고는 생각하지 않았다. 오히려 방사능 문제에서 국민적 합의 실패가 원인이라 판단하고, 방사선 피폭 방호 행정을 대폭 수정하는 정책을 내놓았다. 수정 정책의 특징은 다음 세 가지였다. 첫째 방사능 문제를 다루는 곳을 미국 원자력위원회에서 다른 적당한 기관으로 옮기고, 낙진 정보에 대해선 기밀사항을 제외하고 가능한 한 공개해 국민의 불안을 진정시킨다. 둘째, 의회 내의 핵군비 확대·핵발전 추진파와 손을 잡고 공청회를 열어 추진파 과학자를 총동원해 낙진에 대한 비판을 억누른다. 셋째 학술기관의 권위를 이용해 방사능 불안은 근거 없다는 평가를 정착시킨다.

첫 번째 정책으로, 당초 아이젠하워 정권은 방사능 안전 문제의 책임 기관을 공중위생국으로 옮기려고 했다. 국민의 신뢰를 얻기 쉬울 것으로 생각했기 때문이다. 그러나 미국 원자력위원회와 핵산업계의 강력한 반대로 포기해야만 했고, 대신 '연방방사선심의회FRC' 신설로 타협했다.

두 번째 정책으로, '상하 양원 의회 원자력합동위원회'가 1959년 5월 낙진 문제 공청회를 개최했다. 여기에 리비를 비롯해 미국 원자력위원회 쪽 과학자들이 총동원되었다. 게다가 1957년 1회 공청회와는 달리 핵실험에 반대하는 과학자는 한 명도 증언할 수 없었다. 정부 쪽 학자들은 낙진으로 인한 저선량 피폭의 경우, 암·백혈병을 염려할 필요는 없다고 주장했다.

세 번째 정책으로, 전미과학아카데미 회장과 사전 교섭을 통해 「BEAR 보고서」 개정판을 준비하기로 했다.

이와 같은 일련의 정책 수정, 특히 첫 번째 정책에 대해 미국 원자력위원회와 NCRP 지도자들의 위기감은 상당히 높았다. '연방방사선심의회'의 성격과 임무는 명확하지 않았으나 NCRP와의 업무 중복은 분명했다. 흐름으로 보아서는 NCRP에 대한 비판적인 사고방식의 채택 등 충분히 NCRP를 약화시킬 우려가 있었다. NCRP는 위기를 맞아 방사선 문제에 대한 주도권을 어떻게든 잡으려고 했다. '연방방사선심의회'가 새로운 방침을 발표하기 전에 초미의 관심사인 허용선량 문제, 특히 암·백혈병 문제에 대한 NCRP의 견해를 분명히 밝힐 필요가 있었다. 이를 위해 NCRP는 특별위원회를 설치하고 급히 보고서를 공개하기로 했다. NCRP의 공표는 허용선량 체계 비판에 반격을 가하면서, 방사능 문제에서 주도권을 유지하기 위함이었다. 이 과정에서 나온 것이 예전부터 과제로 삼았던 소위 '리스크 수용론'의 수정이었다.

리스크-베네피트론의 탄생

허용선량 체계의 철학이라 할 수 있는 리스크 수용론의 약점은 무엇일까? 생물·의학적인 근거에서는 허용선량 피폭에 따른 장애 발생을 인정하지 않을 수 없다. 그럼에도 불구하고 "실제 발생은 무시해도 좋은 수준이다"라며 피폭을 정당화하는 논리가 허용선량 체계의 핵심이다.

아무리 생각해 봐도 과학적으로는 모순된 설명이다. 또한 리스크를 수용하라고 강요해도, 앞에서 본 것처럼 반드시 반론이 제기될 정도로 논리적 근거도 취약하다.

허용선량 체계에 대한 첫 번째 비판은 "허용선량 이하라면 안전하다고 말하지만, 노동자와 일반인의 허용선량 수치가 같지 않은데다 한 자릿수나 차이가 난다. 같은 인간의 안전성 문제인데, 이렇게 다른 것은 이상하다"는 내용이다. 두 번째 비판의 핵심 "암·백혈병에 소위 '문턱선량'이 없다면 피폭 당사자를 포함해 일정한 피해는 불가피한데, 무엇을 근거로 이런 피해를 수용하라고 주장하는지, 핵무기와 핵발전이 사회적 이익을 가져오기 때문에 방사선 피해를 수용해야 한다는 논리인지, 어떻게 이익과 리스크라는 범주를 양으로 환산, 저울질하여 계산할 수 있다는 것인가"에 있었다..

1959년 NCRP는 새로운 '리스크론'을 정리했다. 앞에서 언급한 사정으로 인해 급하게 작업해서 그런지 잘 정리된 내용은 아니었다. 요약하면 다음과 같다. 핵무기와 핵발전에서 얻어지는 이익을 수용한다면, 개발에 필연적으로 수반하는 방사선 피폭으로 인한 생물학적 리스크를 일정 부분 받아들일 수밖에 없다. 허용선량 기준은 개발이익과 리스크의 균형을 고려해 정할 필요가 있다. 사회경제적 이익과 방사선으로 인한 생물학적 리스크의 균형을 잡는다는 것은 현재의 제한된 지식으로는 정확하게 산정할 수 없으나, 결함을 순수하게 결함으로서만 인정한다면 현시점에서도 최선의 평가를 내릴 수 있다. 이런 의미에서 저선량 피폭의 리스크를 평가한다면, 리스크의 크기를 결정하는 요소로서 일반인의 허용선량에 대해서는 인류가 탄생 이후 지속적으로 피폭한 자연 방사선의 수준과 연관시켜 생각해 볼 수 있다. 리스크와 베네피트(이익)의 균형을 잡은 일반인의 허용선량은 자연방사선 연간 1밀리시버트를 많이 벗어나지 않는 범위여야 할 것이다. NCRP는 이러한 내용을 담은 「특별위원회 보고」를 광범위하게 선전하기 위해 『사이언스』 잡지에 거듭 공표했다.

NCRP가 1959년에 발표한 새로운 리스크론은 사회·경제적인 이익을 확실하게 중요시했다는 점에서 기존의 리스크론보다 한 발 더 내딛은 것이었다. 방사선 피폭의 문제를 생물·의학적인 기준에서 논의하는 한 비판하는 쪽의 과학적 논리를 이길 수 없고, 결국 허용선량 체계 논리는 도태되고 말 것이라고 보았기 때문이다. 핵군비 확대 및 핵발전 추진파가 선택한 '리스크 수용론'이 '진화'한 셈이었다. 핵무기와 핵발전에서 얻을 수 있는 사회적 이익을 고려하여 어느 정도의 방사선 리스크는 수용해야만 한다는 주장인 셈이다. 핵추진파가 볼 때 리스크론은 단순 명쾌하고, 더 이상의 설명이 불필요한 이론이었다. 때문에 NCRP는 "핵군비 확대와 핵발전의 이익이란 무엇인가?"라는 근본적인 의문에 답할 필요가 있다고 생각하지 않았다. 핵군비 확대와 핵발전으로 직접적인 이익을 얻는 이들은 미국 정부·원자력위원회와 핵산업계이다. 이들에게 방사선 피폭을 강요받는 사람은 노동자와 일반 시민이라는 본질은 부차적인 문제에 불과했다.

하지만 그들도 인정하지 않을 수 없었던 것은, "사회·경제적 이익"과 "생명과 건강의 손실"이라는 질이 다른 두 가지 문제는 비교하거나,

균형을 잡는 것이 절대적으로 불가능하다는 점이다. 말 그대로 모순이었다. 모순된 이론을 내세우면서 NCRP가 지키고자 한 것은 무엇이었을까. 바로 핵군비 확대와 핵발전의 이익이었다. NCRP는 방사선 장애로부터 사람들을 지킨다는 명분을 내세우고 있었다. 그러나 이제는 모순된 이론을 제시함으로써, 그들의 본심이 핵추진에 있다는 점을 확실히 표명했다.

이론적으로 아무리 조잡하고 모순되더라도, 자신들의 이익을 공공연하게 옹호해주는 NCRP의 '리스크-베네피트 균형론'은 핵군비 확대와 핵발전 추진파들에게 더없이 고마운 것이었다. 리스크-베네피트론으로 불리는 새로운 이론은, 이후 약 10년 가까이 핵군비 확대와 핵발전 추진파들의 머릿속을 차지한 신성한 철학의 '왕좌'를 차지한다.

「1960년 연방방사선심의회 보고」와 「BEAR 보고」

아이젠하워 정권이 1959년 8월에 설립한 연방방사선심의회는 그 후 어떻게 되었을까? 설립 경위에서도 알 수 있듯이 방사능 문제에 관계하는 여러 정부기관의 합의合議조직이었다. 목적은 명확했다. 핵실험 낙진에 대한 국민의 불안을 해소하고, 새로운 대책을 제시하면서, 저선량의 방사선 피폭을 문제로 삼지 말고 오히려 받아들이라고 선전하기 위함이었다. NCRP와의 관계는 '상하 양원 의회 원자력합동위원회'가 뒤에서 조정하며 움직였다. 그 결과 연방방사선심의회는 정부기관 입장에서 사회적 측면을 중시하고, NCRP는 과학자의 비정부조직으로서 ICRP의 핵심이라 할 수 있는 핵발전 기술 추진을 더욱 촉진하는 국민적 합의 달성에 기여하는 역할로 타협했다.

1960년에 발표된 「연방방사선심의회 보고」는 부여된 임무에 충실하게 네 개의 항목을 실시하도록 정부에 권고했다. 1) 강력한 비판을 받고 있는 허용선량이라는 용어를 대신해 '방사선 방호 지침'을 사용한다. 2) 수치는 일반인의 경우 기존대로 연간 5밀리시버트의 허용선량 값을 넘지 않도록 하면서, 다수가 피폭할 경우는 3분의 1인 연간 1.7밀리시버트로 내린다. 3) 노동자의 경우 경제적 요인을 고려해 수치를 인하하지 않는다. 4) 피폭선량 값은 의료, 사회, 경제, 정치 등 각종 요소에 근거해 결정하는 것으로, 수학적 공식에 따라 결정할 수 있는 성격이 아니다. 결국 균형 잡힌 '리스크 결정'은 노동자의 경우 다른 산업의 리스크와 비교하는 방법이 유효하고, 일반인의 경우에는 자연방사선으로 인한 피폭량도 고려할 수 있지만, 오히려 교통사고나 가정 내에서 발생하는 재해, 또는 산업폐기물의 오염 등으로 인한 리스크와의 비교가 바람직하다고 권고했다.

연방방사선심의회의 방식은 실로 교묘했다. 미국 원자력위원회, NCRP, ICRP 등과 다르게 과학자는 물론 일반인들로부터도 강한 비판을 받던 허용선량이라는 사고방식에 비판적인 듯하면서도, 일반인의 허용선량 값을 조건부로 약간 낮추어 반대파를 분열시켰으며, 허용선량 체계의 철학 자체인 리스크-베네피트론을 NCRP 등보다 훨씬 더 강력하게 수용해야 한다고 주장했다. 이들의 리스크-베네피트론은 NCRP가 전년에 내세운 내용을 받아들이면서도 과학적 측면을 더 약화시키고 사회적 측면을 대폭적으로 강화했다. NCRP 과학자들이 고안한 치졸한 철학을,

국민을 농락하는 데에는 훨씬 뛰어난 정부 관료들이 당근과 채찍을 이용하는 교묘한 철학으로 탈바꿈해냈다. 방사선 방호의 철학으로서 리스크-베네피트론은 여기서 새로운 '진화'를 달성한다.

미국의 핵군비 확대와 핵발전을 추진한 이들은 계속해서 또 하나의 화살을 쐈다. 학회를 동원해서 지금까지의 흐름을 정착시키려는 노력은 1960년「BEAR 보고」로 드러났다. 보고서는 앞서와 마찬가지로 미국 원자력위원회와 깊이 연루되어 있는 사람들이 작성했다. BEAR 산하 유전영향위원회 의장 비들G. Beadle은 히로시마·나가사키의 원폭상해조사위원회ABCC의 미국 국내 상부조직인 원자상해조사위원회ACC의 유력 위원이었다. 그는 핵실험 낙진에 대해 "사회문제가 되었기 때문에 큰 문제라고 말할 수 있지만, 생물·의학적 영향은 작다"라고 단언한 인물이다. BEAR 산하 인체영향위원회 의장 또한 미국 원자력위원회 일원인 쉴즈 워렌이었다.

1960년「BEAR 보고」는 무엇보다도 국민들의 방사능 불안을 불식시키는 데 초점을 맞추었다. 우선 앞서 1956년 보고서에서 나타났던 경고 논조가 사라졌다. 「ICRP 권고」와 「UN과학위원회 보고」 등과 기조를 맞추면서 핵실험의 방사능은 문제가 아니며, 오히려 의료 분야의 피폭량 줄이기가 중요하다고 문제를 슬쩍 바꿔치기 했다. 1960년「BEAR 보고」의 또 하나의 특징은 NCRP, 연방방사선심의회와 똑같이 허용선량 체계 옹호를 강하게 유지했다는 점이다. 구체적인 내용으로 이전 보고서의 핵심이던 방사선의 유전적 영향에 대한 평가를 대폭 변경하는 형태로 나타났다.

1960년 「BEAR 보고」는 이전의 유전적 영향 평가에 대해 사회·경제적 관점에서 재검토가 필요하다는 억지 설명을 했다. BEAR는 다음과 같이 주장했다. 핵군비 확산과 핵발전 추진은 사회적으로 이익을 가져오지만, 이익만큼 불가피하게 방사선 피폭량도 증가하고 유전적 영향도 증대한다. 그러나 유전적 영향을 꼼꼼히 살펴본다면, 개인적으로 바람직하지 않은 영향이더라도, 쉽게 견딜 수 있는 영향이나 사회적인 비용의 지출이 불필요한 것이거나, 출생 전에 사망해 사회적으로는 비용이 거의 발생하지 않는 경우도 포함된다고 주장한다. 바꿔 말하면 이렇다. 이전에는 유전적 영향을 너무 강조하는 경향이 있었다. 유전적 영향에서도 피해자 지원비용 등 사회에 큰 경제적 손해를 초래하는 것은 피해야겠지만, 비용이 들지 않으면 인정할 수 있다. 결국 BEAR는 1960년 보고서를 통해 유전적 영향을 사회적 비용과 이익의 관점에서 재평가해야 한다며, 리스크-베네피트론을 대대적으로 선전하기 시작했다.

1960년에 나온 이러한 보고서를 지탱하는 근본적인 사고방식은 모두 '리스크-베네피트론'으로 통일되었다. NCRP, 연방방사선심의회, 그리고 BEAR는 각각 일단 임무를 수행한 후, 이후 논의를 어떻게 이끌어 갈지를 거듭 협의했다. 협의에서 중심적 역할을 맡은 이는 역시나 테일러와 브루스였고, 그 외에도 로시Harold H. Rossi와 본드Victor P. Bond가 있었다. 그들은 당시 두각을 나타낸 2세대 피폭 문제 전문가로, 사회·경제적 측면에서 낙진이나 저선량 피폭이 문제가 되지 않는다는 겁 없는 주장을 통해 이후 크게 활약한다.

「ICRP 1965년 권고」

이와 같은 미국 내 여러 시도는 이번에도 역시 ICRP가 최종 마무리한다. 「ICRP 1965년 권고」가 그것이다. 권고의 목적은 미국이 낙진 논쟁에서 고투苦鬪해온 경험이 국제적으로도 적용되는지 ICRP의 판단을 밝히는 것이다. 「미국 NCRP 특별위원회 보고」, 「연방방사선심의회 보고」, 「BEAR 보고」라는 일련의 모든 보고서를 관철하는 기본 관점을 국제적으로 인정하는지 여부가 초점이었다. 1963년 부분핵실험금지조약 체결에서 확실해진 바와 같이, 허용선량 사고방식을 바탕에 깔고 소량의 방사능이 안전하다는 주장은 국제적으로 이미 파탄 난 바 있다. 낙진 문제에서 후퇴에 후퇴를 거듭해, 허용선량이란 개념을 버리고 새로운 수법으로 반격할 필요가 있었다. 미국의 경험이 보여주는 바와 같이, 허용선량이라는 용어에 매달리는 태도는 그다지 좋은 방식이 아니었다. '허용선량' 체계의 철학 자체를 새로운 관점으로 바로잡을 필요가 있었다. 「ICRP 1965년 권고」는 어떻게 이런 과제에 대처했을까?

결론을 말한다면 ICRP는 미국에서 나온 여러 보고의 기본 노선을 1965년 권고를 통해 국제적으로 인정했다. 1965년 권고의 핵심이라고 할 색다른 내용은 1) 일반인에 한하여, 허용선량이라는 용어를 포기하고 대신 '선량당량한도線量當量限度'라는 용어를 사용하도록 권고한 점 2) 동시에 "허용할 수 있는 선량"의 피폭을 리스크-베네피트론에 근거해 정당화한 것이었다. 모두 미국 연방방사선심의회와 「BEAR 보고」에서 제시된 내용에 따른 것이다.

그러나 「ICRP 1965년 권고」는 미국의 여러 보고를 단순하게 반복하지만은 않았다. 일반인에게 허용선량이라는 용어가 적당하지 않다고 판단한 이유는, 핵실험 낙진에 의한 피폭으로 일반인에게 "직접적 이익은 아무것도 없다"라고 인정할 수밖에 없었기 때문이다. 바로 대기권내 핵실험금지규약(부분핵실험금지조약)의 체결이라는 상황에 강제된 결과다. 이것을 인정할 수밖에 없었던 만큼, 리스크-베네피트론도 바뀌어야만 했다. "용인할 수 있는 선량"의 피폭에 뒤따르는 '리스크'와 핵발전 개발 등에 의한 '베네피트'와의 균형을 주장하기 위해서는 "피폭 리스크의 영향을 받는 자"와 "경제적 이익을 받는 자"는 별개로서, '리스크'의 영향을 받는 자는 '베네피트'와는 무관하다는 비판에 대해 어떻게든 반론을 제시해야만 했다.

이를 위해 ICRP는 1965년 권고에서 방사선 방호 방침을 다소 변경했다. "경제적 및 사회적 고려를 계산에 포함하면서, 선량은 손쉽게 달성할 수 있는 수준에서 가능한 한 낮게 유지해야 한다(as low as readily achievable, ALARA)"는 짧은 문구가 가장 중요한 변경을 집약하고 있다. "손쉽게 달성할 수 있는 선량 수준"의 피폭 리스크는 개인적인 이익, 즉 베네피트와 비교할 수 없지만 사회적인 이익을 고려한다면 균형을 잡을 수 있다고 주장한 것이다. 허용선량 피폭을 인정할 수 있는 결정적 수단은 생물·의학적인 판단이 아니라, 사회·경제적 요인이어야 한다고 강조하여 정치적으로 고려할 경우에는 강행할 수 있다고 판단했.

사회·경제적 측면을 아무리 강조해도, 핵발전 등으로 인한 방사선 피폭 리스크를 원하지 않는 일반인들에게 강요하는 것은 변하지 않은 셈이다. 이를 정당화하는 ICRP의 리스크-베네피트론은 설득력을 갖는 대신 오히려 모순을 심화시켜 버렸다.

8. 핵발전 반대운동의 고양과
   경제성 우선 리스크론의 '진화'

1970년대 초반 미국에서 우선 핵발전 추진이 벽에 부딪쳤다. 근본적인 원인은 무엇이었을까? 핵발전 추진파는 이런 어려움을 어떤 수단을 이용해 타개하려 했을까? 또한 방사선 피폭 문제와는 어떤 관계가 있을까? 오늘날과 직접 연관된 이런 문제를 검토하면서, 다시 한 번 리스크 수용론의 문제로 되돌아가보자.

핵발전 반대운동의 고양

1960년 초부터 미국에 이어 영국도 핵의 상업적 이용, 특히 핵발전소 건설·운영을 발빠르게 추진했다. 미국에서는 경제성을 중시한 대형 핵발전소 개발 계획을 잇달아 발표하였다. "핵발전소의 운전비용은 10년 이내에 화력발전소 비용과 같아진다"며 대대적으로 선전했다. 대형 상업용 핵발전으로 선수를 친 것은, 1963년에 발주된 미국 뉴저지New Jersey주 오이스타·크리크 핵발전소였다. 오이스타·크리크 핵발전소는 "석탄 화력보다 비용이 싸다"고 전제한 후 "전력회사는 발주 후 운전 시작 단추를 누르기까지 아무것도 하지 않아도 된다"는 소위 턴키방식[48]의 발주가 강력한 선전문구로 사용되었다. 제너럴일렉트릭사GE 등 핵반응로 제조업체가 선전을 위해 건설비용을 아주 낮게 설정해 전력자본의 핵발전소 투자 의욕을 자극했다. 1960년대는 핵산업계의 웃음이 멈추지 않는 시대였다.

그러나 이런 내용은 모두 꿈같은 이야기에 불과했다. 운전을 시작한 핵발전소들은 속속 사고를 일으켰다. 핵발전소 가동률은 핵반응로 업체가 오이스타·크리크 핵발전소에서 약속한 80%에 한참 미치지 못했다. 발전비용도 당연히 비싸게 먹혔다. 그에 반해 화력발전비용은 대폭 내려갔다. 석유 메이저가 중동의 거대 유전을 독차지하고 대량의 석유를 값싸게 들여왔기 때문이다. 설상가상이었다. 핵발전소의 건설 열기는 급속히 사그라졌다. 이에 반해 사고 등을 통해 핵발전소가 위험하다는 인식은 점점 많은 사람들에게 확산되었다. 핵발전소가 있는 지역에서 시작한 핵발전소 반대운동은 점점 미국 전역으로 확산돼 갔다.

1960년대 미국의 핵발전 논쟁은 핵실험 낙진 논쟁의 유산을 이어받았다. 안전 논의의 중심은 저선량 피폭의 위험성 문제였다. 방사선의 생물·의학적 영향은 광범위하지만, 이에 대한 위험성 평가는 단적으로 저선량의 방사선에 의한 암·백혈병 사망률 리스크를 중심으로 전개되었다. 핵발전소 추진파의 근거는 허용선량이라는 개념이었지만, 생물·의

---

48) turn key, 일괄수주계약. 투자에 대한 타당성 검토, 설계, 시공 및 감리시운전까지 일괄수주하여 사업주가 최종단계에서 키만 돌리면(turn key) 모든 설비가 가동되는 상태로 인도하게 되는 계약을 의미

학적 논의에서 리스크가 정해져 있지 않다는 큰 약점이 있었다. ICRP를 비롯한 여러 조직은 리스크 평가 정리가 큰 과제라는 것을 이미 1950년 대 말 무렵부터 알고 있었지만, 핵발전소 안전 논쟁이 격화되기 시작한 1966년에야 겨우 내용을 공표할 수 있었다.

1966년에 ICRP가 발표한 방사선 피폭 리스크는, 이미 본 것처럼 리스크-베네피트론을 기본 철학으로 받아들인 허용선량 체계가 중심이었다. 리스크는 무시해도 좋은 수준이므로 받아들이라고 강요해도, 리스크를 정량적으로 설명하지 않으면 리스크-베네피트론은 거의 어떤 역할도 할 수 없음을 그들은 알고 있었다. 이러한 목적 아래 정리된 ICRP 리스크 평가가 방사선 피폭의 실제 영향을 대폭 과소평가 하리라는 것은 지극히 당연했다. 문제는 저선량 피폭 영향에 관해 지금까지 제출된 비판적 견해에 ICRP 등이 어떻게 반론하느냐에 있었다.

ICRP의 리스크 평가는 오로지 히로시마·나가사키 피폭자를 대상으로 한 원폭상해조사위원회ABCC의 암·백혈병 데이터에 근거하였다. 데이터는 앞에서 본 것처럼, 방사선 영향을 과소평가 하였다. ICRP는 원래 중대한 결함을 안고 있는 이 데이터를 최고로 여겼다.

고조되는 과학자들의 허용선량 비판

ABCC 데이터가 지닌 결함과는 별도로, 저선량 피폭의 영향을 명백히 보여주는 데이터가 1950년 말부터 슬슬 공개되기 시작했다. 1960년대 들어 핵발전소 안전 논쟁이 거세지는 가운데 널리 알려진 것은 스튜어트Alice M. Stewart의 소아 백혈병과 암의 역학적 연구이다. 스튜어트는

▲ 엘리스 스튜어트 박사

영국의 10세 이하 어린이들 사이에서 백혈병이 이상하게 급증하는 현상에 주목했고, 원인은 여성이 임신 중에 X-ray 진단을 받아 발생한 태아기의 방사선 피폭이라고 추정했다. 그녀는 X-ray 촬영 횟수가 늘어날수록 소아암, 백혈병도 증가한다는 견해를 1958년에 발표했다. 미국의 맥마혼B. MacMahon도 동일한 사실을 찾아냈다.

스튜어트 등의 발견은 중대한 의미가 있었다. ICRP를 비롯해 BEAR와 UN과학위원회가 입을 모아 주장했던 견해를 전면적으로 부정했기 때문이다. 핵추진파 과학자들은 그 동안 "암·백혈병은 1시버트 이상의 고선량에서 발생하며, 그 이하에서는 불명확하고 문턱선량이 존재할 수 있다"고 주장해 왔다. 그러나 스튜어트 등의 연구결과는, 1시버트는커녕 방사선에 민감한 태아의 경우 X-ray 사진 몇 장 분량의 저선량 피폭, 즉 몇 밀리시버트만으로도 암·백혈병이 발생한다는 사실을 나타

▲ E. 스턴글래스 박사 부부

냈다.

　이러한 비판에 ICRP의 리스크 평가는 어떻게 답하는지 크게 주목 받을 수밖에 없었다. 그러나 ICRP는 스튜어트, 맥마혼 등이 찾아낸 결과를 "백혈병이 저선량에서 일어날 수 있다는 가정을 일부 정당화하는 증거"에 불과하다고 단정하면서 증거들을 무시해 버렸다. 게다가 ICRP는 오로지 ABCC의 데이터에 근거해 다음과 같이 주장했다. 암·백혈병 리스크가 1시버트 이상 피폭해야만 발생한다는 결과를 저선량에서도 동일하게 적용한다면, 구체적인 결과로서 100만 명이 10밀리시버트 피폭할 경우, 발생 기간 10~20년간에 백혈병이 20건, 기타 암도 20건 정도에 불과하다고 극히 작게 평가했다. 리스크 과소평가에 근거하여 ICRP는 오히려 저선량 피폭은 수용해도 괜찮다고 주장했다.

　그러나 핵추진파가 이렇게 억지 안전론을 내걸고 핵발전을 추진하면 할수록, 반대하는 사람들도 계속 늘어났다. 아울러 미국 원자력위원회와 ICRP를 비판하는 과학자들도 다수 등장했다. 고프만John W. Gofman[49], 탬플린Arther R. Tamplin, 스턴글라스Ernest J. Sternglass[50], 버텔 Rosalie Bertell[51]이 대표적인 학자들이었다. 이들 중에서도 고프만과 탬플린은 핵군비 확산과 핵발전 개발의 중심인 미국 원자력위원회 산하 로

49) 존 고프만(1918년~2007년). 미국의 화학자, 의사, 의학자. 1941년 대학원 재학 중 '맨하튼 계획'에 참가, 플루토늄 분리에 관한 연구를 한 바 있다. 1954년 캘리포니아대학 버클리 교수, 1963년 로렌스리버모아국립연구소 부소장이 되어 생물·의학연구부문을 설립했다. 미국 원자력위원회로부터 100명 이상의 스텝과 연간 200~350만 달러의 지원을 받아 암과 염색체 손상에 관한 병리학적 연구, 방사선 영향의 역학적 연구를 진행했다. 그러나 1969년 미국 원자력위원회의 기대와 달리, 저선량 방사선 영향은 적어도 20분의 1 과소평가 되었다는 결론에 도달하고, 1971년 「방사선에 의한 발암의 역학적 연구」를 발표한다. 1973년 대학 교수를 그만두고, 핵의 위험성을 전하는 시민운동에 본격적으로 나선다. 1974년에는 미국 심장병대학에서 사반세기 심장병에 관한 주도적인 연구자 25인 중 한 사람으로 선출된다. 체르노빌 핵발전소 사고의 실상을 추적 보도한 우크라이나의 저널리스트인 아라 야로싱스카야(Ярошинська Алла Олекса ндрівна, 1953년~)와 함께 1992년 '대안 노벨상'이라고 불리는 라이프 라이브리후드 어워드(Right Livelihood Award)를 수상했다. (일본 위키피디아 참고)
50) 어네스트 스턴글라스(1923~2015). 미국 피츠버그대학의 방사선물리·공학연구소에서 있으면서 반핵을 주장한 방사선물리학자다. 1960년대에 다른 연구자들과 함께 의료엑스선은 태아에게 손상을 준다는 결론을 내고, 핵실험으로 인한 방사선낙진은 엑스선 피폭과 같은 피해를 발생시킨다는 증언을 해서 미 상원에서 부분핵실험금지조약 비준을 이끌어냈다. 또한 핵실험이 있었던 해에는 핵폭탄의 방사성 낙진으로 인해 영유아 사망률이 상승한다거나 뇌발달에도 영향을 준다는 사실을 증명하기도 했다. 여러 프로젝트 연구를 통해 저선량 방사선과 방사성 낙진의 문제를 사회적으로 제기한 대표적인 반핵 방사선물리학자다.

51) 로젤리 버텔(1929~2012). 미국(부)과 캐나다(모) 이중 시민권을 가진 과학자이자 저술가, 환경운동가, 역학연구자, 가톨릭 수녀이다. 세계적인 핵 오염과 그 피해를 연구·조사하면서, 캐나다 토론토에서 '공중의 건강을 걱정하는 국제연구소' 설립을 비롯해 다수의 조직을 만드는 데 기여했다. 국제원자력기구(IAEA)의 체르노빌 핵발전소 사고 피해 과소평가를 비판하는 '영구인민법정'에서 증언하는 등의 활동에 매진한 '국제의학위원회' 책임자로 근무했다. "생물권, 인간의 유전자풀, 특히 저선량 방사선 피해에 대한 대중의 경각심을 일깨웠다"며, 1986년 '대안 노벨상'이라 불리는 라이프 라이브리후드 어워드(Right Livelihood Award)를 수상했고, 이외에도 세계연방주의자평화상, 유엔환경계획(UNEP) 글로벌500인상 등을 수상했다. 2005년에는 노벨평화상 여성후보자 1,000명 중 한 사람으로 뽑히기도 했다.

버텔의 전기에 의하면, 그녀는 뉴욕주 버팔로 국립암연구센터의 로즈웰파크암연구소(Roswell Park Cancer Institute)에서 근무했는데, 이곳에서 향후 그녀의 인생을 결정짓는 계기가 된 대규모 백혈병조사를 수학을 이용하여 분석하는 업무에 참여했다. 「백혈병 3개주 조사」(Tri-State Leukemia Survey)로 부르는 이 연구는 뉴욕주, 메릴랜드주, 미네소타주의 1,600만명을 1959년~62년 3년간 조사하는 프로젝트였다. 이들 3개주에서는 암등록제도가 있었으며, 백혈병 환자 보고가 의무였기 때문에, 연구를 위해 환자를 인터뷰할 수 있었다. 조사가 시작된 이유는 당시 백혈병 환자가 증가했기 때문이었는데, 조사 결과 확인한 사실은 백혈병의 증가 원인이 진단용 엑스레이 때문이었다. 장기간의 저선량 피폭은 유해성이 없다고 믿어왔으나, 흉부엑스레이나 치과용 엑스레이가 노화 과정을 촉진시킨다는 점도 확인했다. 백혈병은 그런 과정에서 나타났다. 엑스선으로 인해 백혈병 등의 조기사망 촉진현상을 확인한 것이다. 백혈병은 나이가 어린 세대와 노인에게 많았는데, 어린아이들의 경우엔 면역력이 발달하지 않았기 때문에, 노인의 경우엔 면역력이 쇠퇴해서 방사선의 영향을 받기 쉬웠다. 당시 역학연구 분야에서 조기노화에 대해선 누구도 언급하지 않았던 상황이었다.

버텔은 자신의 발견에 놀랐다. 흉부엑스선은 골반궁의 조혈기관을 직격해서, 1회 1라드(10mSv 상당)에 1년이나 빨리 노화했다. 척추 X선 1회분은 1라드로서 자연노화 1년분에 상당했고, 백혈병의 이환율을 증가시켰다. 넓적다리 1라드는 0.6년에 상당하게 노화를 촉진시켰다. 이것은 골수를 직격하지 않기 때문이라고 판단했다. 동일한 방식으로 치과용 X선이나 손발 X선도 피폭이 적었기 때문에 1라드는 0.25년의 노화를 촉진한다고 판단했다. 다른 사실도 알 수 있었렌스리버모아국립연구소[52)]에서 중심역할을 맡고 있는 과학자였고, 특히 고프만은 연구소 부소장 중 한 명으로 생물부 책임자였다. 이들의 미국 원자력위원회 비판은 소위 내부로부터의 반란이자, 핵개발 추진파에게 큰 위협이었다.

당황한 추진파는 고프만, 템플린의 비판을 봉쇄하기 위해 1969년

다. 심장병이나 당뇨병 같은 조기노화현상이 발생하는 것, 또는 환경에 적응할 수 없는 천식이나 알레르기 등을 안고 있는 사람은 방사선 피폭 영향이 더 강해진다는 점이다. 백혈병으로 사망한 청소년의 70~80%는 백혈병으로 진단받기 5,6년 전에 환경에 적응하지 못해 발생하는 만성질병을 갖고 있었다. 이들의 사망은 엑스선 피폭으로 앞당겨진 것이다. 수학을 이용해서 진행한 이론적 연구 「엑스선피폭과 조기노화」(X-ray Exposure and Premature Aging)는 1977년에 『종양외과』(Journal of Surgical Oncology)라는 잡지에 수록되었다. 이후 버텔은 본격적으로 반핵운동, 환경운동에 투신한다.

버텔이 일관되게 주장해 온 것은 민간의 핵산업이 핵무기 개발과 밀접하게 연결되어 있다는 점. 채굴이나 쇄석, 제조에 이르기까지 핵산업은 생산의 어떤 단계에서도 위험하다는 점, 그리고 폐기물이 지구와 지구에서 살고 있는 사람들에게 장기간 유독한 유산을 남긴다는 점 등이다. 또한 그녀는 현재 세계적인 핵정책에 결정적인 역할을 하고 있는 ICRP(국제방사선방호위원회)를 비판하였다. 버텔은 전후의 역사를 통해 "ICRP위원들이 주로 군이나 방사선의학회와 관계를 했으며, 방사선량 이용을 촉진하고, 리스크를 경시하여 이익을 얻어왔다"고 판단했다. ICRP를 비판하는 최선봉이 된 그녀는 "ICRP는 진실로 군에서 탄생시킨 자기보존을 위한 위원회로서 모든 의미에서 폐쇄적인 클럽이고, 독립된 과학자 조직은 아니다"라고 서술했다.

52) Lawrence Livermore National Laboratory. 미국 캘리포니아주 리버모아에 있는 미국 에너지부 산하의 국립연구소로(www.llnl.gov), 창립자는 맨해튼 계획에 관여했던 핵물리학자 어니스트 로렌스(Ernest Orlando Lawrence, 1901~1958). 1952년 핵무기 연구개발을 목적으로 설립되어 물리학, 에너지, 환경, 바이오테크놀로지 등을 연구한다.

▲ 로잘리 버텔 박사

말부터 다음해 초까지 상하 양원 의회 원자력합동위원회 공청회를 개최해 그들을 철저히 고립시키는 방침을 채택했다. 그러나 고프만과 탬플린은 이러한 공격을 역으로 이용해 반격했다. 그들은 방사선 리스크 평가가 10~20배나 과소평가 된 것을 논증하며, 만약에 미국 국민이 연방방사선심의회가 권고한 연간 1.7밀리시버트를 피폭하면, 연간 3만 2천 명이나 암·백혈병에 걸릴 수 있다고 많은 사람들에게 호소했다. 고프만 등은 연 1.7밀리시버트의 기준을 한 자릿수 이상 낮춰야 한다고 강하게 주장했다. 두 사람은 미국 원자력위원회를 비롯한 핵발전 추진파 과학자들에게 공개 토론회를 제안했지만, 추진파들이 회피해버려 토론회는 열리지 않고 끝났다.

논쟁에서 뼈아픈 패배를 당한 핵발전 추진파들은 이대로 내버려둘 수는 없다고 생각하고, 이번에는 고프만과 탬플린을 일방적으로 비판하

▲ J. 고프만 박사 부부

는 문서를 공표하는 방법으로 나왔다. 문서 내용은 기본적으로 ICRP 등의 주장을 반복한 것으로 "1969년에 ICRP가 리스크 재평가를 했지만, 현재로서는 수정할 필요성이 없다고 보증한다"는 식의 변명이었다. 문서에는 히로시마·나가사키 ABCC 연구에서 활약한 닐Jim V. Neel, 슐W. J. Schull, 크론카이트E. P. Cronkite, 르로이G. V. LeRoy, 그리고 낙진 논쟁의 아이젠버드M. Eisenbud, 리스크-베네피트론의 본드 등 미국 원자력위원회에 충실한 29명의 이름이 있었다. 그들을 총동원해서까지 미국 원자력위원회가 반론한 내용은 고프만과 탬플린의 허용선량 대폭 인하 요구가 핵발전 추진파들에게는 얼마나 '허용'할 수 없는 것이었는지를 잘 보여준다.

난관에 부딪친 핵발전 추진 정책

이러한 논의 중에 1970년대 미국 핵발전 반대운동은 매우 거세졌으며, 이에 호응한 핵발전 반대 과학자들의 비판도 더욱 강해졌다. 결정적인 기여는 대기권내핵실험금지를 실현하여 '죽음의 재'인 낙진에 반대하는 운동과 함께 새롭게 발전해 온 환경보호운동이었다. 미국의 핵발전 추진 정책은 처음으로 난관에 부딪쳤다. 핵발전의 안전성을 요구하는 주민들에게 대처하기 위해, 어쩔 수 없이 안전장치가 새로 추가되거나 설계를 재검토하기도 했다. 행정 또한 신중한 태도를 취할 수밖에 없어 인·허가가 지연된 탓에, 핵발전소 건설기간이 점점 길어졌다. 이런 상황은 때마침 진행 중인 인플레이션이나 고금리 재정 정책과 맞물려 금리 부담을 가중시켰고, 핵발전소 건설비는 급증했다. 건설비의 증가는 필연적으로 핵발전소 운영비용 증가에도 박차를 가했다.

그 결과 1960년대 전반부터 증가 일변도 양상이었던 핵발전소 발주發注 수는 1966년에 20기, 1967년에 31기까지 늘어난 것을 정점으로, 1968년에 16기, 1969년에는 7기로 극감하고 말았다. 다만 1973년부터 74년에 걸친 1차석유파동은 핵발전소 발주를 일시적으로 살아나게 해 73년의 경우 사상 최고인 41기를 기록했다. 그러나 이도 잠시 1975년을 지나자 핵발전 반대운동과 설상가상 전반적인 경기침체로 인한 전력 수요 하락의 장기화로, 핵발전소 발주는 연간 3~4기로 무참하게 하락했다. 1960년대 꽃피는 춘삼월 휘파람을 불며 좋은 시절을 구가했던 핵발전 산업은 1970년대 후반 무렵 완전히 뒤바뀌어 혹독한 겨울 추위에 오들오들 떨어야만 했다.

핵발전 산업에 장밋빛 미래를 상상했던 미국의 지배층은 핵발전소 건설 침체를 눈앞에 두고 모두 큰 위기감을 느꼈다. 핵발전의 비용 문제를 종합적으로 해결하지 않으면 위기를 타개할 수 없다는 점은 분명했다. 그들은 1970년 무렵부터 핵발전 비용 삭감을 필사적으로 검토하기 시작했다. 무엇보다 비용증가는 핵발전의 안전성 강화와 큰 연관이 있었다. 안전성 문제는 당연히 방사선 피폭의 문제와 뗄 수 없는 관계에 있다. 핵발전소 사고는 물론 일상적인 운전 상황에서도, 노동자와 주변 주민들의 방사선 피폭 문제에 대한 재검토가, 핵발전소 경제성을 추구하는 데 피할 수 없는 문제로 대두되었다.

이리하여 미국 정부와 핵발전 산업계, 핵발전 추진 과학자들은 여러 형태로 핵발전 비용 문제를 검토하기 시작했다. 당시 핵발전 추진파들이 방사선 피폭 문제에 어떻게 대응했는지를 구체적인 사례를 통해 살펴보자.

핵발전 비용 문제로 미국 의회가 공청회를 열었을 때 일이다. 어떤 문제든 최종적인 마무리는 국민에게 널리 알리고 또 국민을 참여시켜야 한다. 이런 방법을 통해서만이 국민들이 더 높은 위험 수준의 방사선도 인정하게 하는 일이 가능하기 때문이다. 바로 이것이 미국의 방식이다. 미국 핵발전 추진파는 핵발전 비용 문제 검토가 최종 단계에 도달한 1977년, 핵발전 비용에 관한 의회 공청회를 열고 "핵발전은 재생가능하다"면서 핵발전 추진을 위한 새로운 국민적 합의를 만들어내려고 했다. 비용 문제가 핵발전소의 안전 문제, 방사능 문제와 끊을 수 없는 관계에 있다는 점은 익히 알려진 사실이기 때문에, 이들은 안전 문제, 방사능 문제를 경제성 문제로 둔갑시켜 버렸다. 핵발전 반대운동이 거세게 확대된 상태에서 많은 국민에게 핵발전의 본질적인 어려움은 비용 문제일 뿐이라는 은근한 속임수가 필요했던 것이다. 이것은 나중에 세계의 핵발전 추진세력들이 공통적으로 활용했던 정략적 수법이었다. 또한 당시의 미국식 풍토가 아니면 나올 수 없는 책략이기도 했다. 미국의 경제수도 뉴욕을 보면 바로 알 수 있듯이 "안전도 돈 나름"이었다. 핵발전의 안전성 문제를 돈으로 계산하는 방식을 제기해도, 많은 사람들이 "이상하다"고 생각하지 않는 자본주의적 풍토가 만들어낸 경제 논리였다.

그런데 핵발전의 경제성 추구를 뒤로 숨기면서 방사선 피폭 문제는 어떻게 검토했을까? 이것은 과학의 문제였다. 또 다시 '제3자 기관'의 간판, 즉 전미과학아카데미 산하의 BEAR를 이용했다. 그러나 이번에는 예전과 완전히 똑같은 수법으로 할 수는 없었다. 방사선 문제를 다루는 정부기관으로 미국 원자력위원회와 연방방사선심의회가 존재하지만, 이들의 문제 취급 방식은 핵발전 반대운동 진영으로부터 강한 비판을 받고 있었다. 핵발전을 추진하는 조직이, 핵발전의 안전성 문제를 다루는 것은 적절하지 않다는 규탄을 받았다. 이에 따라 형식상 '제3자 기관'을 앞세우고 미국 원자력위원회와 연방방사선심의회는 뒤로 물러서지 않으면 수습되지 않는 상황이 초래되었다. 방사선 문제를 다루는 정부조직의 재편성은 불가피했다.

일련의 과정은 다음과 같이 진행되었다. 먼저 연방방사선심의회가 예전에 본인들이 정한 방사선 방호의 기본방침을 새로 재평가하도록 전미과학아카데미에 의뢰했다. 연방방사선심의회는 곧바로 대통령 직속 기관으로 신설된 환경보호청EPA의 방사선 부문 조직으로 개편되었다.

일반인의 방사선 피폭 문제를 다루는 환경 방사능 행정도 미국 원자력 위원회에서 환경보호청 소관으로 변경했다. 방사선 문제는 미국 원자력 위원회의 독점 사항이 아니라는 것을 보여주기 위한 의도였다. 한편 미국 원자력위원회는 핵발전 추진을 도모하는 국제조직인 국제원자력기구IAEA를 뉴욕으로 초대해 환경 문제 국제 심포지엄을 개최했다. 이런 식으로 핵발전 추진에 따른 이익을 높이 내걸어 이후 미국에서 유사한 문제를 논의할 때의 기본 틀로서 고착시키고자 했다.

이러한 흐름 속에서 1970년 전미과학아카데미의 '전리 방사선의 생물학적 영향에 관한 자문위원회BEIR'가 발족했다. 대부분은 약칭으로 불리는 BEIR라는 이름은 이전의 BEAR와는 한 글자만 다를 뿐이었다. 하지만 바로 한 글자의 차이, 즉 "원자" 방사선에서 "전리" 방사선으로 변경한 것은 방사선 피폭의 주 무대가 핵실험 낙진에서 핵발전소 문제로 바뀐 것을 의미했다. 이런 변화에 따라 위원회의 면면들도 크게 바뀌었다. 과거 BEAR의 주력은 맨해튼 계획 세대였지만, BEIR 위원회는 낙진 세대였다. 위원회 의장 코마C. L. Comar는 스트론튬90의 대사작용을 연구했고 NCRP 위원이기도 했다. 암·백혈병 리스크 문제의 책임자는 업톤A. C. Upton이었다. 그는 미국 NCRP의 중심인물로 ICRP 방사선영향위원회 부위원장을 맡았고, 1965년 권고와 1966년 리스크 평가에서 능력을 발휘한 인물이다. 무엇보다 BEIR 위원회의 주역들 뒤에는 BEAR 때와 똑같이 미국 원자력위원회와 핵발전 독점 대기업이 있었다. 예를 들어 쉴즈 워렌이 위원회 고문으로 참여했다거나, 업톤이 록펠러 재단과 연결되어 있었던 것 등이 주요 사례 중 하나이다.

방사선 피폭의 금전적 계산과 코스트-베네피트론

벽에 부딪친 핵발전의 운전비용을 끌어내리기 위해, 방사선 방호의 새로운 견해가 등장했다. 바로 기존의 리스크-베네피트론을 대신한 코스트-베네피트론이었다. 한마디로 방사선 피폭 등 모든 것을 돈으로 환산하여 적용하는 방식이다. 이론의 기원은 무엇이고, 어떤 형태로 적용하기 시작했는지, 구체적인 과정을 밝혀보자.

'코스트-베네피트 분석'이라는 경영기법(소위 비용-편익분석)은 1960년대 미국 산업계에 대대적으로 도입되어, 1960년대 말에는 핵발전 분야에도 침투하기 시작했다. 당시에는 핵발전 기술의 안전성에 대한 의문이 미국 국민들 사이에서 확산되고 있었으며, 핵발전 예산은 국민의 세금을 민간기업에게 거저 주는 것이라는 비판이 높았다. 이로 인해 미국 원자력위원회는 방대한 핵발전 연구개발비를 재검토할 수밖에 없었다. 미국 원자력위원회는 비용이 급등한 고속증식로[53] 개발계획에 코스트-베네피트 분석을 먼저 적용했다.

이러한 경험을 반복하면서 미국 원자력위원회는 방사선 피폭 문제

---

53) 통상 경수로형 핵반응로에서 에너지를 생산하는 데 사용할 수 있는 우라늄은 핵분열이 가능한 우라늄235이다. 천연우라늄에서 우라늄235는 0.7%에 불과하고, 99% 이상은 핵분열이 어려운 우라늄238이 차지한다. 자연상태에서 이용할 수 있는 우라늄은 1% 미만에 불과하다 보니, 천연우라늄의 약 60%를 발전에 이용하겠다는 목적으로 연구 개발중인 소위 '꿈의 핵반응로'가 고속증식로이다. 하지만, 전 세계적으로 기술을 검증하는 수준에서 머물러 있고, 상업적으로 운영중인 고속증식로는 아직 없다.

에서도 코스트-베네피트 분석 도입을 구체적으로 검토하기 시작했다. 우선 1970년에 피폭기준을 수정해 핵발전소의 설계기준, 운전 시 노동자의 피폭량, 환경에 영향을 주는 방사능 방출량은 코스트-베네피트 분석을 적용해 "합리적으로 달성되는 수준에서 가능한 한 낮게" 한다는 규정을 마련하기에 이른다. 이것이 나중에 "알라라ALARA"라고 불리는 피폭방호의 경제적 원칙이다. 1970년 시점에서 알라라ALARA는 "공중 위생상의 이익과 안전 그리고 공중에 이익을 가져오는 원자력 이용에 관련된 각종 개선改善과정에서, 기술수준 및 경제성을 고려한 것"으로 표현했다. 요컨대 방사선 피폭의 문제에 대해서도 인간의 생명이나 건강 문제를 비용의 측면에서, 즉 금전적 계산을 적용하자고 미국 원자력위원회가 처음으로 선언하며 주장했던 것이다.

미국 원자력위원회는 1971년에 들어서면서 핵발전소에 알라라ALARA 원칙을 구체적으로 적용하기 위해 핵발전 산업체와 협의를 시작했다. 당시에는 핵발전소 운전 경험도 어느 정도 축적된 상태였기 때문에, 운전 중에 환경 속으로 방출되는 방사선량에 대해서도 일정하게 알 수 있었다. 이러한 데이터들을 참고로 미국 원자력위원회와 핵발전 산업계는 알라라ALARA 원칙을 적용한 핵발전소 설계목표치로 핵발전소 주변지역 주민의 피폭선량을 연간 50마이크로시버트[54]로 합의했다. 이것이 일본에서도 채택하고 있는 '핵발전소 주변 주민의 선량 목표치 연간 50마이크로시버트'의 시작이다.

미국 원자력위원회는 1972년 이후 각계 의견을 청취한다는 명분으로 청문회를 되풀이하면서, 알라라ALARA 원칙에 근거한 핵발전소 방사선 배출기준을 1974년 2월에 공표하기에 이른다. 미국 원자력위원회의 핵발전 규제 부문은, 1975년 5월에 원자력규제위원회NRC로 재편성되었지만, 알라라ALARA를 원칙으로 삼은 규제 방식은 그대로 이전되었다.

한편 NCRP내부에서 방사선 방호에 코스트-베네피트론을 도입하는 것에 이론異論이 없진 않았다. 테일러는 「ICRP 1958년 권고」 등에 명기해 놓은 "방사선 피폭은 가능한 한 낮게"라는 내용과, "적절한 비용으로 시행할 수 있는 한도 이내"라는 내용이 실제 원칙이 되어야 한다고 생각하고 있었다. 그를 포함해 NCRP 지도자들은 리스크-베네피트론을 구체적으로 적용하기 위해서는, 피폭량을 화폐 단위로 표현할 필요가 있다고 인식했다. 그럼에도 불구하고 그들이 이런 식의 내용을 결단하지 못하는 큰 이유가 있었다.

만약에 방사선 피폭량을 화폐가치로 환산한다면 전제가 되는 방사선 리스크, 즉 선량과 암·백혈병 발생률과의 관계를 결정해야 했다. 이럴 경우 선량-영향관계에 문턱선량이 있다는 견해에 근거하여 피폭량을 금전으로 환산하는 것은 상당한 무리가 있었다. 피폭량을 화폐가치로 환산하기 위해서는 직선관계를 채택해야 했다. 그러나 이들에게 직선관계는 '가정'일 뿐 그 이상은 인정하고 싶지 않았다. 바로 선량-영향관계의 직선관계를 인정하지 못해, NCRP는 코스트-베네피트론 도입에 주저

---

54)　50마이크로시버트(μSv) = 0.05밀리시버트(mSv)

했던 것이다.

그렇지만 핵발전소 발주가 극감하고 발전비용 삭감이 지상과제가 되면서, 미국 원자력위원회가 코스트-베네피트 분석을 적극적으로 도입하자, NCRP도 견해를 바꿀 수밖에 없었다. 팔은 안으로 굽는다고 NCRP는 선량-영향관계를 전혀 언급하지 않으면서, 코스트-베네피트론 도입 필요성을 주장하기 시작했다. 우선 의료분야의 방사선 진단에 코스트-베네피트론 분석을 적용하였다. 그 후 1971년 NCRP는 워킹그룹을 설립해 코스트-베네피트론 도입을 적극적으로 추동했다. NCRP는 방사선 피폭 문제에 코스트-베네피트론을 도입하기 위해서는 위원회 내부 논의만으로는 불충분하다고 판단하고, 외부 유력 인물과도 접촉하면서 구체적 검토를 진행했다. 그 중 와인버그A. Weinberg는 경수형[55] 핵반응로 개발자의 한 사람이면서 미국 오크리지국립연구소 소장으로 미국 핵발전 기술 개발을 오랫동안 지도해온 인물이었다.

NCRP 내부에서 논의를 이끈 것은 이전 세대인 테일러와 파카였지만, 실제 크게 활약한 인물은 신세대인 본드, 로시, 카사렛G. W. Casarett, 싱클레어W. K. Sinclair 등이었다. 본드와 카사렛은 BEIR의 위원이기도 했다. 본드는 부룩해븐국립연구소Brookhaven National Lab(BNL) 부소장으로

---

55) 핵반응로의 형태로 중수형, 경수형 등이 있다. 전 세계적으로 경수형 핵발전소가 대부분을 차지하고 있으며, 우리나라의 경우 현재 25기 중 경주 월성핵발전소1~4호기는 중수형 핵발전소이고, 나머지 21기는 모두 경수형 핵발전소이다.

"용인할 수 있는 리스크 한도를 결정하는 데 방사선 리스크 평가는 그저 일부분에 지나지 않는다. 중요한 것은 방사선에 쪼인 사람들이 어느 정도의 리스크라면 받아들일 수 있는가라는 사회적 문제이다"라고 말했다. 이런 견해에서 알 수 있듯이, NCRP는 사회·경제적 관점을 강조한 방사선 피폭기준 권고를 준비했으며 1971년에 발표했다.「방사선 피폭의 근본기준」이란 제목의 보고서에서 NCRP는 "순수하게 생물학적, 물리학적 고려가 아니라, 사회적 가치 판단에 의존하여", "이익을 극대화하고, 손실을 최소화하기 위해서는 합리적인 손해는 인정할 필요가 있다"는 견해를 강력하게 제기했다.

「BEIR-1 보고」

미국 원자력위원회와 NCRP가 방사선 피폭 방호의 근본을 과학적인 기준에서 사회·경제적 비용 기준으로 크게 전환시킴에 따라, 1970년에 설립된 BEIR는 1972년 보고서를 냈다.「BEIR-1 보고」의 기본 내용은 BEIR에서 따로 논의할 필요가 없을 정도로 이미 정해져 있었다. 미국 지배세력이 BEIR에 기대하는 것은 단 하나였다. 미국 원자력위원회처럼 노골적으로 핵발전 산업의 이해관계를 반영하는 것이 아니라, 과학적 '중립'의 껍데기로 포장해 국민들에게 코스트-베네피트론을 합리화할 수 있는 논리를 제공하는 것이었다. BEIR는 이런 기대에 부응해 코스트-베네피트론의 일반적인 원칙을 다음과 같이 제시했다.

(1) 어떤 방사선 피폭도, 그에 상응하는 이익을 기대할 수 없다면

인정할 수 없다.

　(2) 일반인의 방사선 방호는, 방사선 회피가 더 큰 손해를 초래하지 않는 범위 이내에서 이루어져야 한다. 추가비용이 필요하다면 더 큰 이익을 기대할 수 있어야 하며, 기대할 수 있는 별 다른 이익이 없는데 굳이 작은 리스크를 줄일 필요가 없다.

　(3) 일반인 한 사람 한 사람에게는, 의료를 제외하고 인공방사선으로부터 받는 피폭에 대해 일정한 상한값을 설정해야 한다. 하지만 개인에게 신체적 영향을 줄 수 있는 방사선 리스크가 일반적으로 받아들여지는 다른 리스크와 비교해서 더 작아야만 할 것이다.

　(4) 핵발전 산업계에 대해서는 코스트-베네피트 분석을 기초로, 이용 가능한 다른 기술로 생물학적·환경적 리스크를 감소시킬 경우의 비용을 고려하도록 지도해야 한다. "실행 가능한 한 낮게"라는 개념과 사회 복지의 종합적 이익이라는 개념을 함께 정량화할 수 있도록 서둘러야 한다.

「BEIR-1 보고」에 담긴 코스트-베네피트론은 이상과 같은 내용이었다. 정리하면 일반인들의 총 피폭선량은 "실행 가능한 한 낮게" 유지해야 하지만, 한없이 줄여야만 하는 것은 아니다. 피폭선량을 낮추기 위해 필요한 비용이 그로 인해 얻어지는 이익(베네피트)보다도 많다면, 사람들에게 피폭을 용인하게 해야 할 것이다. 이럴 경우 암 등 방사선 영향을 받는 사람이 꽤 나오게 되는데, 발생률이 통상 인정하고 있는 다른 분야의 리스크보다 작게 하려면, 개인에 대한 피폭의 상한선을 마련할 필요가 있다. 다만 비용과 이익을 비교해 피폭선량을 조정하는 수법은 아직 확립되지 않았기 때문에, 조속히 피폭의 금전적 계산, 손익 계산 방법을 구체화해야 한다. BEIR는 이렇게 주장한 것이다.

미국 원자력위원회를 비롯해 NCRP도 BEIR도, 생물학적·의학적 위험성을 평가해 피폭의 방호 기준을 설정하는 종래의 방법으로는, 시대와 더불어 기준을 낮추어야만 하는 상황을 초래해 위기에 빠진 핵발전 산업을 구할 수 없다고 생각했다. 그들은 사고체계를 대담하게 전환해야 할 시기가 왔다고 판단했다. 방사선 피폭의 문제를 경제적인 이윤 획득의 문제에 종속시켜야 한다고 판단한 것이다.

코스트-베네피트론이야말로, 핵발전의 경제적 위기를 구하기 위해 새롭게 고안해낸 방사선 피폭 방호의 철학이자 경제학이었다.

ICRP의 코스트-베네피트론 도입

미국 정부, 핵발전 산업체, 학계는 핵발전의 비용을 삭감하기 위해 한통속으로 똘똘 뭉쳐 코스트-베네피트 분석 수법을 여러 곳에 도입하고 실제로 적용하기 시작했다. 미국은 「BEIR-1 보고」가 제출된 1972년 무렵부터 코스트-베네피트론을 ICRP에도 도입하기 위한 공작을 강화했다.

이 무렵 ICRP는 코스트-베네피트론 도입에 신중했다. 정부라면 몰라도 학술조직임을 내세우는 ICRP가 앞장서 이끌어갈 일은 아니라는 의견이 강했다. 처음에는 신중한 자세가 두드러졌지만, 이윽고 ICRP는 일치단결 코스트-베네피트론 도입으로 돌진했다. 왜일까? 이 의문에 답하기 위해서는 미국을 제외한 다른 나라들의 핵발전을 둘러싼 정세로 눈을 돌려보아야 한다.

　　ICRP에 위원을 파견하고 있는 선진 공업 국가들은, 1970년대에 본격적인 핵발전의 시대로 접어들고 있었다. 그러나 핵발전소가 운전을 시작하자마자 어디에서나 사고가 잇따랐고, 핵발전 운영의 안전성에 대한 불안이 확산되었다. 핵발전소로 인한 환경오염도 점점 문제가 커지고 있었다. 세계적인 환경보호운동의 발전과도 맞물려 각국에서 핵발전소 반대운동이 강력해지면서 건설기간도 장기화됐다. 당연히 건설비와 발전비용도 급속히 증가했다. 당시 미국 다음가는 핵발전 추진국가였던 영국은 1975년에 이르러 발전비용이 1965년의 약 3배로 급등했다. 이로 인하여 영국에서 핵발전소 발주는 1970년 이후 뚝 끊어지고 말았다. 핵발전의 경제성은 영국에서도 문제가 된 것이다.

　　프랑스는 1970년대에 들어서면서 핵발전소 발주가 계속 떨어져 연간 2~3기 수준에 머물렀다. 서독도, 일본도 마찬가지 상황이었다. 이들 국가에서는 핵발전소의 안전성 문제가 논의의 중심이었고, 경제성 문제는 아직 사회적 관심을 일으킬 정도는 아니었다. 그러나 그것은 정도와 시간의 문제로서, 핵발전 선진국인 미국과 영국에서 포착된 문제가 곧 이들 국가에도 들이닥치는 것은 뻔한 일이었다. 1970년대에 들어서면서 표면화된 핵발전소 추진 정책의 한계는 해가 갈수록 점점 심각해져 갔다. 미국의 심각한 상황을 다른 국가에서도 좌시할 수 없었다.

　　이러한 변화를 반영해 1972년부터 ICRP에서도 핵발전의 경제성 문제를 의식해 방사선 방호 기준의 전면적인 수정에 착수했다. 이의 전제로서 ICRP는 리스크, 즉 선량-영향관계를 기존처럼 둘 것인지 말지를 검토했다. 코스트-베네피트론을 도입하더라도 리스크 평가가 흔들려서는 곤란했기 때문이었다. ICRP는 1972년 리스크 수치를 10밀리시버트당 10^{-4}, 즉 1만 명이 평균적으로 10밀리시버트 피폭하면 1명의 암·백혈병 사망자가 발생한다고 재확인했다. 1966년 리스크 평가의 결론을 바꿀 필요가 전혀 없다고 본 것이다. 또 노동자의 허용선량도 연간 50밀리시버트로 그대로 놔두었다. 이유는 연간 50밀리시버트의 한도를 설정하면, 실제 평균 피폭선량은 한도치의 10분의 1인 5밀리시버트로, 이것은 앞서의 리스크 평가에 따르면 연간 사망률이 1만 명 중 1명이 되어, "인정할 수 있는 리스크"로서 여타 안전한 산업에서의 리스크 수준 범위 이내였다.

결국 ICRP는 1965년에 권고한 방사선 방호의 기본원칙을 수정하기 시작했다. ICRP는 1965년 권고에서 "경제적·사회적 고려를 계산에 포함시킨 후, 모든 선량을 손쉽게 달성할 수 있는 수준에서 낮게 유지한다"는 방사선 방호의 기본 원칙을 제시했다. 이런 표현은 당시 리스크-베네피트론의 과학적 기준과 사회·경제적 기준 사이의 비중에 대한 균형 잡기가 불명확하고 모호했기 때문에 나타났다. ICRP는 위의 원칙을 경제적 요인을 더 중시하는 내용으로 수정하기 위해 하나의 위원회를 설립했다. 책임자는 미국 NCRP 위원이기도 한 로저스L. Rogers가 맡았고, 영국의 '방사선방호청NRPB' 위원 던스터H. J. Dunster가 그를 보좌했다. 로저스는 미국 원자력위원회에서 핵반응로 등의 규제기준을 다루는 부문의 책임자였다. 그는 미국 원자력위원회에서 진행한 코스트-베네피트 분석의 경험을 인정받아 ICRP에서 중요한 임무를 맡았다. 영국의 던스터 역시 핵발전소 운전과 방사선 피폭을 관리하는 부문의 제2책임자였다. 이렇듯 과학자와는 어울리지 않는 행정적 실무자들을 중심으로, 경제적 관점에서 방사선 방호의 일반 원칙을 수정했다. 위원회는 1973년 4월에 최종적인 결론에 도달했다.

ICRP의 새로운 방사선 방호의 일반원칙은 "경제적 및 사회적인 요인을 고려하면서 합리적으로 달성할 수 있는 수준에서 가능한 한 낮게 유지한다"로 성문화되었다. 문구로 봐서는 "손쉽게readily"가 "합리적으로reasonably"로 변경되었을 뿐이었고, 영문 머리글자를 보면 양쪽이 똑같이 '알라라ALARA'였다. 표면상으론 작은 수정에 불과했으나 실은 매우 큰 의미를 갖고 있었다. 새로운 '알라라ALARA'는 경제적 손익 계산에 따라 방사선 피폭 방호를 시행한다고 명확하게 규정했다. 방사선 피폭은 경제적 조건을 만족시키는 경우에 한해서 낮게 시행할 수 있다고 변경한 것이다. 미국 원자력위원회가 앞서 한 시도를 ICRP도 결국 따라가 버린 것이다.

그렇다면 알라라ALARA 원칙을 어떻게 적용할 것인가? 방사선 피폭에서 코스트-베네피트 분석을 어떻게 적용할 것인가? 방사선 피폭량을 어떻게 경제적 손익 계산에 반영할 수 있을까? 이런 문제도 역시 핵발전소 비용인하를 추구하기 시작한 미국과 영국의 경험에 따라 답변해야만 했다.

생명에 대한 금액 산정

미국의 로저스와 영국의 던스터 주도하에 알라라ALARA 원칙을 구체적으로 적용하기 위한 경제적 손익 계산 방법을 검토하였다. 먼저 방사선 피폭에 따른 비용을 규정해야 하는데, 피폭 방호에 필요한 시설과 장비 등 물적 비용을 포함시키는 것은 금방 알 수 있지만, 문제는 인적 비용이었다. 방사선 피폭으로 입은 인적 피해 비용을 어떻게 고려할지가 문제였다. 피폭으로 인해 사람이 생명을 잃을 수 있기 때문에, 생명의 가치를 손실비용으로 산정해야 할 필요가 있었다. 가격으로 환산할 수 없는 인간의 생명에 가격을 매겨야 했던 것이다.

　인간 생명의 가격산정은 원래 가능한 일도 아니고, 그야말로 생각하기 나름이라서 이런저런 이유를 고민해야 했다. 교통사고의 경우 안전띠를 매고 있으면 살아날 수 있어서 한 사람의 생명의 가치는 안전띠 비용에 상당하다는 식의 계산이, 남들은 다 웃어도 나름 진지하게 진행되었다. 역시 이런 경우에 생명값은 턱없이 깎여 10만 달러 정도였다. 어차피 자본주의 방식에 따른 금전 계산이기 때문에, 노동자와 일반 시민의 생명 값을 값싸게 평가하는 것은 당연하게 받아들여져, 당시 생명 가격의 통상 시세는 대략 10만~100만 달러 정도였다. ICRP도 이런 정도로 판단했다.

　ICRP의 리스크 평가에 따르면, 1명의 암 사망은 1만 명·렘(100명·시버트)[56)]의 피폭선량으로 발생하기 때문에, 1만 명·렘(100명·시버트)이 10만~100만 달러에 상당한다. 즉 명·렘(명·10밀리시버트)당 10~100달러이다. ICRP는 이러한 계산의 결과로부터 "10달러~250달러 정도면 모두 해결된다"라고, 마치 뉴튼의 만유인력 법칙을 발견한 것처럼 주장하고 이런 방식의 계산을 "코스트-베네피트 분석에 바로 적용할 수 있다"는 결론을 내렸다.

다음으로 생명의 금전적 계산을 기초로 해서 코스트-베네피트 분석 방법을 결정했다. 사실 이것은 일반 공업제품 생산에서 기업의 이익을 최대로 하기 위해 채택되고 있는 소위 '비용-편익 분석' 방법 자체였다. 조금 다른 점은 방사선 피폭을 수반하는 경우의 비용을 고려하는 방법이었다. 예를 들어 방사성 폐기물의 처분 비용은, 일반 쓰레기처럼 버린다면 기업은 가장 적은 비용으로 해결할 수 있지만, 정부가 뒤처리 비용을 대신해야 한다. 그래서 ICRP는 순 경제적 비용뿐만 아니라 사회적 비용을 포함하기로 했다. ICRP는 피폭선량의 명·렘(명·10밀리시버트)을 임의의 수치로 하기 위한 방호비용 등의 총 비용과, 명·렘(명·10밀리시버트)에 부수적인 생명 등 손해의 총비용과의 합계를 최소로 할 수 있다면 이익을 최대로 올릴 수 있다고 생각했다. 이상이 "경제적 및 사회적인 요인을 고려하면서 합리적으로 달성 가능한 수준에서 낮게"라는

---

56) 1만 명·렘이라는 단위는 1만명이 1렘의 선량에 피폭한다는 의미다. 당시 ICRP가 공식적으로 제시하는 방사선 피폭으로 인한 암 사망 확률은 1만 명·렘당 1명의 사망이다. 1만 명·렘이라는 단위는 시버트로 바꿀 때 100명·시버트가 된다. 즉 1만 명·렘 = 1만 명·10밀리시버트(mSv) = 100명·1000밀리시버트(mSv) = 100명·시버트인 것이다. 이것은 100명이 1시버트에 피폭되면 확률로 1명이 암으로 사망한다는 의미이다. 1만 명·렘과 같은 이런 확률은 예컨대 인구가 늘어날 경우 즉 10만 명(10명), 100만 명(100명), 1천만 명이 된다면 1,000명의 사망이 발생한다는 의미이며, 1억 명일 경우 1만 명의 사망으로 확대될 수 있음을 의미한다.

ICRP의 알라라ALARA 원칙의 구체적 의미이다.

알라라ALARA 원칙의 구체적 적용방법은 그 후 '최적화'로 불렸다. 핵발전을 추진하는 이들은, 최적화란 "피폭을 가능한 한 적게 하는 것이다"라고 설명한다. 일본 과학기술청 등도 이렇게 주장한다. 그러나 ICRP의 설명 그대로 최적화란 핵발전 산업체나 정부의 사회적·경제적 이익을 최대화하는 것 이외에 어떤 의미도 없다. 최적화 방법의 도입은 "위험을 줄이기 위해 더 노력할 필요가 없음"에도 불구하고, 피폭을 가능한 한 낮게 하기 위해 "방사선 피해 저감량低減量을 웃도는 경제적 및 사회적 불이익"을 입지 않도록 해야 한다고 ICRP는 솔직하게 이야기하고 있다. 그렇지 않으면 핵발전 비용을 낮출 수 없다고 역설하는 것이다.

이런 아주 솔직하고 노골적인 의미를 말하지 않고 피폭을 줄이기 위함이라고 설명하는 것이 핵발전소 추진파의 대국민 선전이었다. 물론 그들이 노골적으로 말하지 않은 까닭이 있다. ICRP가 방호하고자 하는 것은 사람들의 생명과 건강이 아니라 핵발전 산업과 행정부의 이익이었기 때문이다.

ICRP가 1973년에 이상과 같은 알라라ALARA 원칙을 발표하자마자 핵발전 추진파는 반대파에 대해 일제히 반격을 시작했다. 방사선 피폭 방호 기준을 엄격히 하는 인위적인 조치로 핵발전 발전비용이 높아져 핵발전 산업의 경쟁력이 떨어진다는 주장을 활발하게 전개했다. 당사자인 영국의 던스턴도 새로운 피폭방호 원칙은 핵발전소 등에서 피폭을 없애자는 요구의 "사회적 부당성을 보여주는 것에 있다"고 주장하고, 핵발전소 반대운동을 향한 증오를 나타내면서 선전 대열에 뛰어들었다.

다른 산업보다도 안전한 핵발전 산업?

경제성 원리가 관철된 알라라ALARA 원칙을 정리한 ICRP는 뒤이어 리스크론 수정에 착수했다. ICRP의 새로운 리스크론은 경제성을 최우선으로 하는 방사선 피폭기준과 같은 뿌리에서 나왔다. 그들은 이것을 어떻게든 '과학적인' 근거가 있는 것인 양 위장할 필요가 있었다. 그들의 속임수를 살펴보자.

우선 작업은 영국의 포친E. Pochin이 맡았다. 결론이 처음부터 주어진 연구였다. 핵발전 산업 등 방사선 피폭을 수반하는 산업에서 노동은 안전하다고 주장하는 것이 최종 목표였다. 구체적으로는 (1) 코스트-베네피트론에 근거하여 정량적 논의를 하기 위해 필수적인 방사선의 유해성을 정의하는 것 (2) 유해성은 비교적 안전하다고 평가하는 다른 직업상의 리스크와 동일 수준이라고 주장하는 것 (3) 따라서 방사선 피폭의 선량한도(허용선량)를 낮출 필요가 없다고 결론을 내리는 것, 이것이 포친의 임무였다.

원래 핵발전 산업에서 피폭노동을 안전하다고 주장하는 것은 불가능에 가까운 일이었다. 다른 산업과 공통된 많은 위험 이외에도, 여타 산업과 비교해서 훨씬 심각하고 감당할 수 없는, 방사선으로 인한 유해한 영향이 추가되기 때문이었다. 포친의 임무는 마술이나 신의 한수가 아니면 성취할 수 없는 일이었다. 과연 포친은 어떻게 목적에 도달하려고 했을까?

포친은 우선 "유해성"을 사망으로만 한정했다. 방사선의 유해성에는 급성과 만성이 있고, 종류도 다양한 영역에 걸쳐 있다. 특히 만성적 영향은 꽤 장기간에 걸쳐서 나타난다. 피폭 후 오랜 시간이 지난 후에 발생하는 암 등으로 인한 사망은 파악하기 힘들다. 또한 유전자 영향과 같이 몇 세대를 경과해야만 확인할 수 있는 내용도 포함된다. 게다가 유전자 영향에서 전형적으로 볼 수 있듯이, 방사선의 영향은 '사망'만을 유해성의 지표로 삼아서는 실태를 거의 파악할 수가 없다. 더군다나 저선량 피폭으로도 운동 기능이나 순환기 기능, 조혈 기능 저하로 인한 각종 질병이 핵폭탄 피해자와 핵발전소 노동자 사이에서 발생하고 있다.

이런 내용은 전문가라면 바로 알 수 있다. 아니 방사선에 대해 약간의 지식을 가진 사람이라면 누구라도 알 수 있다. 그럼에도 불구하고 포친과 ICRP는 방사선의 '유해성'을 '사망'으로만 한정한다. 이런 방식은 오히려 '지능범죄'라고 말해야 할 것이다.

이런 후에 포친은 다음과 같은 방법으로 리스크 비교를 시작했다. 원래 다른 직업과 안전성을 비교하는 것은 발생하는 상해 종류가 다르고, 질병에 대한 중증도 평가도 사람마다 다르기 때문에 엄밀한 의미에서는 불가능하다. 포친도 "논리적인 해결은…… 분명히 불가능하다"라고 인정할 수밖에 없었다. 그렇다면 불가능을 어떻게 가능하게 했을까? 포친과 ICRP는 이렇게 말한다. "과학자들이 사과와 배를 하나로 만들 수는 없지만, 어린아이라면 누구라도 할 수 있다…… 사과와 배, 어느 쪽을 좋아하는지를 일반적으로 말하는 것은 어려울지 모르지만, 일곱 개의 사과를 가질까, 두 개의 배를 가질까 말하는 것은 쉽다." 바로 여기서 두 번째 마술이 사용된다.

핵심은 사과와 배의 비교임에도 불구하고, 개수의 비교로 슬쩍 바뀌버린 데 있다. 물론 개수라는 것은 첫 번째 마술인 사망자수이다. 어린 아이들조차 알 수 있는 장난질이요, 속임수이다.

ICRP는 이런 속임수를 써서, 억지로 핵발전은 안전하다고 결론 내린다. 사람의 생명이나 건강을 문제 삼는 경우, 사실에 근거하지 않으면 아무런 의미가 없다. 방사선 피해 방지를 간판으로 내세운 ICRP가 핵발전의 안전성을 주장하기 위해 썼던 사기꾼의 술수는, 핵발전의 경제성을 인간의 생명이나 건강보다 우선시하는 그들에게나 맞는 논리였던 것이다.

「ICRP 1977년 권고」

ICRP는 이상과 같은 작업을 진행하면서 1974년, 1965년 권고의 전면 개정에 착수하기로 결정했다. 그 때 ICRP는 다음과 같이 합의했다. 허용선량 개념을 포기하고 '선량당량'[57]을 사용할 것, 가장 민감한 특정 장기에 대한 선량으로 피폭을 제한하려는 '결정장기'라는 종래의 견해를 포기할 것, 3개월 30밀리시버트의 제한량 및 5렘(50밀리시버트) × (연령 — 18세)의 연령 공식을 포기하고 전신소身 50밀리시버트로 할 것, 공중 피폭에 관해서는 알라라ALARA 원칙을 기초로 대폭 개정할 것. 새로운 권고를 이러한 선에서 정리하기로 확인한 후 구체적인 검토에 들어갔다.

가장 중요한 알라라ALARA 원칙과 코스트-베네피트론 등은 이미 전부 나와 있기 때문에, 이를 체계화하는 일만이 남았다고 해도 과언이 아니었다. 그래도 작업 시작 후 약 3년이 지난 1977년 1월에야 겨우 신권고를 채택했다. 이전 권고로부터 12년 만에 전면 개정된 신권고는 지금까지 본 것처럼 경제적 관점에서 피폭 방호의 문제를 확실하게 수정하였다. 아직 언급하지 않았던 점도 포함하여, 「ICRP 1977년 권고」의 중요한 특징과 문제점을 정리해 보자.

첫째, 방사선 피폭 방호의 근본적인 사고체계의 대전환이다. 1977년 권고는 다음과 같은 문구로 시작한다. "방사선 방호는 개인과 그 자손 및 인류 전체의 방호와 관련하지만, 동시에 필요한 일임에도 결과적으로 방사선 피폭이 발생할지 모르는 여러 활동도 허용한다." 이런 표현은 권고 전체의 특징을 상징적으로 보여준다. ICRP가 맨 처음 이야기했던 것은, 핵발전 등의 여러 활동을 정당화하고 옹호하기 위함이었다. 과거 권고에서 나타났던 "방사선 피폭을 가능한 한 낮게 한다"와 같은 표현은, 1977년 권고부터는 완전히 사라졌다. 최선을 다해 방호해야 할 노동자와 주민의 생명과 건강보다 핵발전 산업이나 이를 위한 추진 정책 쪽이 더 중요하다고 선언했던 것이다.

둘째, 방사선 리스크, 피폭 인정 수준, 피폭 상한선에 대해 사회·경

---

57) **(원주) 선량당량과 유효선량당량**: 선량당량(H)은 방사선 피폭의 생물학적 영향을 표시하는 양이다(각주6 참조). 유효선량당량은 피폭에 의한 확률적 영향(암 사망이나 위중한 유전적 장애에 한정)의 피해를 산정하기 위한 사회·경제적 양이다. 특정 장기(T)에 대한 선량당량(HT)에 가중계수(Wt)—그 장기가 조사(照射)된 때의 확률적 영향 리스크의 온몸이 균등하게 조사되었을 때의 전(全) 리스크에 대한 비율—를 곱한 양 HT×Wt를 모든 장기에 대해 모두 합친 양이 유효선량당량(HE)이다. 피해는 유효선량당량당 암 사망 등 피해의 수(R)를 유효선량당량에 곱한 양, R×HE 으로 주어진다.

제적 관점을 중시한 새로운 체계를 제시했다. ICRP는 이것을 (1) 정당화, (2) 최적화, (3) 선량한도라고 부르며, 삼위일체의 체계로 제출했다. 먼저 방사선 리스크, 즉 암·백혈병 사망 발생률은 ABCC가 과소평가 했던 데이터에 의존하는 리스크 평가를 그대로 고집했다. 이에 근거해 평가한 피폭노동자와 일반 시민들의 방사선 피폭 피해는 당연히 과소평가될 수밖에 없다. 이런 다음 피해를 사회·경제적 기준에서 바꿔 말해 알라라ALARA 원칙에 근거해 인정하도록 요구했다. ICRP는 인정 상한선을 "선량당량 한도"로 불렀지만, 리스크 평가를 변경하지 않은 결과, 선량한도 수치 또한 종래 그대로였다.

단적으로 다음과 같이 말할 수 있다. 방사선의 인체 영향에 대해서 지금은 과소평가가 가능할지도 모르지만, 과학적 기준에 근거를 두면 향후 피해에 대한 과학적 지식이 깊어지면서 머잖아 피폭기준도 점점 엄격해질 수밖에 없을 것이다. 그 때 핵발전 산업은 붕괴한다. 이를 방지하기 위해서는 기준을 과학적인 내용에서 사회·경제적인 것으로 변경해야 하며, 이런 관점에서만 피해를 인정하도록 압박해야 한다. "선량당량 한도"라는 피폭의 상한선은, 인정 수준에 대한 강제가 너무 지나치지 않도록 하기 위한 제동장치인 것이다.

셋째, 방사선 피폭관리에 공공연히 금전적 계산을 도입하였다. 코스트-베네피트 분석이라는 경제적 수법으로 사람 생명의 가치도 돈 가치로 계산하기 시작했다. 게다가 이것을 시행하는 주체도 핵발전 산업체와 정부여야만 한다. 이럴 때만이 노동자와 주민의 생명 가격도 값싸게 깎을 수 있다. 피폭 방호에 돈을 쓰는 것보다 값싼 생명을 박탈하는 쪽이 훨씬 경제적인 행위라고 판단했다. 군수산업은 "죽음의 상인"이라고 불린다. 피폭을 강요해 사람의 생명을 빼앗는 핵발전 산업 또한 "죽음의 피폭 상인"으로 부를 수 있을 것이다.

넷째, 방사선 피폭의 금전적 계산과 표리일체인 방사선 영향에 대한 과소평가는 피폭기준이 마련될 때마다 담겨 있어야 한다. 예를 들어, 핵발전소 등에서의 방사선 피폭 작업에서, 계획적 특별 피폭이라는 명칭하에 1회당 100밀리시버트까지의 대량피폭을 인정했다. 이렇게 될 경우 지금까지는 12개월에 무조건 50밀리시버트 이내였지만, 연간 50밀리시버트 이내로 표현을 바꾸면서 만일 연도가 바뀐다면 연도가 달라졌다는 명분으로 짧은 시기에 100밀리시버트를 피폭해도 무방하다. 또한 연간 피폭선량이 15밀리시버트 미만의 작업 구역에서는 한 사람, 한 사람씩 피폭선량을 측정하지 않아도 좋다고 변경했다. 아울러 연간 5밀리시버트 미만의 피폭량은 제로(0) 선량으로 다뤄도 무방하여 측정결과도 기록하거나 보관할 필요가 없다. 방사선 작업자의 건강진단도 횟수와 검사 항목을 대폭 축소했다. 이처럼 거론한다면 끝이 없을 정도로 많은 점에서 피폭기준을 완화하였다.

다섯째, 허용선량을 대신해 '유효선량당량'이라는 새로운 개념을 도입했다. 이것은 새로운 과학모델을 통해 계산상의 피폭선량을 설정하기 때문에 '과학적 조작'을 복잡하게 실행할 뿐, 쉽게 실제 피폭량과의 차이를 만들어낸다. 이것 자체로 속임수인 것이다. 유효선량당량은 피폭의 기준 완화를 질적으로 다른 형태로 진행하기 위해 도입한 것이다. 예를 들어, 핵발전소 건물 안 등 공기 중에 떠도는 방사능 농도 기준은, 유효선량당량으로 계산하면 기존보다 대폭 완화된다. 망간Mn54의 경우, 1,000베크렐Bq을 흡입하면 기존의 피폭량은 19.5마이크로시버트였으나, 유효선량당량으로 계산하면 1.47마이크로시버트에 불과해져, 실제로 13배나 과소평가 된다. 방사능 수중水中 농도 기준도 똑같이 대폭 완화했다. 스트론튬Sr90의 경우 1,000베크렐을 체내로 섭취했을 때의 피폭량은, 지금까지라면 444마이크로시버트였지만, 유효선량당량으로는 겨우 38.5마이크로시버트에 불과해, 이것 또한 11.5배 과소평가 되는 완화효과를 갖는다.

기준 문제는 핵발전소 및 핵연료주기에서 일어나는 사고와 일상운전, 방사성 폐기물의 처리·보관으로 일어나는 환경오염, 식량오염의 문제와 직결한다. 유효선량당량의 도입으로 핵발전 산업은 공기, 물, 식량을 이전보다 훨씬 더 방사능으로 오염시켜도 좋다는 보증수표를 받았다. 이런 상황 자체가 무서울 뿐이다. 하지만 다른 의미에서 오염을 수치로 표시한다고 해도 큰 폭으로 완화된 결과라 알 수 없는 상황이 되어 버린 것, 과거와 비교도 불가능해진 것이 더 무섭다.

여섯째, 핵발전소 등 방사능의 위험성은 방사능 자체의 위험을 전혀 언급하지 않은 상태로 다른 위험성과 비교해 상대적인 '크기'의 차이로 왜소해졌다. 그 결과 방사능으로 발생하는 위험은 여타의 위험과 마찬가지로 당연히 수용해야만 한다. 선량당량 한도로 피폭된 일반인의 리스크는 철도와 버스 등 대중교통을 이용했을 때의 사망사고 리스크와 비슷한 수준이니, 후자의 리스크와 마찬가지로 용인해야 한다고 ICRP는 뻔뻔스럽게 주장한다. 어느 누구도 좋아서 방사선에 쪼이는 것이 아니다. ICRP는 제멋대로 사람들을 피폭자로 만들고, 용인할만한 수준이라면서 피폭에 대해 항의하는 사람들을 거꾸로 공격한다.

이것은 강권을 자행할 수 있는 권력자의 논리다. 핵발전에 반대하는 사람들은 방사선 피폭도 없애고 싶어 하고, 가능하다면 핵발전소 이외의 여타 위험도 모두 없어지기를 바란다. 이런 바람이 더 안전한 사회를 만들어낸다. 그러나 ICRP가 주장하는 리스크 수용론의 논리라면 안전한 사회는 몽상에 불과하다. 핵발전보다도 위험한 것이 많다면서 문제를 슬쩍 바꿔치기 한다. 당연히 핵발전의 위험은 과소평가 될 수밖에 없고, 결국엔 핵발전을 비롯해 모든 위험을 인정하도록 강요한다. 요컨대 핵발전 추진 세력은 위험을 더 가중시키는 것으로 계산하지 않는다. 이런 상태로는 현실에 존재하는 여러 위험을 방치하고 오히려 확대한다. 이렇게 해야 핵발전 산업이 상대적으로 안전한 산업이 되기 때문이다. 정부와 핵발전 산업은 막강한 정치적·경제적 힘으로 리스크 수용을 강제해 왔고, ICRP의 리스크론은 강권지배를 더욱 정당화했다.

일곱째, ICRP의 리스크론은 리스크를 '수용'하라는 것이지만, 결국엔 한도 끝도 없이 리스크를 강요한다. 특히 사회적 약자에게 방사선 피해를 떠넘긴다. 핵발전소에서 일하는 노동자의 경우에도 피해 고발이 바로 해고로 연결되는 취약한 처지의 하청노동자에게 피폭이 집중되고 피해 또한 더 심각하다. 우라늄 광석을 채굴하는 미국과 캐나다의 인디언, 호주의 원주민, 남아프리카 흑인 등도 마찬가지다. 핵발전소가 건설되는 곳은 대부분 경제적·사회적으로 차별받아온 지역이다. 핵발전 산업은 경제적으로 낙후된 지역의 약점을 이용, 엄청난 돈으로 유혹해 현지 주민들에게 피폭 리스크를 수용하라고 압박한다. 이러한 사람들에게 피폭을 강제하면서, 피해가 나타나면 스스로가 과소평가 해 둔 방사선 리스크 평가를 이용하여 '과학적인 인과관계'가 증명되지 않아 피해는 핵발전소 방사능이 원인이 아니라고 피해자를 내팽개친다.

여덟째, 방사선의 피해를 막으려면 방사선에 가장 취약한 사람을 기준으로 방호대책을 강구해야 할 텐데, ICRP는 거꾸로다. 기준을 삼는 사람은 성인이고, 방사선에 가장 민감한 태아나 아기의 경우 제대로 평가조차 하지 않는다. 같은 양의 방사선이더라도 태아기의 피폭은 암·백혈병으로 사망할 확률이 성인보다 수백 배 높아지고 유아도 수십 배 높아진다는 사실이 알려져 있는데도, ICRP는 태아의 경우 불과 두 배만 높을 뿐이라고 강변한다. 아기가 말할 수 없는 것을 핑계로 방사선 피해를 약자에게 강요한다. 열거하면 끝이 없을 정도로, 「ICRP 1977년 권고」는 심각한 속임수로 가득 차 있었다.

9. 히로시마·나가사키의 핵폭탄 선량 재검토의 비밀

핵발전 추진 세력은 방사선 피폭기준에 경제성 원리를 관철하기 위해 전력을 다했다. 「ICRP 1977년 권고」가 이런 내용을 집대성한 작품이었다. 그러나 ICRP가 1977년 권고를 최종적으로 마무리할 무렵 새로운 대형 문제가 대두되었다. 방사선 피폭 리스크 평가에 대한 의문이 새롭게 생겨난 것이다. ICRP 리스크 평가의 근간에 자리 잡고 있던 히로시마·나가사키 피폭자 데이터에서 핵폭탄의 방사선량이 사실과 상당히 다르다는 것이 밝혀졌다. 지금까지 아무도 의심하지 않았던 핵폭탄의 방사선 방출량이 틀렸다는 사실이 알려진 것이다. 계기는 1970년 중반에 진행된 중성자폭탄 개발이었다.

물론 여기에는 중요한 군사기밀이 관련되어 있었다. 핵발전 추진파는 이 점을 최대한 이용해 진상을 은폐했고, 자신들에게 가장 손실이 없는 형태로 난국을 타개하려고 했다. 그들은 컴퓨터와 측정 기술 등 과학기술의 발전으로 히로시마·나가사키의 핵폭탄 선량 재검토가 이루어졌다고 설명했다. 과연 핵추진파의 설명을 어떻게 반박할 수 있을까? 언론의 경우에는 선량 재검토의 발단이 중성자폭탄 개발에 있었다는 등 몇 가지 사실을 부분적으로 밝히기는 했지만, 기본적인 내용에 대해서는 핵발전 추진파의 설명에 넘어가고 말았다. 핵무기 폐기를 주장하나 핵발전은 찬성하는 과학자들은 "핵폭탄 선량 수정을 중성자폭탄으로밖에 설명할 수 없다면 너무나 비인간적이지 않은가"라고 한탄했지만, 이들도 역시 핵발전 추진파의 설명을 받아들였다. 안타깝게도 핵발전에 반대하는 과학자들도 핵발전 추진파의 설명을 대신할 수 있는 대안적 설명을 제시하지 못했다.

진상은 무엇이었을까? 문제를 해명하기 위해서는 방사선의 위험성을 누가, 어떤 동기로, 무엇을 근거로 판단하는가라는 방사선 피폭의 핵심을 선명하게 제기할 수 있어야만 한다. 이것이 방사선 피폭을 바라보는 기본적인 자세와 판단을 묻는 시금석이다. 나도 마찬가지다. 과정에서 얻은 모든 증거를 놓고 상황에 맞게 분석하여 숨겨진 진실을 가능한 한 밝히면서 동시에 문제의 본질이 무엇인지에 대해 말해야 할 것이다.

핵폭탄 선량 재검토의 진짜 계기

1976년 미국 핵무기 개발센터의 하나인 로스앨러모스Los Alamos 국립연구소[58]의 프리그William E. Preeg가 개인 편지라는 형식으로 '히로시마·나가사키 핵폭탄 방사선의 방출스펙트럼'을 공개했다. 이것이 선량 재검토, 즉 방사선 리스크 재검토의 발단이 되었다. 핵무기에 관한 군사

---

58) 1943년 설립된 미국 에너지부 소속의 국립연구기관으로, 최초의 핵폭탄을 제조하는 맨해튼 프로젝트를 진행했다.

기밀에서는 유달리 방어가 견고했던 핵무기 연구소가 왜 방사선 스펙트럼을 공개해야만 했을까? 공개한 과학자들이 영웅적인 행위를 한 것일까? 공개라고는 하지만 개인 서신으로 결과를 제시한 것일 뿐인데, 과연 과학적으로 올바른 것일까? 종래의 핵폭탄 선량이 "절대적으로 맞다"고 주장해 온 미국과 일본의 여러 과학자들은 어떤 책임을 지는 걸까? 나중에는 이번 것도 틀렸다고 하지 않을까? 아니면 공개된 내용이 방사선의 리스크에 대해 추후 더 엄밀한 재검토가 필요하다고 예측한 것이었을까?

연구원 개인의 공개가 문제의 발단이었다고 주장하는 사람들은 이런 의문에 대해 거의 대답하지 못한다. 가장 중요한 문제는 핵폭탄 방사선량의 재검토가 리스크 재검토와 바로 이어진다는 점에 있다. 때문에 조금 우회한다고 생각할지 모르지만, 리스크 평가 문제로 되돌아가서 시작하는 것이 좋다.

방사선의 위험성 즉 리스크는, 앞에서 말한 것처럼 다방면에 걸쳐 있지만, 단적으로는 죽음을 면하기 힘든 암·백혈병의 발생 리스크로 표현한다. 방사선으로 인한 암·백혈병 사망 리스크는, 방사선 피폭 집단의 암·백혈병 사망률(A)에서, 피폭 경험이 없는 집단의 암·백혈병 사망률(B)을 빼고 얻을 수 있는 피폭 집단의 암·백혈병 초과 사망률을, 평균 피폭 선량(C)으로 나눈 수치이다. 단순하게 표현하면 리스크 문제란, 이 (A), (B), (C) 세 가지 수치를 다루는 방식의 문제이다. 여기서 얻을 수 있는 피폭선량-암·백혈병 초과 사망률의 관계는, 이것 역시 단순하게 말하면 직선관계이거나, 아래로 볼록한 곡선관계 혹은 위로 볼록한 곡선

관계 중 하나이다. 아래로 볼록한 곡선관계는 문턱선량이 존재한다고 여겨지는 경우가 많다. 그 중 어떤 관계를 채택하느냐에 따라 저선량 피폭의 리스크 수치가 크게 달라진다. 위로 볼록한 것이 가장 높고, 이어서 직선관계, 아래로 볼록한 것이 가장 작은 리스크를 나타낸다.

ICRP를 비롯해 UN과학위원회, BEIR, NCRP 등의 공적公的·행정적인 리스크 평가는, 겉으로는 각종 피폭집단 데이터에 근거하고 있지만 가장 중요시해 온 것은 히로시마·나가사키의 ABCC 데이터였다. 이유는 표면상 가장 많은 인구를 포함한 데이터이고 앞에서 언급한 (A), (B), (C) 수치가 정확하기 때문이다. 그러나 속내는 (A), (B), (C)의 모든 데이터가, 최초 조사부터 결과 평가에 이르기까지 미국 원자력위원회 지배하에 있던 ABCC의 완전한 통제 아래 있었고, 핵발전 추진 당국의 입장을 살리는 데 가장 안성맞춤이었기 때문이다. 즉, 피폭 집단의 암 사망률(A)을 대폭 줄이고, 피폭 경험이 없는 집단의 암 사망률(B)을 소량 피폭한 집단의 것으로 대체하여 피폭자와 비피폭자를 비교한 것이 아니라 고선량 피폭자와 저선량 피폭자를 비교한 것이 되었다. 이에 따라 비피폭자의 사망보다 저선량 피폭자의 사망이 훨씬 많았기 때문에, 결과적으로 피폭집단의 암·백혈병 초과 사망률을 과소평가 했다. 게다가 (A)데이터 수집 방식에 결함이 있었던 탓에 나가사키 피폭자의 백혈병 사망률에 관한 선량-사망률 관계가 1시버트당 마치 '문턱선량'이 있는 것처럼 아래로 볼록한 곡선 관계를 나타냈기 때문에, ICRP 등은 일제히 ABCC의 데이터를 이용해 리스크 평가를 진행해 왔다.

이러한 공식 리스크 평가에 대한 비판은 앞에서 말한 것처럼 1960

년대 이후 핵발전소 반대운동의 대두와 함께 강력해졌지만, 그 중에서 도 유난히 엄중했던 것은 영국의 스튜어트, 미국의 고프만, 탬플린의 비판이었다. 스튜어트의 데이터는 자연방사선으로부터의 연간 선량 정도인 고작 2밀리시버트의 피폭이 임신 초기의 태아에게 소아암·백혈병의 자연발생률 증가를 나타내고 있었다. 이런 증거는 핵발전 추진파가 항상 제기했던 방사선에 의한 암 발생 하한치의 증거, 즉 나가사키 피폭자의 백혈병 '문턱선량'인 약 1시버트라는 수치와 비교해도 경이적으로 낮은 수치였기 때문에, 무슨 일이 있어도 부정해야만 했다. 또한 고프만, 탬플린은 히로시마·나가사키 피폭자를 비롯한 각종 피폭자의 암·백혈병 데이터를 모든 암의 극히 장기간에 걸친 발생으로 수정한 결과, ICRP 등의 공식적·행정적 리스크가 10배에서 20배 과소평가 됐다는 점을 밝혀냈다. 이렇게 미국 원자력위원회 내부에서부터 나온 비판도, 핵발전 추진파들에게는 엄청나게 큰 타격이었다. 물론 양쪽 증거에서는 '문턱선량'의 존재 등은 문제조차 되지 않았다.

맨큐소의 핸퍼드 핵시설 노동자 조사

1960년대부터 높아지기 시작한 일련의 비판에 대항하기 위해 미국 원자력위원회는 독자 데이터를 이용해 허용선량 이하 저선량 피폭의 '안전성'을 증명하겠다는 믿기 어려울 정도의 '과학적인' 계획을 세웠다. 미국 원자력위원회는 "미국 핵무기 제조공정에서 일하는 핵 노동자가 무엇보다 정확한 데이터를 제공하고 있고, 이런 피폭노동자 내에서 방사선 피해 등은 전혀 없다"라고 매번 역설해 왔다. 이런 확고한 신념에 따라 미국 원자력위원회 생물·의학부는 핵시설에서 일하는 노동자의 방사선 피폭에 관한 장기적인 역학적 연구를 1965년부터 어느 연구자에게 위탁했다.

그런데 위탁 연구가 진행되는 동안에 미국 원자력위원회가 전혀 예상하지 못 했던 일이 1974년 핵시설의 중심이었던 핸퍼드Hanford 근처에서 발생한다. 핸퍼드 핵시설이 자리 잡고 있던 워싱턴주의 사회·보건서비스국 의사이자 인구연구반 책임자였던 밀햄Samuel Milham Jr.이 중대한 사실을 발견했던 것이다.[59] 1950년부터 1971년 동안에 워싱턴주에서 사망한 30만 7828명을 조사했더니, 그 중에서 핸퍼드 핵시설에서 일했던 노동자의 사망률이 다른 곳보다 25%나 높았다.

밀햄에게서 정보를 얻은 미국 원자력위원회는, 그의 연구 결과가 외부로 유출되지 않도록 서둘러 조치했다. 미국 원자력위원회나 핸퍼드 책임자도 위탁 연구로 역학조사를 진행하고 있는 연구자에게 전화하여 관련된 어떤 정보도 유출해서는 안 된다고 명령했다. 그리고 난 후에 미국 원자력위원회는 밀햄의 조사 결과를 부정하기 위해 "핸퍼드 피폭노동자에게 방사선의 유해한 영향은 전혀 인정되지 않는다"는 보고를 급히 발표하도록 위탁 연구자에게 압력을 가했다.

미국 원자력위원회의 위탁을 받아 연구해온 연구자는 10년 가까운 세월에 걸쳐 미국 사회보장시스템, 즉 일종의 주민등록번호를 이용해 전국에 흩어진 노동자를 추적하는 방법을 고안해내고 데이터를 수집하던 중이었다. 당시 미완의 상태였던 연구에서는 밀햄과는 다른 결과가 나왔다. 하지만 연구자는 과학자의 양심을 걸고 아직 완성하지 않은

▲ T. 맨큐소 박사

연구 결과 발표에 대해 완강히 거부했다. 속이 끓은 미국 원자력위원회는 본부의 막스Sidney Marks에게 잠정 연구결과를 인용해 발표하고, 밀햄의 발견을 부정하는 추잡한 행동을 취했다. 급기야 미국 원자력위원회는 명령에 따르지 않은 연구자에게 연구비 지급 중단을 결정했다고 통보했다. 1975년 3월에 발생한 일이었다. 그 연구자가 바로 토마스 맨큐소Thomas. F. Mancuso였다.

맨큐소는 미국 원자력위원회의 압력에 굴복하지 않고 핸퍼드 피폭

---

59) 밀햄의 발표 내용은 현재 책으로 발간되어 있다. 당시에는 『Statement of Samuel Milham, M.D. Effect of Radiation on Human Health 1978』이라는 형식으로, 즉 1978년 미국 의회의 청문회에서 발언한 내용을 정리한 것이다.

노동자에 관한 10여 년에 걸친 조사결과를 정리해, 영국 스튜어트 등의 협력을 얻어 1976년에 발표했다.[60] 약 2만 8,000명을 대상으로 행한 조사에서 얻은 방사선 리스크는 ICRP 등이 제시했던 평가치의 약 10배였다. 미국 피폭노동자 데이터로 핵발전 반대파의 비판을 반격하려 했던 핵발전 추진파들의 의도는 아주 보기 좋게 빗나가 버렸을 뿐만 아니라, 거꾸로 반대파에게 유리한 비판 재료를 제공하는 꼴이 돼 버렸다. 핸퍼드 데이터는 핵폭탄 피해자의 데이터와 달리 피폭선량이 측정되어 있었다. 핸퍼드 데이터는 앞에서 언급한 (A), (B), (C)의 모든 내용을 측정한 것으로, 더할 나위 없는 장점을 지녔다.

절대적이었던 T65D 선량에 대한 재검토

미국 원자력위원회와 국방부 등 핵발전 추진파는 1974년부터 시작된 일련의 사건들로 인하여 자신들의 리스크 평가를 지탱하기 위한 새로운 데이터를 찾아야만 했다. 때마침 미국은 슐레진저 국방장관이 1974년에 발표한 '한정 핵전략 구상'[61] 아래, 실제 사용을 위한 신형 핵

---

60) T. F. Mancuso, A. Stewart and G. Kneale : Radiation exposure of Hanford workers dying from cancer and other causes. Health Physics 33 , 369-385 , 1977
61) 1974년, 당시 미국 국방장관이던 슐레진저(James Rodney Schlesinger)는 전면적 핵전쟁까지 발전하지 않는 침략행위(한정 핵공격)에 대해, '(상대의) 공격 규모에 따라서 핵으로 반격하겠다' 는 '슐레진저 독트린' 을 발표했다.

무기로서 중성자폭탄 개발에 착수했다. 중성자폭탄의 살상 능력을 파악하기 위해서 히로시마·나가사키의 데이터가 필요했기 때문에 히로시마·나가사키의 데이터를 재검토하는 연구도 시작했다. 이렇게 1974년, 1975년경에 중성자폭탄의 개발과 실전에서의 살상 능력을 추정하는 연구를 병행해서 진행했다.

중성자폭탄의 개발은 로스앨러모스국립연구소가 지하 핵실험과 컴퓨터의 계산으로 진행했고, 히로시마·나가사키의 데이터 재검토는 국방부에서 핵실험을 주관하는 '핵방위국'이 몇 개의 그룹에 연구를 위탁해 진행했다. 위탁 연구를 진행한 기관은 캘리포니아의 리서치 앤 디벨로프먼트 어소시에이트사社 등이었다. 양쪽의 연구는 물론 협력을 통해 진행됐다.

그 결과 1975년 가을 중대한 사실이 드러났다. 로스앨러모스에서 개발한 핵무기의 출력을 추정하는 컴퓨터 코드를 사용해 히로시마·나가사키의 핵폭발을 재연했을 때 핵폭탄의 방사선 특히 중성자의 방출 스펙트럼이, 종래 추정치와 크게 다르다는 내용이 밝혀졌다. 당시까지 핵폭탄 방사선의 추정치는 'T65D'[62]로 불린 것으로 1965년에 계산한 수치였다.

히로시마 핵폭탄의 방사선을 추정하려고 할 때 같은 형태의 핵폭탄을 사용한 실험을 할 수 없었기 때문에, 당시에는 핵반응로 등을 이용해 방사선의 스펙트럼을 계산해 왔다. 이에 대한 내용은 군사기밀로 상세하게 밝혀지지 않았고 선량치만이 공표되었을 뿐이었다. 이 수치는 앞의 식으로 말하면 (C)에 해당되며, 방사선 리스크 평가의 전제가 되는 중요한 데이터인 만큼 가능한 한 '과학적인' 데이터로 취급할 필요가 있었다. 이에 따라 T65D 추정을 진행한 미국 오크리지국립연구소는 ABCC를 통해 일본과학기술청 산하 방사선의학종합연구소의 협력을 얻어 일본이 '독자적'으로 조사한 결과도 미국의 결과와 일치해, 핵폭탄의 선량 데이터는 과학적인 평가에 따른 '정설'이라고 주장해 왔다.

이 때 관계했던 일본 과학자들은 미국의 군사기밀 유지를 전제로 했기 때문에 일체 언급할 수 없는 상태에서 핵폭탄의 방사선 문제를 '과

---

62) T65D = Tentative 1965 dose(1965년 잠정선량). 미국이 1945년 8월에 히로시마와 나가사키에 핵폭탄을 투하하면서 ABCC(원폭상해조사위원회)를 설립하고 핵폭탄의 실제 파괴력을 검증한 것은 이미 본서에서 서술한 대로이다. 조사 연구는 첫째, 피폭자 조사로서 방사선의 인체영향을 파악하는 것이었다. 현재까지 핵폭탄피폭자수명조사(Life Span Study)로 알려진 연구로서 히로시마와 나가사키 거주 피폭자 8만 명과 대조군을 비교하는 코호트 연구였다. 둘째는 첫째 조사를 진행하기 위한 방사선량 확정이었다. 방출된 방사선량은 사실상 방사선 연구에서 "가장 중요한 연구"라고 주장하면서 1956년 미국 국립 오크리지연구소의 존 옥시어(J. A. Auxier)가 극비 프로젝트의 책임을 맡았다. 옥시어의 선량측정연구와 함께 미국은, 네바다 핵실험장에서 핵폭탄실험을 하고 방사선량을 측정하는 두 가지를 병행했다. 이때는 일본에서 공수한 일본산 목재를 이용해 당시 일본가옥을 실험장 내부에 제작·설치하여 차폐효과도 검증하였다. 이를 "선량평가시스템 연구"라고 한다. 이렇게 해서 1957년 'T57D'라는 최초의 선량평가 추정방식을 발표했다. 이후 미국은 네바다 핵실험장에 높이 500미터의 타워를 설치해서 핵반응로를 매달아놓고 중성자선이나 감마선을 측정하기도 했다. 이렇게 해서 1965년 'T57D'를 개량한 'T65D'라는 선량을 확정했다. 한편 1974년부터 미국은 한정 핵전략 구상 아래 '중성자폭탄'을 개발하기 시작했는데, 이때 핵폭탄의 영향을 검증하는 과정에서 'T65D'의 선량 측정에 오류가 있다는 점을 발견했다. 'T65D'의 오류를 수정하여 새로 산출한 선량평가가 바로 'DS86'이다.

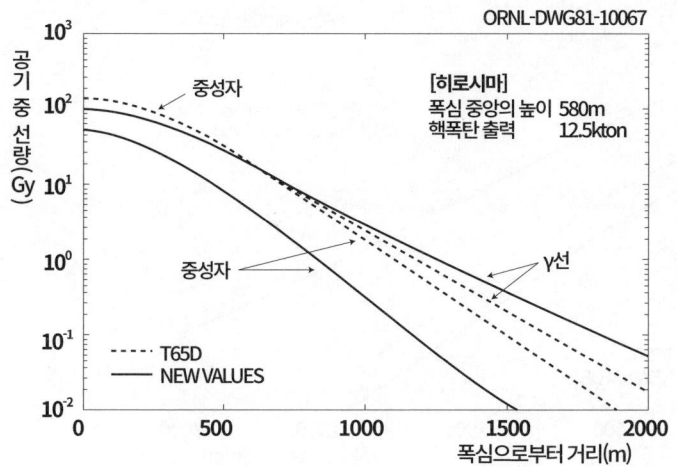
▲ ORNL이 추정한 히로시마의 공기 중 선량

학적'으로 검토했다는, 말하자면 '과학적 위장작업'의 한편을 맡은 것이다. 다만 그들은 결코 미국의 압력으로만 작업했다고 생각하지 않았다. 왜냐하면 그들은 핵폭탄의 비참한 결과를 조사하고, 결과 내용을 핵의 평화이용으로 살려내는 '정론'을 만들고 싶어 했고, 그들이나 방사선의학종합연구소도 방사선영향학회 등의 과학계나 원자력안전위원회, 방사선심의회 등등의 행정기구에서 '권위' 있는 지위를 얻을 수 있기 때문이었다. 과학적 위장 공작에 가담한 대가로 일본에서 핵발전 추진을 목적으로 하는 과학적 태세에 대한 좀더 세련된 명분을 갖출 수 있었다.

그로부터 10년 후인 1975년 미국과 일본이 함께 절대적으로 올바르다고 주장해온 T65D가 틀렸다는 사실을 알았을 때, 미국 국방부와 원자력위원회 고위 관료들은 하늘이 노래졌을 것이다. 영향이 다방면에 미칠 것이 분명했기 때문이다. 히로시마·나가사키에서의 방사선 리스

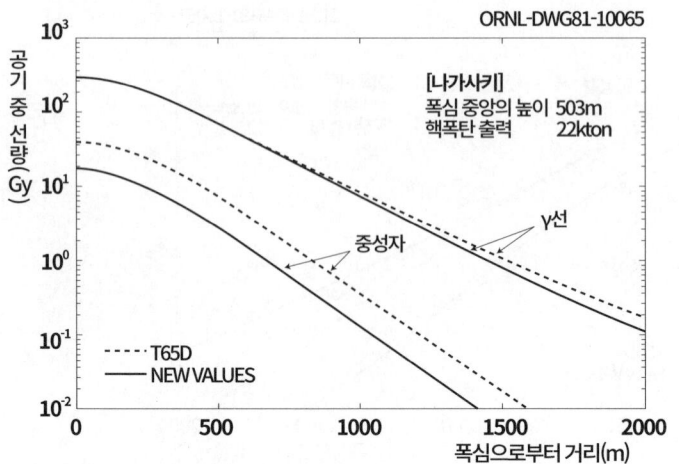

▲ ORNL이 추정한 나가사키의 공기 중 선량

크 평가는 물론, 이를 지탱해온 미국 핵무기 연구소의 관련 부문의 권위와 체제를 비롯해, NCRP, ICRP 등의 권고·보고 체제가 모두 크게 흔들릴 수밖에 없었다. 오랫동안 공들여 쌓아온 '거대한 구축물'이 기초부터 와해될 수도 있었다. 물론 군사기밀의 두터운 장막을 통해 소수의 관계자 외에는 아무도 몰랐던 발견을 비밀로 해 기존의 평가와 체제를 계속 유지하는 것도 생각할 수 있었다. 그러나 그럴 경우 또 다른 문제에 직면한다. 가장 중요한 것은 "실제 사용을 전제로 하는 중성자폭탄의 살상능력을 과연 올바르게 평가했는지"라는 의문이었다. 즉각적으로 이런 내용을 공론화시키지 않아도, 머지않아 소련과 유럽의 핵무장 국가에서 중성자폭탄이 개발될 경우, 중성자 방출 스펙트럼이나 과거 핵폭탄 방출 스펙트럼이 문제가 될 수 있고, 미국 데이터가 어떤 형태로든 공개될 우려도 부정할 수 없었을 것이다.

미국 국방부와 원자력위원회 수뇌부는 중대한 결단을 내려야 했다. 로스앨러모스국립연구소에서 얻은 새로운 데이터를 이전과 마찬가지로 특정 그룹에 전달해서 비밀리에 선량 재검토를 하더라도, 또 다시 유사한 잘못을 범할 위험성이 있었다. 그 때는 이미 회복 불가능한 피해를 각오해야 했다. 반대로 데이터를 공개함으로써 관련 과학자들 사이에 긴장 관계를 만들더라도 재검토를 정확하게 진행하는 방안도 생각했다. 이럴 경우 문제가 되는 것은 군사기밀을 유지한 채 데이터를 공표해야 한다는 것, 동시에 핵발전 추진 정책을 지탱하는 과학 연구 체제의 '거대한 구축물'을 온전히 유지한 채 내부를 약간 개조함으로써 선량 재검토의 실리를 획득해야 한다는 점이다. 취급과정상 이런 미묘한 차이가 있었다. 결과적으로 이들은 후자인 '공개'의 길을 선택하는 방법이 훨씬 이익이라고 판단했다.

군사기밀 누설의 고등전술

이들은 이런 판단에 따라 히로시마·나가사키의 핵폭탄 방사선 스펙트럼 데이터를 고의로 누설했으며, 이를 알게 된 과학자들의 '자정 작용'으로 선량 재검토와 리스크 문제를 차분하게 진정시키는 것이 가장 좋은 선택이라고 생각했다. 이럴 경우 '거대한 구축물' 자체도 손상 받지 않고, 리스크 문제도 해결할 수 있는 활로를 찾는다고 판단했다. 물론 이것은 맨큐소로 인해 궁지에 내몰린 상황에서 이루어진 선택이었다.

이런 의도의 첫 번째 작전이 1976년 로스앨러모스국립연구소의 프리그에 의한 히로시마·나가사키 스펙트럼 값의 '공개'였다. 프리그가 리서치 앤 디벨로프먼트 어소시에이트사의 놀즈C. P. Knowles에게 보낸 '개인 서신'이 꽤 많은 연구자에게 뿌려진 것이다. 말하자면 핵무기 방사선 스펙트럼 연구자가 방사선 영향 연구자에게 히로시마·나가사키 데이터에 대한 재검토 요청을 암호로 발신한 것이었다. 오크리지국립연구소와 로렌스리버모어국립연구소의 연구자를 비롯해, NCRP, BEIR 등 관계자들은 정부 기관의 수뇌부가 프리그의 개인 서신으로 전송한 신호가 무엇을 의미하는지 즉시 간파했다. 오크리지에서 핵폭탄 선량을 추정해 온 것은 옥셔John A. Auxier 그룹이었다. 그러나 옥셔는 T65D에 오류는 없다고 막무가내로 버텼기 때문에, 그의 부하인 커George Kerr가 1977년부터 T65D 재검토를 비밀리에 시작했다. 미국 국방부의 위탁을 받은 시카고의 사이언스 어플리케이션즈사社의 카울Dean Kaul 등도 유사한 재검토를 실시했다. 이들 연구의 당면한 목적은 히로시마·나가사키의 핵폭탄 선량과 리스크의 본격적인 검토 필요성을 판단하는 것이었다. 이들 연구 결과를 기초로, 커는 1978년 3월에 국방부에 본격적인 재검토가 필요하다고 답변했다.

핵폭탄 선량을 재검토하고, 방사선 리스크 평가도 재검토할 것 같다는 정보는 비밀리에 그러나 순식간에 관계자들 사이에 퍼졌다. 이런 파문은 NCRP와 BEIR에 가장 큰 충격을 주었다. 왜냐하면 ICRP와 BEIR는 모두 1977년 권고를 발표하려고 준비하고 있었는데, 리스크 문제와 관련해서는 맨큐소 등이 제기한 문제와 함께 그들이 고집해 왔던 ABCC 데이터의 기초인 핵폭탄 선량까지도 의심스러운 상황으로 변했기 때문이다. 그들은 맨큐소의 문제제기는 묵살하고, 선량 문제에 대해서도 함구령으로 대처했다. 그 결과 1977년 「BEIR-2보고」도 「ICRP 권고」도 리스크 평가에서는 구체적인 데이터를 하나도 제시하지 않았다. 아니 제시할 수가 없었다. 평가는 1978년 이후로 미뤄질 수밖에 없었다.

리스크 문제, 즉 방사선의 위험성 평가 문제는 1978년부터 1979년까지 다시 큰 사회문제로 대두됐다. 먼저 맨큐소의 발표가 파문을 야기하여 '건강에 미치는 방사선의 영향'이라는 주제의 미국 의회 청문회가 1978년 초에 개최됐다. 청문회에서는 미국 원자력위원회와 이를 추종하는 과학자들이 방사선의 위험성을 부정하기 위해 수단을 가리지 않고 악랄한 짓을 하고 있다는 사실이 밝혀져, 핵발전에 반대하는 사람은 물론 많은 사람들을 격분하게 했다.

또한 1979년 3월에는 미국 스리마일섬 핵발전소에서 노심이 녹아내려 대량의 방사능이 환경 속에 누출되는 중대사고가 발생했다. 핵발전과 방사능의 위험성에 대한 불안이 미국은 물론 전 세계에 단숨에 퍼졌다. 이로써 방사선 리스크 문제에 관한 논의도 새로운 국면을 맞이했다. 핵발전 추진파 과학자들은 1976년에 관계자들의 은밀한 연락에 따라 핵폭탄 선량의 재검토가 불가피하다는 것을 알았다. 하지만 리스크 문제에 착수하는 것은 불리하다고 보고 큰 흐름상 ICRP의 기존 입장을 유지하려고 했다. 맨큐소 문제가 표면화하고, 스리마일섬 핵발전소 사고가 일어난 후에는 더 더욱 그랬다. 그런데 NCRP와 BEIR에서 핵발전소의 경제성을 높이기 위한 피폭기준 도입에 주력해 온 사람들은 그런 나약한 모습을 허용하지 않았다. 추진파 내부에서 격한 대립이 생겼다. 대립은 위험 평가를 정리하는 「BEIR 1980년 보고서」 작성 과정에서 표면화됐다.

「BEIR-3 보고」를 둘러싼 논쟁

BEIR에서 이런 문제를 다루는 전문위원회는 방사선 리스크에 대해 ICRP와 마찬가지로 제대로 된 논의조차 없이 1977년 가을에 선량-영향관계에서 직선관계를 '모델'로서 채택했다. 전문위원회 위원장은 BEIR 위원장도 겸하고 있던 래더포드Edward. F. Radford였다. 원래 그는 미국 공군의 방사선 훈련 계획과 비키니 핵실험에 종사한 경력의 소유자로, 1970년부터 BEIR 위원을 맡고 있었다. 그는 그 동안 백혈병의 선량-영향관계 평가에서는 직선이 아니라 아래로 볼록한 곡선관계의 평가를 수용했지만, 이런 관계를 모든 암에 확대, 적용하는 것에는 신중했다. 래더포드로 대표되는 신중파의 견해에 따라, 일단은 「BEIR-3 보고」를 정리하고 1979년 5월에는 언론에 공표까지 했다.

그러나 리스크 평가에 '문턱선량'의 존재를 인정하게 하려는 로시 등의 강경파는 거칠게 반격에 나섰다. 로시는 이미 앞에서 말한 바와 같이 경제적·정치적 측면을 중시하면서 저선량 피폭의 위험성을 대수롭지 않게 다루는 NCRP와 BEIR 핵심부의 견해를 대표하고 있었다. 그는 「BEIR-3 보고」의 결론이 국가에너지정책과 의료 행위에 영향을 주기 때문에 '중대한 책임'이 있는데도 선량-영향관계에 직선 가설을 채택하고 방사선의 위험성을 과대평가하는 것은 어처구니없는 일이라고 주장했다. 물론 로시의 배후에는, NCRP 의장이 된 동지 싱클레어 등도 있었다. 그들은 일단 발표된 보고서에서 리스크 평가 부분을 삭제하고, 대신에

선량-영향관계는 암·백혈병 모두에서 아래로 볼록한 곡선관계라고 바꿔치기하고 말았다. 이리하여 「BEIR-3 보고」의 리스크 평가를 둘러싼 대립은 강경파의 승리로 끝났다.

래더포드는 BEIR 전문위원회 의장직을 사임하며 항의의 뜻을 표하기는 했지만 마음이 풀리지 않았다. 정세 변화도 선량 재검토가 의미하는 바도 이해하지 못하는 강경파에 화가 났기 때문이다. 그는 『사이언스』지의 마셜Elliot Marschall 기자에게 핵무기 연구소에서 핵폭탄 선량 재평가를 진행 중에 있다는 점을 넌지시 비쳤다. 이것은 기밀을 누설한 영웅적 행위라기보다, 만약 선량 재검토를 공개한다면 로시 등 강경파의 근거인 나가사키 백혈병의 선량-영향관계에서 나타난 사이비 문턱선량이 무너지리라는 것을 공공연하게 지적하여 BEIR에서 결코 패배하지 않으리라는 생각에 따른 것이었다. 온건파의 승리에만 몰두한 나머지 이런 문제가 내부적으로만 끝날 것으로 착각했던 것이다.

그런데 BEIR에서 로시 등 강경파들의 아슬아슬한 승리는 또 다른 반작용을 초래했다. 나가사키 백혈병 데이터에 문턱선량이 있다는 주장은, 히로시마의 백혈병 발생률이 나가사키보다도 높거나 직선관계를 나타낸 원인으로서 히로시마 핵폭탄의 특수성에 대한 강조로 이어질 수밖에 없었다. T65D는 '리틀보이'로 불렸던 히로시마의 원통형 우라늄 핵폭탄과 '팻맨'으로 불렸던 나가사키의 공 모양 형태의 플루토늄 핵폭탄의 구조상의 차이에 따라, 히로시마에서는 나가사키보다 중성자 선량이 높았다고 설명해 왔다. 로시 등은 히로시마에서 백혈병 발생률이 높은 이유는 오로지 중성자 피폭 때문이라고 주장했는데, 만일 그렇다면 중성자의 위험성을 재검토해야 한다는 결론에 도달하게 된다. 로시 등은 결론적으로는 중성자 피폭기준을 약 10분의 1로 끌어내려야 한다고 주장했다. 이럴 경우 핵무기 연구소 등과 같이 실제로 중성자에 피폭당하며 근무하는 작업자에게는 큰 문제가 될 수밖에 없었다. 기준을 변경할 것인지, 아니면 로시의 주장을 틀린 것으로 할지, 판단을 내려야만 했다.

중성자 피폭기준을 개정한다면, 로렌스리버모어의 핵무기 연구소는 큰 영향을 받는다. 래더포드와 로시의 격렬한 대립과 함께 「BEIR 보고」가 세상에 나온 1980년에 같은 연구소의 로위William Loewe 등이 핵폭탄 선량의 재검토에 착수했다. 미국의 핵무기 연구소에서 핵폭탄 선량을 다루는 곳은 오크리지연구소였고, 로위 팀의 연구는 말하자면 등에 칼을 꽂는 행위였지만, 로렌스리버모어연구소로서는 작은 일에 신경 쓸 형편이 아니었다.

로위 팀은 곧바로 잠정적인 결과에 도달했고, 보고는 피폭기준을 총괄하는 NCRP와 선량 재검토를 다루는 오크리지의 커에게 보내졌다. 로위 팀의 보고서 사본은 래더포드의 발언이 계기가 되어『사이언스』지의 마셜 기자 수중에 들어가게 되고, 1981년 5월, 선량 재검토 문제는 단번에 표면화되면서 또 다시 새로운 국면을 맞이한다. 사안의 공개는 미국 국방부와 원자력위원회가 이름을 바꾼 에너지부, 그리고 NCRP와 BEIR 수뇌들도 예상하지 못 했던 일로, 달갑지 않았다. 하지만 이것은 기자에 의한 폭로나, 영역을 무너뜨린 연구자의 공명심이 초래한 우연의 결과라기보다도, 핵발전 강행 추진파가 리스크 문제를 자기들에게 편리한 대로 억지로 밀어붙여서 초래된 필연적인 결과였다.

◀ DS86

미일합동워크숍에서 DS86[63] 확정

선량 재검토 문제가 공개된 이상, 한시라도 빨리 논의를 공개적인 형태로 진행하는 편이 낫다고 판단한 핵발전 추진파는 문제를 학계에서 논의하기로 결정했다. 1981년 '방사선연구학회'에서의 논의는 이런 과정의 시작이었다. 동시에 그들은 어디까지나 자신들의 주도로 선량 재검토를 실시하고 문제를 끝내기 위해 새로운 체제 구축에 들어갔다. 미

---

63) DS86 = Dosimetry System 1986(1986년 선량측정체계). DS86 발표 이후에 핵 찬성파 연구진들 내부에서 히로시마의 경우 특별히 1.5km 밖의 지역에서 중성자에 의한 방사성 물질의 측정값과 DS86에 의한 계산 값이 맞지 않는다는 문제가 제기되었다. 이를 위해 미일 양국 전문가가 2000년 12월에 모여 중성자 문제에 대한 논의를 집중적으로 검토하였다. 수차례의 논의를 거쳐 미일 양국의 전문가들은 2003년 3월 15일 DS86을 대체하는 'DS02'를 발표했다.

국과 일본에 각각 '선량재평가위원회'를 설치했고, 이들의 합동작업 위원회인 '미일합동워크숍'을 결성하여, 1983년 나가사키에서 첫 번째 워크숍을 개최하는 등 '공식적인' 논의를 시작했다.

하지만 이는 선량 재검토 문제의 새로운 '과학적 위장 공작'에 불과했다. 과학적 논의에 맡긴다면 데이터의 도출 과정부터 공표하고 군사기밀마저 밝혀야 했지만, 이렇게 하기보다는 일부 행정기관의 과학자들이 미일합동워크숍을 주최하고, 회의 자체는 비밀리에 진행하여 마치 정부 간의 외교 교섭처럼 보였다. 밀실, 즉 무대 뒤에서 뒷거래를 하는 교섭이었다.

미일합동워크숍의 성격은 중심인물만 보아도 잘 드러난다. 미국 측 상급위원회 위원장은 사이츠Frederick Seitz로, 그는 미국 원자력위원회가 발족했을 때 핵반응로 안전자문위원회 위원이었다. 또한 '수소폭탄의 아버지' 텔러Edward Teller 의장을 보좌한 후, 미국의 핵무기·핵발전 개발의 막강한 지지자로 일관했다. 워크숍을 총괄한 것은 NCRP 의장인 싱클레어였다. 그는 로렌스리버모어에서 진행된 로위의 연구를 공개하고 선량 재검토를 공식화하면서 종래의 리스크 평가가 과소평가 된 것으로 밝혀져 재검토를 피할 수 없었는데도, 재검토의 결과 "이전보다 방사선이 위험하지 않다는 결론이 날지도 모른다"라고 강변하는 인물이었다. 일본 측 상급위원회 위원장은 일본 원자력안전위원회 부위원장 다지마 에이조田島英三였고, 실무 책임자는 T65D의 과학적 위장 공작에 활약했던 하시즈메 마사시橋詰雅 방사선의학종합연구소 연구원이었다. 일본 과학자들은 앞서 T65D에 오류가 없다고 주장했던 사실에는 입을 다

물고, 오로지 새로운 일에 매진해 이번에도 "틀림없다"는 결론을 내리는 데 협력했다.

구성원의 면면들이 잘 보여주고 있는 것처럼, 행정기관 과학자들의 선량 재검토는 핵발전 추진에 알맞게 재평가를 주도하면서, 방사선 위험성 문제의 평가에서 계속하여 '권위'있는 지위를 유지하려 했다. 이렇게 해서 히로시마·나가사키의 새로운 피폭 선량값(핵폭탄 선량)을 1986년에 확정하고 "DS86"으로 불렀다.

선량 재검토 문제는 저선량 피폭의 위험성을 지적하는 핵발전 반대파와 이에 맞서는 추진파의 과학적·정치적 투쟁 속에서 만들어진 하나의 부산물이었다. 가장 큰 계기는 중성자폭탄의 개발이라기보다는, 맨큐소 등이 밝힌 핵발전소 노동자의 피폭 피해에 대한 정직한 평가였다. 중성자폭탄 개발이 핵폭탄 스펙트럼의 '공개'로 이어진 것은 사실이지만, '공개' 자체는 난처한 입장에 몰린 추진파들의 어쩔 수 없는 선택이었다. 맨큐소 문제를 시작으로 저선량 피폭의 위험성이 새롭게 드러나면서 기존 주장의 모순이 표면화되었기 때문이었다. 원래 'T65D'의 추정을 비롯해 방사선 리스크 평가를 백일하에 공개했다면, 중성자폭탄의 개발 등이 없더라도 핵폭탄 선량 추정의 오류는 해명할 수 있었을 것이다. 가장 부족했던 것은 방사선 피해의 실태를 있는 그대로 리스크 평가에 반영하는 기본자세이다. 아울러 이런 사실에 기초한 평가를 통해 필연적으로 미국의 피폭 피해와 일본의 '히바쿠샤'(피폭자) 피해를 비교하여 서로 맞추어야 했다.

이런 본질이 잘 보이지 않게 된 것은 첫째, 미국이 '히바쿠샤' 문제를 경시했기 때문이다. 둘째, 핵발전 추진파의 반복된 각종 위장 공작 앞에 비판적 관점이 현혹된 탓이다. 본질적으로 선량 재검토 문제는 리스크 재검토 문제로 이어진다. 체르노빌 핵발전소 사고가 끼친 영향을 검토하면서 다시 이 문제를 살펴보자.

10. 체르노빌 사고와 ICRP의 새 권고

미국은 1986년 히로시마와 나가사키 핵폭탄 방사선량을 확실하게 결정하고 1987년 7월에 구체적인 내용을 공표했다. 핵폭탄 선량의 수정은 방사선의 위험성에 대한 기존 '공식 견해'를 크게 뒤흔들었다. 방사선 리스크의 과소평가가 밝혀졌기 때문이다. ICRP와 핵개발 추진파는 조직 내부에서 불거져 나온 사태를 계기로, 그동안 완강하게 거부했던 리스크 재평가를 문제 삼을 수밖에 없었다.

그런데 바로 이 때를 맞추기라도 한 듯, 소련 체르노빌에서 역사상 최대의 핵발전 중대사고가 일어나, 지구적 규모의 방사능 오염이 발생했다. 세계적으로 핵발전 반대운동이 고양됐고, 전 세계 사람들은 방사선의 위험성을 다시 한 번 깊이 인식하였다. ICRP와 핵추진파들에게는 설상가상이었다. 그들은 서로 관련된 두 문제, 즉 리스크 재평가와 체르노빌 피해 문제를 어떻게 대처하면서 난국을 돌파하려 했을까?

ICRP는 1990년 11월, 13년 만에 주요 권고를 개정했다. 각 신문은 "피폭선량 기준 대폭 인하"로 보도했다. 과연 그럴까? 새로운 권고의 숨은 의도는 무엇이었을까? 개정에 이르기까지 핵추진 국가들은 어떻게 대응했을까? '대폭 인하'에 숨겨진 계략을 밝혀보자.

「ICRP 권고」 개정의 배경

1986년 히로시마와 나가사키 핵폭탄에서 방출된 중성자와 감마선 선량 추정 값에 오류가 있었음이 드러났다. 이에 따라 피폭자가 쪼인 실제 방사선량은 기존 조사보다 훨씬 적은 것으로 밝혀졌다.

이미 보았듯이, 히로시마 핵폭탄의 중성자선 스펙트럼을 대폭 수정한 것에 이어, 핵폭탄 투하 당시 습도와 일본 가옥의 방사선 차폐 효과 추정 역시 상당한 오류가 있었다. 그 결과, 히로시마 핵폭탄 투하 지점에서 2킬로미터 떨어진 가옥의 피폭선량은, 감마선의 경우 거의 변하지 않았으나, 중성자선은 10분의 1 이하로 떨어졌다. 나가사키에서는 동일한 상황에서 중성자선이 거의 변하지 않는 반면, 감마선은 3분의 1로 감소했다.

결국 ICRP 등이 공식적으로 인정했던, 방사선 피폭으로 인한 암과 백혈병 사망 리스크 추정치는 과소평가되었음이 드러났다. 핵폭탄 선량 재검토만으로도 방사선 리스크는 기존의 두 배임이 드러났다.

피폭자들의 암과 백혈병에 관한 추가 조사를 통해, 피폭 후 40년 이상이 지나도 질병 발생이 감소하지 않을 뿐만 아니라 오히려 증가한다는 사실이 밝혀졌다. 방사선에 민감한 유년기에 피폭된 사람들이 장·노년기에 들어서자 그 동안 '잠복'했던 암에 시달리기 시작했다. 피폭자의 암 발생은 1970년대 말부터 나타나기 시작했지만, 특히 1980년대 중반부터는 매우 현저해지면서 핵추진파도 부정할 수 없었다. 피폭자의 암과 백혈병 급증은 핵폭탄 선량 재평가 값을 공표한 1987년에 겨우 드러났다. ABCC에서 명칭을 바꾼 '방사선영향연구소Radiation Effects Research

Foundation(RERF)'⁽⁶⁴⁾가 실태를 공표한 것은, 더 이상 부정할 수 없을 만큼, 암과 백혈병 환자가 두드러지게 증가했기 때문이었다.

선량 재검토와 암과 백혈병 급증에 따라 두 가지 내용이 분명해졌다. 첫 번째로, 기존 방사선 리스크는 지나치게 과소평가 되었다는 점, 두 번째로, 방사선의 선량-영향관계가 기존 견해와는 완전히 달라 소위 문턱선량의 존재로 이어지는 '직선-곡선'관계가 아니라, 선량에 비례하는 직선관계라는 점이다.

첫째, 리스크 과소평가는, 핵폭탄 선량 재검토를 통해 암과 백혈병 사망자 급증에 대해 다음과 같이 이해할 수 있다. 피폭 후 40년 이상 지난 1980년대 중반에 비로소 사망률이 정점을 맞이했다. 이후 감소를 예상했지만 암 사망 리스크는 평생 동안 장기간 지속된다는 점을 감안하면, ICRP의 리스크 평가는 약 10배 이상 수정되어야 한다. ICRP를 비롯한 핵추진파의 기존 리스크 평가는 방사선으로 인한 암·백혈병 사망 위험성을 최소 10배는 과소평가 한 셈이었다.

대대적인 리스크 재검토를 요구하는 전문가들의 목소리는 세계적으로 높아졌다. ICRP를 강하게 비판하는 과학자들은 핵폭탄 피폭자의

---

64) 공익재단법인 방사선영향연구소(방영연). 방사선의 의학적 영향과 피폭자의 건강조사 및 피폭의 병리적 조사·연구를 하는 연구기관으로, 미일 양국 정부가 공동으로 관리·운영하는 재단법인으로 1975년 4월 1일에 발족. 원폭상해조사위원회(ABCC)와 일본 후생성 국립예방위생연구소 핵폭탄영향연구소를 재편해 만들어졌다.

방사선 리스크를 다음과 같이 평가했다. 1만 명·렘(100명·시버트)당 암·백혈병 연간 사망자 수에 대해, 존 고프만이 40명, 루디 누스바움Rudy Nusbaum[65]이 25명, 로잘리 버텔이 10명 등, 대략 40명에서 10명 사이가 통일된 견해다. 엘리스 스튜어트, 토마스 맨큐소 등도 마찬가지다. 아울러 ICRP 등 기존의 공식적 리스크 평가는 적어도 10배 이상 높아져야 한다는 점에 대해선 이들 뿐만 아니라 여타의 많은 과학자들 사이에서도 견해가 일치한다.

    ICRP 등이 리스크를 10분의 1 이하로 과소평가 했다는 견해는, 앞에서 언급한 것처럼 미국의 핵 관련 노동자를 대상으로 맨큐소 등이 계산한 리스크 평가와도 맞다. 즉, 미국 핵 관련 시설 노동자를 대상으로 한 리스크 평가는 핵추진파의 주장처럼 핵폭탄 피해자보다 10배 이상 높아 신뢰할 수 없는 것이 아니라, 거꾸로 10배 이상 높아진 리스크 평가와 잘 일치했던 것이다.

---

65) 누스바움은 핵 방사선 및 핵 고체 물리학(Mössbauer effect)에 대한 수년 간의 연구와 출판 후 저선량의 전리 방사선의 건강 영향에 대한 기존 연구를 검토하고 비판하는 데 중점을 두고 활동했다. 그는 노동자들과 특별히 일반인들에게 피폭의 '안전성'을 규정하는 공식적인 방사선 방호 기준의 적절성에 관심이 많았다. 이런 점 때문에 저선량 방사선으로 인한 건강 영향을 논의하는 국제회의에서는 대표적인 초청연사였다. 누스바움은 여러 연구자와 함께 히로시마·나가사키 생존자들의 '저선량으로 인한 암 발병 위험'을 분석했으며 단위 피폭당 200mGy 미만에서 공식적으로 인정했던 수준보다 훨씬 더 위험하다고 추정했다. 또한 핸포드(WA) 핵시설에서 엄청난 방사성 물질이 누출됐을 때, 군인들에게 어떤 건강영향이 발생할 것인가에 대한 연구도 주도적으로 수행했다.

ICRP 권고에서 피폭선량 한도의 변화

(1렘=10밀리시버트로 환산 가능)

년	방사선 작업자 (렘/년)	일반 (렘/년)	선량한도 개념	선량제한의 일반원칙
1928	(하루 7시간 주 5일 노동)	—	—	제한 노동시간 이내
1934	50(1렘/주) = 500밀리시버트	—	내용(耐容)선량	내용선량보다 낮게
1950	15(0.3렘/주) = 150밀리시버트	—	허용선량	가능한 최저수준까지 (to the lowest possible level)
1958	5 =50mSv	0.5 =5mSv	허용선량	실행 가능한 한 낮게 (as low as practicable : ALAP)
1965	5 =50mSv	0.5 =5mSv	노동자: 허용선량 일반인: 선량당량 한도	용이하게 달성할 수 있는 한 낮게 (as low as readily achievable : ALARA)
1977	5 =50mSv	0.5 =5mSv	선량당량 한도	합리적으로 달성할 수 있는 한 낮게 (as low as reasonably achievable : ALARA)
1985 (파리성명)	언급 없음	0.1 =1mSv	선량당량 한도	합리적으로 달성할 수 있는 한 낮게 (as low as reasonably achievable : ALARA)
1990	5 내지 10/5년 =50mSv 내지 100mSv/5년	0.1 =1mSv	선량당량 한도	합리적으로 달성할 수 있는 한 낮게 (as low as reasonably achievable : ALARA)

둘째, 선량-영향관계에 대해, 앞에서 언급한 것처럼 핵추진파 연구자들은 나가사키의 백혈병 데이터를 유일한 근거로 1시버트 이하의 피폭이라면 암과 백혈병은 발생하지 않는다고 주장했다.[66] 즉 선량-영향관계에 문턱선량이 있다는 금과옥조를 만들어냈다. 나가사키보다도 높

---

66) 현재, ICRP를 비롯하여 일반적으로 인정하는 저선량의 기준은 당시 본문과는 달리 100밀리시버트이다.

은 확률로, 그것도 직선적 선량-영향관계를 나타낸 히로시마의 백혈병에 대해선, 중성자 선량이 높았기 때문이라고 주장해 왔다. 그러나 히로시마 핵폭탄의 중성자 선량을 한 자릿수 내려야 하는 상황이 되자, 두 곳의 '선량-영향' 관계는 별 차이가 없어지고 말았다. 문턱선량 실재론이라는 금과옥조의 토대가 무너져 최대의 역학적 근거를 상실해 버렸다. 문턱선량 실재론이 무너지고 리스크 선량도 대폭 올려야 하는 상황에 내몰린 것이다.

방사선영향연구소와 핵추진파 연구자들은, 수정 폭을 될수록 줄이려고 노력했다. 우선 1989년 10월 히로시마에서 개최된 제9회 '핵전쟁방지의사회IPPNW(반핵의사회)' 세계회의에서 방사선영향연구소는 주도권을 잡기 위해 온 힘을 다했다. 그들은 기존 리스크 평가를 대대적으로 수정해야 하는 상황에 대해선 한 마디도 언급하지 않았다. 오히려 나가사키 백혈병 데이터에 문턱선량이 존재한다는 낡아빠진 주장을 포기하지 않았다.

그러나 기존의 ICRP 리스크 평가가 무엇이든 간에 재검토가 필요하다는 견해는 핵추진파 연구자라 해도 더 이상 부정하기 어려웠다.

신권고로 이어진 파리 성명

이런 상황에서 ICRP는 리스크 재검토와 피폭선량 인하 문제에 어떻게 대처했을까? 그리고 전면적으로 개정한 신권고에서 어떤 식으로 매듭지었을까?

핵폭탄 선량 수정을 비밀리에 진행하는 가운데, ICRP 지도부는 사실을 알면서도 리스크 재검토가 필요없다는 입장을 고수했다. 그러나 선량 수정 내용의 대강을 파악한 1985년쯤부터 약간의 리스크 재검토는 피할 수 없다고 판단하고, 가능한 한 자신들에게 유리한 포석을 깔기 시작했다. 교묘하게 일반인에 대한 연간 피폭선량 한도를 수정한 것이다.

1985년 파리 회의에서 ICRP는 일반인 선량의 "주된 한도는 연간 1밀리시버트"라고 발표했다. 핵추진파는 ICRP 방사선 방호기준이 피폭을 더 줄이려는 정신에 따른 안전한 수치임을 강력하게 주장했다. 표면적으로는 일반인의 선량한도가 연간 5밀리시버트에서 1밀리시버트로, 5분의 1로 낮춰진 것처럼 보인다. 그러나 실제로 일반인의 피폭량이 얼마나 낮춰졌는지에 대해서는 현실 자체를 보고 구체적으로 판단해야만 한다. 이럴 때만이 ICRP가 어떤 목적으로 리스크 수정에 대응하고, 피폭 저감 대책을 얼마나 성실하게 수행했는지를 생생하게 가늠할 수 있기 때문이다. 따라서 1985년의 파리 성명을 통한 일반인 선량한도 '인하' 문제에 대해선 더 자세한 검토가 필요하다.

ICRP는 1977년 권고에서 일반인에게 '적용'하는 1인당 평균 리스크는 교통사고로 인한 리스크 수준으로, 연간 10만~100만 명 중 1명이라고 제멋대로 결정했다. 일단 이런 결정이나 ICRP가 금과옥조로 삼는 방사선 리스크 평가에 기초하여 모든 대중에게 연간 5밀리시버트의 선량한도를 적용해보면, 평균 리스크는 연간 10만 명당 5명으로, 자신들이 임의로 결정한 인정acceptance 리스크마저 웃도는 결과가 나와 버린다. 이런 모순을 호도하기 위해 ICRP는 실제 피폭량에 대해선 한도의 10분의 1인 연간 0.5밀리시버트를 적용하여 인정 리스크를 밑돌게 만들고,

일반인의 선량한도는 5밀리시버트면 충분하다고 주장했다.

　이런 모순된 내용이 1977년 권고에 그대로 남아 있었기 때문에, ICRP는 1985년의 파리 성명에서 수정하려 했다. 자신들이 제멋대로 결정한 인정 리스크를 만족시키기 위해서는 연간 1밀리시버트로 하는 방법 외에는 없다. 그렇지만 어떤 상황에서든 자신들의 이익만은 챙기기 위해 ICRP는 단 한 번의 변경으로 세 가지 효과를 얻으려고 획책했다. 이런 수작을 아직은 많은 사람들이 알아차리지 못한 상태였다. 신권고에도 이런 내용이 포함되어 있기 때문에 독자들은 '선량 인하'에 담긴 ICRP의 교묘한 술책을 제대로 판단해야만 한다.

　스리마일섬 사고 이후, 미국을 비롯해 각국의 핵발전 추진세력은 암초에 걸린 상황이었다. 사태를 타개하기 위해서는 경제성 원칙을 전면적으로 내건 1977년 권고의 신속한 도입 외에는 방법이 없다고 생각했지만, ICRP에 위원을 파견한 주요국에선 거의 불가능했다. 최대 장애물은 물론 각국의 핵발전소 반대운동을 중심으로 하는 ICRP 비판 세력이었다. ICRP 1977년 권고가 피폭기준을 개선하지 않았다고 주장하는 비판세력을 분열시키고 도입 합의를 얻어내기 위해서는, 각국 정부에 새로운 근거를 제공해야 했다. 일반인의 피폭선량 한도 '인하'를 강조한 선전문구는, 신중한 태도를 보인 여러 국가에 ICRP 권고 도입을 유도하는 데 일정한 효과를 발휘했다. 사실 파리 성명이 발표된 후, 1~2년 이내에 유럽 국가, 일본, 미국 등이 계속해서 ICRP 권고 도입을 단행했다. 말하자면 '선량 인하'라는 수단으로 본질을 희석시켜, 「ICRP 1977년 권고」 도입을 촉진하는 것이 1985년 파리 성명의 첫 번째 의도였다.

핵추진 국가들이 일제히 ICRP의 1977년 권고를 도입하는 방향으로 선회한 것은, 역시나 체르노빌 사고의 영향이 컸다. 체르노빌 사고로 실제 방사능 오염이 발생했고, 꽤 많은 사람들이 ICRP가 정한 일반인 선량 한도 기준인 연간 5밀리시버트에 피폭했다. 이것과 파리 성명의 1밀리시버트 인하는 분명하게 모순된다. 사태가 어떤 양상으로 진행되었는지를 추적하다 보면, 리스크 재검토와 피폭선량 인하 문제에 대한 ICRP의 기본적 태도를 분석할 수가 있다.

노동자의 경우 피폭선량 한도란, 실제 피폭하는 상한값이다. 누구든 이 점을 잘 알고 있다. 그러나 아무리 핵발전 추진 강경파라고 해도 일반인에 대해서까지 선량한도만큼 방사선을 쪼여도 괜찮다고 말을 할 수가 없었다. 반대로 "합리적으로 달성 가능한 수준에서 낮게"라는 ICRP의 1977년 권고의 '알라라ALARA' 원칙을 적용한다면, 핵발전소 주변 지역조차 일반인의 피폭기준 선량은 연간 0.05밀리시버트 이하에 머문다고 선전하였다. 핵발전 추진세력에 대한 지지를 얻는 과정으로 최대한 이용한 것이다.

하지만 1980년대 중반에는 영국 세라필드 핵재처리 공장 주변 등에서 소아 백혈병이 급증했다. 중대사고가 발생하지 않더라도 방사능 오염으로 인한 피해가 현실화하는 시대로 접어들었다. 방사선 피폭이 하나의 큰 사회문제로 떠오른 것이다. 핵추진파들은 방사선 피폭에 대한 불안을 무마하기 위해서 핵발전소 반대파들이 요구해온 피폭선량 한도 인하를 고려해야만 하는 상황이었다.

또 한쪽에서 그들은 핵발전과 핵연료순환주기를 추진하는 한, 일반인에게 방사능 오염이 불가피하다는 점을 인정하지 않을 수 없었다. 즉, ICRP가 정한 일반인의 피폭선량 상한치인 5밀리시버트 피폭을 어떻게 정당화할지 몰두해야 했다.

그래서 ICRP 파리 성명은 겉으로는 "일반인에 대한 주된 피폭선량 한도는 1밀리시버트"라고 공표하여 마치 실질적인 선량한도 인하 조치인 것처럼 꾸미면서, "1년에 5밀리시버트라는 보조선량한도를 몇 년에 걸쳐 적용할 수 있다"라고 주장하면서 사실상 1밀리시버트 피폭선량 한도를 무력화했다.

일반인의 피폭선량을 실제로 올리고자 했던 ICRP의 의도는 파리 성명이 나온 1년 후에 일어난 체르노빌 핵발전소 사고를 계기로, 꼭 실행에 옮겨야 할 구체적 과제가 되었다. 현실에서 벌어진 사태를 토대로 이 문제를 더 깊이 살펴보자.

체르노빌 핵발전소 사고와 일반인의 피폭한도

체르노빌 핵발전소 사고의 피해 규모는 구 소련 우크라이나 공화국과 벨라루시 공화국 등 핵발전소에서 30km 구역에 한정되지 않았으며, 약 100~300km나 떨어진 지역의 주민들도 잇따라 피난해야 했다. 사고 후 3, 4년 이상이 지난 후에도 10만~100만 명 규모의 주민이 피난해야 할 만큼 오염지역의 높은 피폭선량을 확인하기도 했다. 피난 여부의 기준은 피폭선량 350밀리시버트였다. 평생을 70년으로 계산한다면, 연간 피폭량은 5밀리시버트이다. 즉 연간 5밀리시버트의 피폭이 수년도 아닌 평생 동안 이어지는 셈이다.

350밀리시버트라는 기준은 세계보건기구WHO 등 국제기구도 동의한 수치라고 했다. 이런 조치들을 포함해 구 소련의 방사선방호국가위원회 등이 내린 결정을 국제원자력기구IAEA나 ICRP 등은 전면적으로 지지했다. IAEA는 사고로부터 3년이 지나 주민 피난 실태의 윤곽이 나온 1989년 5월에 세계 주요 국가 방사선 방호 문제 전문가 약 100명을 모아 비밀리에 회의를 가졌다. UN과학위원회 회의를 명목으로 비공식으로 열린 이 회의에서 ICRP를 비롯한 핵발전소 추진파의 방사선 방호 문제 담당자들은 "체르노빌 사고 후에 구 소련 당국이 방사선 방호에 대해 내린 결정은, 현재 국제적인 방사선 방호 대책과 전체적으로 일치한다"라고 말했다. 이것은 체르노빌 사고 후 구 소련의 조치를 승인하는 동시에, 향후 새로운 핵발전소 중대사고가 발생하는 경우에도 동일한 조치를 국제적으로 승인하겠다는 의미였다.

사실 구 소련 외에도 일반인의 연간 피폭선량 한도를 1밀리시버트가 초과하는 경우에도 정당화한 사례가 있다. 예를 들어 ICRP를 주도해 온 주요국 중 하나인 스웨덴이 그렇다. 체르노빌 사고로 방사능에 심각하게 오염되자, 스웨덴의 국립방사선방호연구소는 방사성 세슘으로 오

---

67) 이 조항과 관련된 파리 성명 전문 자체를 직역하면 다음과 같다. "위원회의 현재 견해는 기본 한도는 1년당 1밀리시버트라는 점이다. 그러나 생애에 걸쳐 평균 연간 유효선량당량이 1년당 1밀리시버트라는 기본한도를 초과하지 않는 조건에서 몇 년간 1년에 5mSv라는 보조선량한도(a subsidiary dose limit)를 이용할 수 있다."

염된 식료품에서 "연간 5밀리시버트를 넘지 않고, 평균해서 연간 1밀리시버트를 넘지 않을 것"[67]을 주요 내용으로 한 피폭선량 목표치를 1987년에 결정했던 것이다.

체르노빌 사고를 계기로 핵발전소 중대사고가 실제로 발생할 경우 선량한도인 연간 1밀리시버트 기준을 적용하지 않게 되었다. 동시에 ICRP 파리 성명의 "일반인 연간 피폭한도 1밀리시버트"도 각국에서 피폭선량을 실질적으로 인하하는 데 전혀 기여하지 않았다.

게다가 연간 1밀리시버트를 넘는 피폭은 '체르노빌 사고'와 같이 비상시에만 국한하지 않고, 핵발전소의 일상적 운영 시에도 허용한다는 점을 지적해야 한다. ICRP는 1977년 권고에서 다음과 같이 명기했다. 핵발전소 등의 핵시설에 알라라ALARA 원칙을 적용한 결과, 복수의 시설에서 "복합 피폭이 연간 1밀리시버트를 넘어도 정당화될 수 있다"는 것이다. 즉, 일반인 피폭선량의 경우에도, 연간 1밀리시버트 한도를 지키기보다 경제성 원리 추구를 더 우선해야 한다고 ICRP는 주장한다.

앞에서 언급한 스웨덴 국립방사선방호연구소가 정한 방사선 오염식품으로 인한 피폭의 한도 값도 알라라ALARA 원칙을 적용한 결과였다. 스웨덴을 포함한 북유럽 3개국은, 방사성 세슘 오염식품으로 인한 피폭량이 "50년 간 50밀리시버트를 넘지 않도록 대책을 마련해야겠지만, 50밀리시버트의 피폭을 피하기 위해 대규모 사회·경제적 변화를 초래하는 것은 정당화될 수 없다"라고 했다. 북유럽 3개국은 ICRP권고의 경제성 원리를 근거로 국민의 피폭이 최소화하는 정책을 포기하고, 방사능 오염식품에 함유된 세슘만 하더라도 연간 1밀리시버트 피폭을 인정했다.

이것은 ICRP 권고를 피폭 방호 대책의 근거로 삼는 국가에서 공통적으로 나타나는 태도이다. 일본 후생성은 수입 식품 중의 방사능 농도 '잠정치'를 세슘에 대해선 식품 1kg당 연간 370베크렐 이하로 정했다.[68] 이것은 아기와 어린아이들을 비롯해서 국민 모두가 수입식품만으로도 연간 1밀리시버트까지 피폭해도 좋다는 일본 정부의 판단이다. 게다가 지금까지 언급해온 피폭선량(1mSv, 5mSv)은 '유효선량당량' 방식이라서, 예를 들어 스트론튬90 등은 거의 무시한다. 따라서 ICRP 1977년 권고 1밀리시버트와 5밀리시버트로 수치는 같지만, 실질적으로는 이것보다 훨씬 더 큰 피폭을 의미한다.

ICRP 파리 성명의 의도나, 체르노빌 사고 이후 핵발전 추진파의 국제기구들이 경제성 원리를 우선한 결과, 일반인의 피폭량이 실질적으로 증가해도 정당하다는 관점이 세계적으로 자리를 잡게 됐다. 구체적으로는 '유효선량당량' 방식을 세계적으로 도입하였다. 파리 성명의 숨은 의도, 또 ICRP와 IAEA의 체르노빌 사고 이후 동향의 배경에는 이런 음모

---

68) 일본의 경우, 후쿠시마 제1핵발전소 사고 이후 2011년 3월에 식품위생법 규정에 따른 식품 중 방사성물질 잠정 규제치를 '야채류/곡류/고기·계란·생선·기타' 500베크렐/kg, '우유·유제품' 200베크렐/kg, '음료수' 200베크렐/kg로 설정했고, 2012년 4월 1일 새로운 기준으로 일반 식품 100베크렐/kg, 유아용 식품은 50베크렐/kg, 우유 50베크렐/kg, 음료수는 10베크렐/kg을 설정·시행했다(일본 후생노동성 의약식품국 식품안전부 자료 참고).

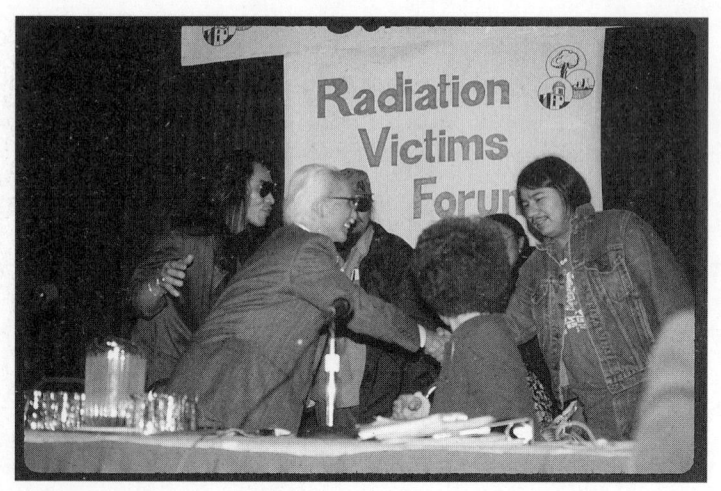

▲ 제1회 세계핵피해자 대회

가 숨겨져 있었다.

신권고 발표까지의 경과

　이상의 내용을 이해한다면, ICRP 신권고의 기본 전략도 파악할 수 있다. 즉, 가능한 한 본격적인 리스크 재검토와 실질적인 피폭선량의 대폭적인 인하는 피하고, 속임수로 약간 수정하여 자신들에 대한 예봉을 무디게 하겠다는 의도였다. 이제부터는 ICRP 신권고 결정 과정을 살펴보면서 앞에서 확인한 내용들을 더 자세하게 분석하고자 한다.

　ICRP는 1987년 이탈리아 코모에서 중요한 회의를 개최한다. 1977년 권고의 전면적 개정을 위한 사실상의 첫 모임이었다. 하지만 코모 회의에서 ICRP는 역사상 처음으로 전면적인 외부비판에 직면했다. 영국 환경단체 '지구의 벗'과 서독의 '녹색당' 등을 중심으로 모인 유럽의 과학자들, '제1회 세계 핵피해자 대회'에 참여한 과학자 등 약 1,000여 명이 서명한 리스크 재검토 요구서가 ICRP에 제출되었다. 또한 영국의 엘리스 스튜어트가 독자적으로 공개 질의서를 제출해 ICRP에 리스크의 대폭적인 재검토를 요구했다. 과학자들은 이런 요구를 통해 체르노빌 사고 이후, 특히 유럽에서 높아진 방사능에 대한 불안을 드러내면서, 과학적 근거를 잃은 ICRP의 견해를 비판했다.

ICRP는 코모 회의에서 리스크 재검토에 대한 '성명서'를 발표했다. 우선 1977년 권고를 축으로 한 ICRP의 기본 권고 개정 작업이 진행 중이라는 점, 선량한도 수치를 포함한 선량제한 내용 전체에 대한 재검토와 재평가가 진행 중이고, 아울러 이런 작업을 1990년까지 마무리하겠다는 것이다. 물론 성명은 대대적인 리스크 재검토를 요구하는 많은 사람들의 기대에 그다지 부응하지 못했다.

ICRP는 성명에서 향후 리스크 재검토 문제에 관한 기본적인 방향을 다음과 같이 시사했다. 핵폭탄 선량 수정과 피폭자들에게 최근 증가하는 암 발생을 고려하더라도, "리스크 추정치는 전체적으로 2배 정도 높아지는" 것에 불과하다. 더군다나 핵폭탄 피폭자 데이터를 이용한 리스크 평가는 어린 사람들의 피폭을 포함하기 때문에, "직업상의 피폭선량 한도를 변경해야 할 충분한 이유라고는 생각하지 않는다"고 억지주장을 하면서, 피폭노동에 종사하는 연령층의 리스크는 2배에 불과하여 대폭적인 재검토 의향은 전혀 없다고 표명한 것이다.

일반인 피폭 한도도 이미 1985년에 '주요 한도를 1밀리시버트로 인하했기' 때문에 추가로 인하할 필요는 없다고 강하게 주장했다.

요컨대 ICRP는 코모 성명을 통해 암에 대한 "광범위한 리스크 재검토를 진행하고 있다"고 얼핏 기대하게 만들면서, 비판의 화살을 가능한 한 피하고 소폭 수정을 통해 대충 얼버무리는 내용으로 국제적 합의를 얻고자 했다.

코모 성명 이후, ICRP의 주요 위원들은 권고 개정의 기본 합의를 이루기 위해 적극적인 사전교섭을 시행했다. ICRP 부위원장이자 스웨덴 국립방사선방호위원회의 린델B. Lindell은 미국의 방사선방호위원회 NCRP가 1987년에 개최한 심포지엄에서 향후 ICRP 논의 방향을 다음과 같이 표명했다. 그는 ICRP가 안고 있는 수많은 과제를 제시하면서, 성급한 대응보다도 "더 신뢰할 수 있는 방법은 3, 4년 정도 현재의 권고를 연장하는 것"이라며, 리스크 재검토를 부정하는 애드벌룬을 띄웠다. 최대 문제였던 피폭기준에 관해서는 선량한도와 알라라ALARA 원칙이 더 한층 중요하다면서 경제성 원리 강화를 중시했다.

물론 당시 ICRP가 내부적으로 완전한 의견 일치를 본 것은 아니었다. 고참 위원 중 한 사람인 미국의 모건K. Z. Morgan[69]은 과거와는 입장이 크게 달라져 리스크를 재검토하자는 입장이었다. 회원국들의 상호 견해 차이는 더욱 컸다. 영국은 리스크 소폭 수정을 먼저 단행하자는 견해였다.

영국에서는 세라필드 핵재처리 공장을 비롯한 국내 핵시설에서 방출된 방사능 피해가 1980년 중반부터 두드러지기 시작했다. 더군다나 체르노빌 사고의 영향을 받아 문제가 더욱 커졌다. 체르노빌 사고로 인한 방사선 피해뿐만 아니라 자국에서 발생한 방사능으로도 전국적인 오

▲ K. Z. 모건 박사

69) 칼 모건(Karl Ziegler Morgan, 1907~1999)은 방사선 보건 물리학의 창시자 중 한 사람이다. 1934년 맨해튼 계획에 참여했고, 오크리지국립연구소의 핵심연구원으로 1972년 퇴직까지 이사로서 활동했다. 하지만 말년에는 핵발전소와 핵무기 생산을 비판했다. 그는 NCRP의 내부피폭을 담당했던 제2소위원회 위원장과 이후 설립된 ICRP의 제2위원회 위원장을 역임했으며, ICRP의 1959년 '체내 방사선의 허용선량에 대한 제2소위원회 보고서'를 주도적으로 작업하였다. 그러나 ICRP가 전체적인 방향을 내부피폭에 대해 소홀하게 다루기로 방침을 결정하고, 노동자에 대한 피폭을 강요하기로 결정한 뒤에는 제2위원회에서 물러나야만 했다. 모건은 나중에 그의 저서 『The Angry Genie: One Man's Walk Through the Nuclear Age』(성난 요정 - 핵시대를 관통한 한 사람의 발자취)에서 이런 상황을 비교적 상세하게 서술하였다. 그는 우선 "ICRP는 핵 산업계의 지배로부터 자유롭지 않다. (중략) 이 조직이 갖고 있는 숭고한 입장을 상실하고 있는 이유를 알 수 있다"라고 서술했다. 내부피폭을 은폐하지 않고서는 핵 정책을 추진할 수 없었다는 것, 곧 ICRP의 역사가 내부피폭 은폐의 역사임을 밝히고 있다. 그는 사실상 개척자들이 갖고 있는 과학적 엄밀성과 현실을 직시하는 자세를 유지하려고 했기 때문에 핵 분야의 주류에서 차츰 밀려날 수밖에 없었는데, 자신이 '전락'해버린 경위를 생생하게 회고하면서 핵 문제의 급소를 아주 날카롭게 파헤쳤다. 그의 신념은 "인류가 핵을

염이 진행 중이고, 그로 인해 가장 많은 피해를 입은 희생자로서 전국적으로 어린이 환자가 계속 발생 중이라는 사실이 밝혀졌다.

엘리스 스튜어트를 비롯한 과학자들의 ICRP 비판은 심각해진 상황과 맞물려 전국적으로 거세졌다. 이런 사태에 직면해 영국의 방사선방호청(NRPB)은, 1987년 말 기존의 방사선 피폭선량 한도를 노동자는 연간 15밀리시버트, 일반인은 연간 0.5밀리시버트로 인하하는 '선량한도 잠정 지침'을 권고했다. 물론 ICRP에 대해서도 같은 내용의 수정을 요구했다. 이것은 리스크 평가의 기존 값을 3배 정도 수정해야 함을 의미했다. 체르노빌 사고 이후 핵발전 추진파 중에서도 기존 값에 대한 수정이 불가피하다고 보는 경향이 나타났던 것이다. 비록 이들이 제시한 수정폭이 기존의 3배 수준에 불과했지만, 어쨌든 반핵운동이 더 확산되는 것을 막아보려는 시도였다.

―――――

평화적으로 이용하기 위해 안전하게 이용하는 선택이 필요하다"는 것, 즉, 핵이용에 따른 방사선 피폭을 가능한 한 줄이는 것을 최우선으로 한다. 그는 그와 동료들이 개발한 더 안전한 형태의 증식로가 정치적 이유에서 매장되어버리는 것을 퇴직 직전에 마지못해 받아들였던 사실을 "내 인생에서 가장 큰 오류"라고 밝히고 있다. 모건은 전문가로서 피해자들의 법정 소송에서 증언하는 방식으로 자신의 달라진 입장을 드러냈다. 그는 1950년대 네바다 핵 실험장에서 시행한 핵실험으로 피폭한 약 1,200명의 사람들이 제기한 소송, 나바호 우라늄 광산의 광부와 생존자들이 제기한 소송, 플루토늄 제조공장에서 피폭사고를 둘러싼 재판(소위 실크우드재판) 등에 증인으로 나와 "안전한 피폭량"의 기만성을 폭로하면서 피해자들의 입장에서 증언했다. 나중에 그는 ICRP 등이 허용한 도 값을 교묘하게 조작하는 모습이나 의료나 치과 분야에서의 과잉 엑스선 검사를 엄격하게 비판하기도 하였다.

아울러 영국과 같이 ICRP의 새로운 권고를 기다리지 않고 리스크 재검토를 전제로 하면서 새로운 방사선 피폭기준을 채택하는 국가들이 나타났다. 특히 체르노빌 사고로 방사능 문제가 심각한 사회문제로 대두된 국가가 먼저 나섰다. 대표적인 국가가 스웨덴이다. 스웨덴 국립 방사선방호연구소는 방사선 관련 노동자의 피폭선량 한도를 평생 동안 700밀리시버트, 30세까지 180밀리시버트, 임산부는 해당 기간 동안 5밀리시버트로 하는 새로운 피폭기준을 1988년 결정했다. 이와 같은 피폭선량 기준은 연간 평균 15밀리시버트에 해당하기 때문에, 영국과 거의 비슷한 선량한도와 리스크 수정을 채택했다고 볼 수 있다.

미국 방사선방호위원회와 핵산업의 대응

ICRP의 동향을 파악할 때, 오늘날에도 여전히 큰 비중을 차지하는 나라는 미국이다. 체르노빌 사고 이후, 미국의 방사선 방호 문제 인사들은 리스크 재검토에 대해 어떤 태도를 표명했는지 살펴보자.

영국의 방사선방호청NRPB은 ICRP의 1987년 코모 회의를 앞두고 방사선 피폭한도 인하를 권고했지만, 미국의 원자력규제위원회NRC는 이같은 인하 요구를 단호하게 거부했다. NRC는 핵폭탄 피해자의 새로운 데이터에서 2분의 1 정도의 인하를 지지할 수 있으나, 필연적으로 수반되는 연간 100만 달러의 비용 증가는 인정할 수 없다면서 피폭선량 한도 인하를 반대했다. 100만 달러는 핵발전소 1기당 추정 금액으로 볼 수 있지만, 근거는 불투명하다. 하여간 미국 NRC의 견해는 피폭선량 인하가 "기술적으로는 가능하지만 경제적으로는 불가능하기" 때문에, 말 그대로 ICRP의 알라라ALARA 원칙을 근거로 인하를 거부했다.

미국의 핵산업은 이미 1978년에 노동자의 피폭선량 기준을 연간 5밀리시버트로 인하할 경우, 핵발전소 건설과 운전에 따른 비용이 얼마나 상승하는지 추산했다. 핵발전소가 64기에 불과했던 시기였지만, 전체적으로 5억 달러 이상의 비용이 증가하리라는 결론을 얻었다. 핵산업계는 피폭선량 10분의 1 인하는 산업 자체를 괴멸시킨다며 강력하게 반대했다.

그로부터 10년이 지난 시점에서, 선량한도 대폭 인하는 당시와는 비교할 수 없을 만큼 현실성을 갖고 있다. 하지만 당시보다 더 경제 환경이 악화된 미국 핵산업은, 무슨 일이 있어도 선량한도 대폭 인하만큼은 막아보겠다는 강력한 입장을 드러냈다. 표면상으론 '핵 규제'를 내세우면서도 핵산업의 이익을 최우선시 하는 원자력규제위원회NRC도, 선량 인하를 노골적으로 반대했다.

미국의 방사선방호위원회NCRP는 슬며시 핵산업계나 원자력규제위원회NRC와 보조를 맞추겠다고 하면서, 안팎의 반응을 살피기 시작했다.

NCRP 위원장 싱클레어는 우선 히로시마와 나가사키의 새로운 선량과 1985년까지의 데이터를 고려한다면, 기존 리스크 평가를 재검토할 필요가 있다고 표명했다. 물론 싱클레어는 현행 리스크 평가가 장기적으로 어떻게 변할지 예측이 불가능하다고 덧붙였다. 즉, 현행 리스크 평가를 가까운 시일 내에 소폭 수정하고, 이후 좀더 시간을 두고 다시 수정할 수 있다는 여지를 남겨, 일단은 리스크를 소폭 수정하는 선에서 설득하고자 했다. NCRP 지도자들도 리스크 소폭 수정이 사태를 타개할 수 있다는 확고한 전망을 가지진 못했던 것이다. 적어도 체르노빌 사고 후

이삼 년 동안은 이런 분위기였다.

사태가 핵추진파에게 불리하게 돌아가자, 마치 예상하기라도 한 듯이 '국제적 권위'와 '과학적 권위'를 동원했다. 과거에도 먼저 미국 NCRP가 대응하고, 이어 UN과학위원회UNSCEAR와 미국과학아카데미학술회의 BEIR가 뒤따라 호응하면서, '과학적'이고 '국제적인' 환경을 조성한다. 최종적으론 ICRP 국제 권고가 나온다. 이번에도 역시 역사는 되풀이되었다.

「UN과학위원회 보고」

우선 UN과학위원회는 히로시마·나가사키 핵폭탄 선량 수정을 받아들여, 1988년 기존 보고에서 채택한 리스크 수치를 수정했다. 종전의 「UN과학위원회 1977년 보고」는 방사선 피폭으로 인한 리스크를 1만 명·렘(100명·시버트)당 1명의 암 사망, 또한 2.5명의 발암으로 평가했다. 새롭게 나온 1988년 보고서에서는 기존과 같은 '절대 모델'의 발암이 100명·시버트당 4.5명으로, 약 2배 많은 수치로 수정됐다. 리스크의 대폭적인 수정을 요구하는 많은 과학자들의 비판을 잠재우지 못해 새롭게 도입한 '상대 모델'에 따르면, 7~11명이 발생하여, 1977년 '절대 모델' 수치의 3~4배 수준이었다. UN과학위원회는 새로운 리스크 평가가 고선량 영역의 피폭으로, 저선량 영역에서의 리스크 수치는 이것보다 2~10배 낮춰야 한다고 주장했다. 아동의 리스크는 높고, 고령자의 리스크는 낮으며, 노동 연령에 속하는 경우에는 중간으로, '상대 모델'에서 100명·시버트당 7~8명이라고 주장했다.

요컨대, UN과학위원회가 종래의 리스크 평가가 틀렸고, 3~4배 과소평가 했다는 점을 인정한 것이다. 하지만 고선량과 저선량의 차이, 연령 등을 상세히 검토하면, 저선량 피폭에서 피폭노동자의 리스크 값은 기존보다 약간 높은 수준에 불과했다. UN과학위원회는 핵폭탄 피폭자 데이터의 경우 저선량 영역에서 위로 볼록한 곡선의 선량-영향관계가 나타났던 사실을 무시하고, 오히려 저선량 피폭에 낮은 평가를 부여해, 피폭노동자의 리스크를 여전히 과소평가 하는 결론을 낸 것이다.

UN과학위원회의 보고서가 나올 무렵부터, 각국 방사선방호위원회 관련 행정기관의 대응이 빨라졌다. UN과학위원회의 보고는 ICRP와 핵발전소 추진국의 방사선 방호 행정 담당 기관에 리스크 재검토와 피폭선량 한도 인하 문제를 상당히 대담하게 추진할 수 있는 힘으로 작용했다. 체르노빌 사고 후 겁이 난 듯 머뭇거리는 태도와는 달리, "빨간 불도 모두 같이 건너면 두렵지 않다"는 식으로 리스크 재검토와 선량한도 인하에 대해 점점 소극적인 태도를 보이기 시작했다.

예를 들어, 서독의 방사선방호위원회는 1989년 새로운 '방사선 방호 규칙'을 공표했으나, 노골적인 속임수가 있었다. 방사선 작업자에 대해 "연간 50밀리시버트, 누적 한도 400밀리시버트"의 선량한도를 정하고, "총 취업 기간을 40년으로 계산하면, 후자의 수치는 연간 평균 한도 10밀리시버트에 해당한다"라고 주장했다. 말하자면 연간 선량한도는 전혀 바꾸지 않고, 현실적으로 거의 아무 의미도 없는 누적선량 400밀리시버트를 설정하여, 이를 연평균하면 선량을 5분의 1로 인하한 것이나 마찬가지라고 강변하는 속임수를 쓴 것이다.

「BEIR-5 보고」

　이러한 국제적인 동향을 바라보면서 1989년 12월 미국은 「전리 방사선의 생물학적 영향보고」 소위 「BEIR-5 보고」를 발표했다. BEIR의 보고서는 ICRP에서도 중요한 역할을 맡아온 업튼이 책임자로 정리했다. 업튼의 기본 입장은 그가 주력해 온 ICRP의 1977년 권고의 경제성 원리를 관철시키는 데 있었다. 가장 널리 알려진 그의 사회적 지위는 뉴욕대학 환경의학연구소 소장으로, 과학계의 거물이었다. 그런 그가 「BEIR-5 보고」에서 무엇을 얻으려고 했는지, 아울러 그를 위원장 자리에 앉힌 사람들이 그에게 어떤 정치력을 기대하고 있었는지에 대해선 어렵지 않게 상상할 수 있다.

　업튼은 기대에 어긋나지 않게 「BEIR-5 보고」를 교묘하게 정리했다. 작업 자체의 위장이 너무나 정교해서 핵추진파는 당연히 인정했을 뿐만 아니라, 반핵 진영에서도 높은 평가가 나올 정도였다. 「BEIR-5 보고」가 발표되자마자, 미국에서도 일본에서도 방사선의 발암 리스크를 기존보다 3~4배로 높였다고 보도했다. 「BEIR-5 보고」는 확실히 발암의 위험성에 대해선 백혈병의 경우 4배, 다른 고형암은 3배로 수정할 필요가 있다고 밝혔다. 그러나 그러한 태도 변화 뒤에는 만만찮은 계산이 숨겨져 있었다.

　'리스크 3~4배 증가'로 일제히 보도되었지만, 앞에서 서술한 UN과학위원회의 리스크 재검토 폭과 '동일'한 것으로, 문제가 되는 수정 폭은 너무 작고 대단히 소극적이었다. 물론 보고서를 자세히 보면, 3~4배라는 수치는 이전의 「BEIR-3 보고」의 리스크 평가에 대한 내용이고, 이번 보고서의 암 사망 리스크는 1만 명·렘(100명·시버트)당 8명이었다. 바로 이 점이 크게 변한 점이었다. 「BEIR-5 보고」가 이런 정도까지 리스크 값을 명기하지 않을 수 없었던 것이다. 문제는 보고서 전체의 내용에서 리스크 평가가 자리 잡고 있는 위상이다.

앞에서 말한 것처럼, 방사선영향연구소RERF마저도 히로시마·나가사키의 피폭자 데이터에서 암 사망에 대한 ICRP 리스크가 기존 ICRP보다 13배 수정해야 한다는 점을 인정했다. 그러나 「BEIR-5 보고」는 소극적으로 8배 수준을 적용했다. 단순히 수정 폭만 낮췄다면 그런대로 넘어가 줄 수 있지만, 문제는 「BEIR-5 보고」가 리스크의 과소평가가 일어날 수 있는 일이라거나, 혹은 기존 평가를 부정하지 않는 듯한 서술을 아로새겨 놓았다는 점에 있다. 예를 들어 「BEIR-5 보고」는 다음과 같이 말한다.

리스크는 3~4배 정도 수정해야 하지만, 이전 보고서에서 암에 대한 '선량-영향'관계가 위로 오목한 직선-곡선관계였다는 차이점을 고려하면, 백혈병 외 암에 대한 수정 폭은 2배 정도에 불과하다. 아울러 '선량-영향'관계 평가에서도, 백혈병에서는 직선관계가 아니라 위로 오목한 직선-곡선관계가 맞다.

여기에는 독자가 읽으면 알 수 있는 수준에서 끼워놓은 암호 같은 평가가 숨겨져 있다. 바로 BEIR가 기존 암 리스크 수치를 변경한다는 점에서 본다면 수정 폭은 본질적으로 2배 늘어난 것에 불과하고, 그 수치는 UN과학위원회가 1988년 보고서에서 시행한 수정 폭과 거의 동일하다는 점이다. BEIR 보고서는, 방사선으로 인한 발암 위험성이 "이전보다 어느 정도 늘었다"는 식으로만 서술하고 구체적인 내용은 확인하지 않았다.

「BEIR-5 보고」는 일본 핵추진파들에게 큰 안도감과 만족감을 느끼게 했다. 왜냐하면 전술한 리스크 평가 내용은 「ICRP 1977년 권고」 도입을 최종적으로 매듭짓고 있던, 일본 방사선 방호 관계자들의 견해와 거의 일치했기 때문이다. 이 권고가 일본에 도입된 것은 1989년이었지만, 직전에 일본의 원자력안전협회는 리스크 재검토에 대한 견해를 정리했다. 이에 따르면, 핵폭탄 피폭자의 새로운 데이터를 고려해도, 리스크 수정 폭은 「ICRP 1977년 권고」 리스크 값의 3배 정도 수준이고, 상대 리스크 모델을 따르더라도 100명·시버트당 7~8명에 불과했다. 이 정도 피폭이라면 방사선 방호 기준은 원래 여유를 갖고 안전하게 설정되어 있는 것이며, 피폭선량 한도를 인하할 정도는 아니기 때문에 이 권고 도입을 강행할 수 있었다. 이렇게 「BEIR-5 보고」는 리스크의 과소평가는 물론, 현행 피폭 방호기준마저도 배려했다.

단적으로 말한다면, 「BEIR-5 보고」는 리스크 소폭 수정론과 기존 주장과의 절충이었다. 기존의 리스크 과소평가가 파탄났다는 사실을 인정하고, BEIR와 보고서에 대한 강한 비판을 회피하기 위해 빠듯한 수정 폭을 도입하였다. 아울러 보고서의 전체적인 기조로서는 향후 ICRP가 1990년 권고를 개정할 때 리스크 소폭 수정으로 가야 한다는 여지를 남겨 두었다. 이런 점이야말로 위원회가 핵추진파에게 준 최대 공헌이었다.

리스크 소폭 수정에 입각한 「UN과학위원회 보고」에 이어 「BEIR-5 보고」가 발표되자, 유럽 각국이 방사선 방호 기준을 약간 수정하는 선에서 대응한다는 점이 분명해졌다. 미국의 NCRP 지도자들의 발언도 ICRP 권고에 무게를 두는 쪽으로 바뀌어갔다. NCRP 위원장인 싱클레어의 발언이 전형적이다. 그는 먼저 체르노빌 핵발전소 사고 직후에는 리스크 수정 폭이 5배 정도라고 말했지만, 열기가 식어감에 따라 3배 정도에 불과하다고 발언을 정정했다. 1989년 말에는 핵추진국들이 발맞춰 소폭 수정을 마무리 짓자, 피폭선량 한도 인하는 연간 50밀리시버트에서 약간 낮추는 수준이라고 크게 후퇴했다.

'선량 대폭 인하'의 진실

이런 국제적 대응과 정치적 홍정을 배경으로, 「ICRP 1990년 권고」초안이 마련되었다. ICRP의 90년 신권고안의 큰 특징은 구서독의 신규제 대책 등과 마찬가지로, 노동자의 연간 선량한도를 그대로 50밀리시버트에 놔두고, 5년간 100밀리시버트의 누적선량한도를 병행하게 한 점에 있다. 간단히 말해 이중기준이다. 이럴 때 피폭선량의 연간 최대치를 제한하는 기준은, 전자인 연간 50밀리시버트이다. 후자의 기준, 즉 누적선량한도는 어디까지나 5년을 합산한 제한치로, 연간 피폭선량을 평균 20밀리시버트로 제한하지는 않는다. 말하자면 선량한도 인하 요구에 대한 속임수에 불과한 답변이라 할 수 있다. ICRP는 이와 같은 내용의 권고 초안을 1990년 2월에 정리해 각국과 사전 교섭을 했다. 이후 6월에 미국 방사선방호위원회NCRP에서 모임을 열어, "신권고를 거의 확정하였으며, 선량한도를 연간 20밀리시버트로 내린다"는 내용의 기자회견을 열었다.

초안에는 "연간 50밀리시버트, 5년간 100밀리시버트"로 명기되어 있었지만, ICRP는 전혀 다른 엉터리 기자회견을 한 것이다. 신문기자들의 대부분이 본문을 상세하게 확인하지 않고 당국 발표 자료를 토대로 기사를 쓴다는 점을 아는 ICRP 관계자들의 꼼수였다. 신문은 일제히 "대폭 인하 결정"이라고 썼다. 그 후 ICRP는 "연간 20밀리시버트의 선량한도라는 표현에 대해선 유연성을 적용할 수 있도록 검토 중"이라고 언급하고, 대략 반년 동안의 유예기간을 둔 후, 1990년 11월에 정식으로 신권고를 발표했다. 물론 신권고의 주요 내용에 변화는 없었다.

신권고의 최대 속임수

ICRP의 신권고는 연간 피폭선량 한도와, 5년간 합산한 피폭선량 한도 설정을 목표로 하였다. 이것이 의미하는 내용과 속임수는 핵발전소 피폭노동을 구체적으로 생각해 보면 잘 알 수 있다. 일본의 경우, 총 피폭선량의 압도적 부분을 하청노동자들에게 전가한다. 미국 등 외국의 경우도, 고선량 피폭이 따르는 노동은 일시 고용직이나 소수민족 노동자, 외국인 노동자들이 떠맡고 있다. 불안정한 고용상태에 있는 사회적 약자로서 피폭노동자는 연간 피폭선량 한도에 가까운 피폭을 해야 하며, 상당수가 1~2년, 길어봤자 몇 년 일을 한 후에 핵발전소를 떠난다. 이들 대부분이 방사능 피폭으로 건강을 잃기 때문이다. 핵발전소 하청 노동자는 일회용품으로 사용하는 존재나 마찬가지다. 하청 피폭노동자

▲ 영국 세라필드 재처리공장

에게 누적선량 기준은 아무 의미가 없다. 만일 하청노동자가 장기간 피폭 노동에 종사하게 되면, 누적선량 기준이란 피폭선량이 한도값에 도달했을 때 해고시켜 버리는 시점을 의미한다.

반면, 전력회사 정규직, 의사, 연구자 등 방사선 작업 종사자들의 피폭선량은 핵발전소 하청노동자들보다 훨씬 낮다. 그들에게는, 연간 피폭선량 50밀리시버트는 실질적으로 의미가 없다. 오히려 이들처럼 안정된 고용상태에 있는 방사선 작업 종사자에게는 한 평생에 걸친 누적선량 제한이야말로 더 의미가 크다.

특히, 영국의 세라필드 재처리 공장 노동자의 방사선 피폭과, 주변 지역 소아 백혈병 다발多發의 관계를 조사한 「가드너 보고서」[70]는 정규직 방사선 작업 종사자에게 큰 충격을 주었다. 아이가 태어나기 6개월 전에 10밀리시버트 정도의 피폭만으로도, 태어난 아이가 백혈병에 걸릴

70) 세라필드 재처리공장의 인근 지역에서 소아백혈병이 급증하자 영국정부는 조사위원회를 조직하여 조사를 시행했다. 1984년에는 위원장의 이름을 딴 「블랙보고서」를 간행하고 소아백혈병의 초과발생 자체는 확인했지만, 시설에서 방출한 환경방사능 수준은 너무 낮았기 때문에 다시 한 번 조사해야할 필요성이 있다고 정부에 권고했다. 영국정부는 COMARE(환경방사선 의학위원회)를 조직하여 넓은 관점에서 조사를 계속 추진했다. 한편, 블랙위원회 위원 중의 한 사람인 가드너 교수(M. J. Gardner, 사우스햄프턴대 역학교실)에 의해 시스케일을 포함한 행정구분 수준을 더 세분화하고, 방사능오염지역 일대와 노동자의 거주구역을 포함한 지역 전체 차원에서 시설주변의 역학연구를 시행했다. 가드너 교수는 1990년 2월에 세라필드 재처리공장 주변 아동 중에 다발하고 있던 소아백혈병은 시설에서 근무했던 아동의 아버지 유전자가 방사선의 영향으로 인한 돌연변이 발생이 원인일 가능성이 높다는 조사결과를 발표했다. 이러한 조사결과는 영국타임즈 등 언론에 1면 톱기사로 보도되었고, 영국에서 큰 파문을 일으켰다.

가드너 교수의 조사결과에서는 1)시스케일에서 태어난 아동에게서 소아백혈병/비호지킨스림프종의 다발을 확인했다는 점, 2)가능성이 의심되는 9가지 이상의 요인 중에서 세라필드 재처리시설에서 근무했던 아버지의 방사선피폭이 수정 전 6개월의 선량 10mSv이상이거나, 수정 전 총 누적선량 100mSv 이상에서 유의성이 큰 상대리스크 5~8이 나타났다는 점, 3)선량에 비례하여 영향이 크다고 말할 수 있다는 점 등을 제시했다. 여기서 10mSv라는 것은 세라필드 재처리공장의 노동자 1년간의 피폭 한도에 불과 20%의 양에 불과했지만, 조사결과는 저선량 방사선의 피폭에서도 위험성이 높다는 점을 나타낸 것이다. BNFL(British Nuclear Fuel Ltd, 영국핵연료회사)이나 핵발전 추진파도 이러한 조사를 가드너 교수의 발표 이전에 하고 있었으나, 세라필드 주변 이외에도 백혈병이 다발하고 있는 지역이 전국에 존재했기 때문에, 방사능오염은 백혈병 다발과는 어떠한 관계도 없고, 원인은 도시에서 핵발전시설로 이주한 사람들이 갖고 있던 바이러스일 가능성도 있다고 생각한다면서 가드너 교수의 조사결과를 부정했다. 그러나 세라필드 재처리시설 주변주민들로부터 소송이 급증하고, 영국 국내에서 핵발전 반대운동이 점점 활발해졌다. 아울러 시설 노동자의 방사선 피폭기준 인하요구도 확대되었다.

가능성은 영국 평균의 7~8배 높고, 누적선량으로도 100밀리시버트 정도 피폭하면 역시나 6~8배 증가한다는 내용이 1990년 2월에 발표되었다. 이에 더욱 불안을 느낀 이 공장 과학자와 기술자들은 피폭 한도 즉각 인하를 요구했다. 역시나 ICRP는 어떻게든 누적선량을 인하할 수밖에 없는 상황에 몰린 것이다.

한편, 신권고는 핵발전소 사고 등 '긴급작업'의 경우 인하는커녕, 노동자에 대한 선량 대폭 인상을 결정했다. 1977년 권고에서 전신全身 피폭 한도는 100밀리시버트였지만, 신권고에서는 500밀리시버트로 인상되었다. 피부 선량한도는 놀랍게도 5시버트까지 허용했다. 무엇보다 이런 결정은 체르노빌 사고에서 현실화 되어버린 상황에 선량한도를 맞췄을 뿐이라고 이야기할 수 있다.

결국 ICRP 신권고의 정치적 의도는 다음과 같이 정리할 수 있다.

첫째, 1958년 이후 처음으로 방사선 리스크를 기존보다 3분의 1로 인하하고, 노동자의 피폭선량 한도도 연간 20밀리시버트로 낮추었다고 속였다. 동시에 「ICRP 1977년 권고」에서 도입한 '안전성 경시, 경제성 중시'의 소위 '알라라ALARA 원칙'을 정착시켜, 체르노빌 이후 더 심한 경제적 어려움에 직면한 핵산업에 방사선 피폭 측면에서 구원의 손길을 내밀었다.

둘째, 핵발전소 반대운동이 제시한 ICRP 리스크 평가와 방사선 방호 기준에 대한 강한 비판을 교묘히 와해시키고, 가능하다면 비판 의견을 분열시키려고도 했다. 이와 함께 ICRP 권고를 각국이 도입하는 데 가장 큰 정치적 발언권과 행정적 기득권을 가진 방사선 관련 조직들, 혹은 지금까지 'ICRP 정신'을 지지해 온 학회와 협회, 방사선 관련 노동조합 조직 등이 계속해서 ICRP 지지 노선을 채택하게 했다. 이런 목적을 위해 신권고는 현실적으로 대량 피폭하는 핵발전소 하청노동자의 피폭선량은 인하하지 않는 대신, 낮은 피폭선량과 안정된 고용상태에 있던 기존 방사선 작업 종사자의 피폭량을 제한해서 그들의 불안에만 대응하려고 했다.

이렇게 ICRP는 대단히 교묘한 방식으로 문제를 회피했다. 「ICRP 1990년 권고」조차도 지금까지의 비판에 성실하게 대응한 것이 아니라서, ICRP 자체와 권고내용에 대한 비판은 전혀 해소되지 않았다. 오히려 악랄한 속임수로 비판 자체는 더욱 커질 수밖에 없었다. 아울러 히로시마·나가사키, 세라필드, 체르노빌을 비롯한 과거의 피폭 데이터는 ICRP의 노골적인 속임수와 훨씬 더 분명하게 대립했다. 바로 저선량 방사선 피폭의 위험성을 분명하게 드러냈던 것이다.

체르노빌 핵발전소 사고로 인해 새롭게 부각된 방사선 피폭의 세계적 피해는, 위험성에 대한 올바른 평가를 요구하고 있었다. 이제는 방사선 피폭의 위험성 자체를 과소평가 하지 않도록 막아야 하고, 동시에 핵무기나 핵발전소 개발 등 과거에 발생한 모든 저선량 피폭의 영향, 피폭 방호 방식을 재검토해야 한다. 그리고 방사선이나 피폭 강요가 초래하는 위험성을 집중적으로 세상 사람들에게 알려야 할 것이다. 또한 역사상 유례없는 넓고 깊은 내용으로 반드시 새로운 차원의 운동으로 나아가야 하고, 신권고에 대한 비판과 ICRP 자체에 대한 비판을 더욱 강화해야만 한다.

11. 피폭 피해의 역사에서 무엇을 배울 것인가

체르노빌 핵발전소 사고는 지구적 차원에서 방사능 오염을 일으켰고, 전대미문의 규모로 피폭자를 양산했다. 희생자는 구 소련과 유럽 지역에 한정되지 않고 전 세계로 확산 중에 있다. ICRP도 신권고를 발표했다. 피폭 문제는 새로운 국면으로 돌입했다. 이럴 때 우리는 방사선 피폭의 위험성 평가, 피폭 방호와 기준에 대해 새로운 논의를 시작해야 할 것이다. 역사에서 교훈을 얻어 앞으로 발생할 문제에 대처하고, 바람직한 해결의 길을 모색해야만 한다. 과연 과거에서 무엇을 배우고, 또 미래를 어떻게 전망해야 할 것인가?

시대적 변화와 함께 확산되는 피폭 피해

1895년 독일의 W. C. 뢴트겐이 X선을 발견했다. 사람들은 X선의 물질 투과 성질에 많은 관심을 가졌고, 당시 의학을 비롯한 물리학, 여타 과학에 큰 영향을 끼쳤다는 사실은 잘 알려져 있다. 많은 사람들이 손가락 골격 엑스레이 사진을 본 경험이 있을 것이다. 하지만 X선의 발견자 뢴트겐 조수의 손은 X선 촬영에 오랫동안 종사한 결과, 원형을 잃어버릴 정도로 변형됐다. 뢴트겐의 조수가 방사선 피해의 첫 희생자 중 한

명이라는 사실은 잘 알려지지 않았다. 1898년에는 유명한 퀴리 부부가 방사선 원소 라듐을 발견했다. 퀴리 부인은 라듐이나 폴로늄과 같은 방사성 원소를 연구하면서 백혈병에 걸려 사망했다. 그녀 또한 방사선으로 인한 직업병 희생자 중 한 명이었다.

1차세계대전 이후부터 2차세계대전까지 X선 장치와 방사성 동위원소의 이용을 급속도로 확대하는 과정에서 방사선 작업 종사자들 중에 희생자가 많이 발생했다. 동시에 X선 장치와 방사성 물질을 이용한 진단과 치료를 받은 사람들 사이에서도 많은 피해자가 나왔는데, 이들이 모두 방사선 피해의 초기 희생자라 할 수 있다. 방사선 피해는 2차세계대전 시작과 동시에 한꺼번에 확산됐다. 주로 핵무기 제조에 종사한 노동자들의 피해였는데, 이를 방사선 피해의 제2범주라고 표현할 수 있다. 미국의 핵폭탄 제조계획에 종사한 노동자들은 포켓형 선량계나 필름 배지와 같은 선량계를 이용한 개인 피폭량 감시 장치를 몸에 부착했으며, 하루 0.1뢴트겐 이내라는 제한치를 설정해 놓고, 방사선 관리원이 개별 작업자들의 방사선 피폭량을 관리했다. 오늘날의 핵발전소 피폭 관리의 원형을 핵폭탄 제조 계획 과정에서 확립했지만, 이곳에서 일하는 노동자들은 연간 250밀리시버트 수준의 피폭 위험성이 있었다. 미국 원자력위원회는 맨해튼 계획 과정 중에 중대한 방사능 사고는 한 번도 일어나지 않았고 희생자도 발생하지 않았다고 계속해서 주장해 왔다. 하지만 1970년에 맨큐소의 조사로 핸포드 핵시설 노동자들 사이에서 암·백혈병 사망자가 밝혀지면서, 결국 맨해튼 계획과 그 후 핵무기 제조에 종사한 노동자들의 피해도 드러나기 시작했다.

▲ 미국 뉴멕시코 우라늄 채굴장

　　방사선 피해 희생자는 1945년에 히로시마와 나가사키에 핵폭탄을 투하하면서 순식간에 늘어났다. 히로시마에서 14만 명, 나가사키에서 7만 명, 그리고 조선인이 4만 명, 총 25만 명 이상의 사망을 비롯해, 40만 명이 넘는 핵폭탄 피폭자가 발생했다. 핵폭탄 피해자가 방사선 피해의 제3범주라고 할 수 있지만, 여기에는 이후 마셜 제도와 네바다 주변지역의 미국 핵실험 피해자들도 포함된다. 핵실험 피해자의 큰 특징은 주로 소수민족이 많은 피해를 입었다는 점에 있다.

　　원주민들의 방사선 피해는 사회·정치적 억압으로 인하여 1970년대까지 거의 밝혀지지 않았다. 원주민의 방사선 피폭 피해는 핵무기 재료인 우라늄 채굴 과정에서도 일어났다. 우라늄 채굴과 우라늄 정련 과정에서 나타난 방사선 피폭 피해는 핵발전소 건설과 함께 전 세계로 확산됐다. 미국 뉴멕시코 등 우라늄 채굴지역에 사는 미국 인디언, 캐나다

우라늄 지대에 사는 캐나다 인디언, 호주의 원주민 에보리진, 그리고 아프리카 나미비아와 남아공 흑인들은 우라늄 채굴 중에 발생한 방사성 폐기물에 피폭을 면할 수 없었다. 이들의 모든 가족들이 피폭을 경험했다. 방사선 피폭의 제4범주이다. 이들의 방사선 피폭 피해 상황은 최근 들어서야 단편적인 내용이 알려지기 시작했다. 사실 우라늄 광산노동자와 가족, 원주민의 방사선 피해 실태는 많은 내용을 조사하지 않았을 뿐만 아니라, 의료 보상에서도 제외되어 왔다. 우라늄 채굴에 따른 원주민 피해 중에서 종합적으로 알려진 경우는 미국의 나바호 인디언[71]의 사례이다. 최근 알려진 바에 따르면 우라늄 광산에서 일했던 남성 노동자들 중에 높은 비율로 폐암이 발생하였다. 아울러 가족들 중에서도 출산이상異常이 굉장히 높은 비율로 나타났다. 체중미달과 성장부진, 심장과 폐 등에 결함이 있거나, 지능 장애가 있는 아이들의 비율이 높았다. 미국은 1967년까지는 우라늄 광산 노동자의 노동조건에 아무런 안전 대책이 없었다. 연방방사선심의회FRC는 이 해 9월에야 비로소 광산 내 환기와 노동자의 피폭량 모니터링과 기록을 권고했다.

    핵발전소 증가와 함께 핵발전소에서 일하는 노동자도 증가했다. 1989년도 기준으로 39기의 핵발전소를 가동하는 일본[72]의 경우 약 5만

---

71) 미국 남서부 그랜드캐니언국립공원 동쪽에 사는 미국 최대 인디언 부족. 미국과 구 소련의 냉전시대에 핵개발을 위해 개발된 우라늄 채굴로, 그 일에 종사한 나바호 인디언들이 피폭해 다수의 사망자가 발생했다. 현재 광산은 모두 폐쇄

5000명의 노동자가 이곳에서 근무하고 있다. 노동자 수의 증가는 노동자의 방사선 피폭 선량 증가로 이어져, 현재는 연간 총 피폭선량이 약 100명·시버트 규모에 달한다. 매년 암과 백혈병으로 인한 노동자 사망이 10명 이상 나타난다는 의미다. 최근의 특징은 전력회사 사원 등 정규직과 하청노동자 간에 연간 피폭선량의 차이가 점점 확대되고 있다는 점이다. 1989년도에 정규직 1인당 피폭량은 0.5밀리시버트였지만, 하청노동자의 경우 1.7밀리시버트로 정규직의 3~4배다.

핵발전소 노동자가 쪼인 총 피폭선량의 95% 이상이 하청노동자에게 집중되어 있다. 상업용 핵발전소가 현재 100기를 넘는 미국에서 핵발전소 노동자의 수는 대략 십만 여 명을 넘었고, 총 피폭선량도 4500명·시버트 규모에 이른다. 미국을 포함해 핵발전소 노동자가 종사하는 방사선 피폭노동은 위험하고, 더럽고, 힘든 노동의 전형이라 할 수 있다. 이로 인해 미국에서는 방사선 피폭노동, 핵발전소 하청 노동에 종사하는 사람들을 사회적 약자인 소수민족, 외국인 노동자들만 주로 고용할 가능성이 크다. 일본에서도 최근 외국인 노동자가 핵발전소 하청 노동에 종사하는 사례가 밝혀지기도 했다. 핵발전소 하청노동자의 실태는

---

72) 1963년 이래 일본에서 건설되고 가동한 핵발전소 수는 연구용과 상업용을 포함해 총 59기다. 후쿠시마 사고 당시 총 54기가 운영 중이었다. 현재까지 총 26기가 폐로 및 폐로하기로 결정되어 현재 운전 단계에 있는 핵발전소 수는 33기. 그 중 후쿠시마 핵발전소 사고 이후 강화된 규제 기준을 통과해 총 9기가 재가동했다(2019년 12월 1일 현재).

많은 내용이 불투명하고 조사도 제대로 이루어지지 않고 있다. 그러나 밝혀진 일부 실태를 보더라도 하청노동자의 대부분은 1년 가까이 일하면 절반이 그만두고, 그만둔 노동자의 절반은 질병을 안고 있다. 핵발전소의 운영 자체가 핵발전소 하청노동자들의 존재 없이는 불가능하다.

이상과 같이 핵발전소 건설과 운영으로 방사선 피폭자의 분야도, 수도 모두 확대되었다. 미국에서는 현재까지 원자력위원회와 에너지부 산하 핵무기 제조시설에서 일한 노동자의 수는 약 60만 명에 달한다. 네바다주 등에서 핵실험에 종사한 피폭 군인들의 수도 25만~35만 명으로 추정한다. 핵실험으로 인한 '죽음의 재'를 뒤집어쓴 풍하(風下)지역의 피폭자 수는 유타주만 해도 대략 10만 명에 달한다. 아울러 우라늄 채굴과 정련과정에서 방사선 피해를 입은 미국 인디언 등 원주민들도 많다. 방사선 피폭자의 수는 미국만 해도 100만 명을 넘는 규모이다.

방호 기준에서 바라본 피폭 강요 및 대응의 역사

이상과 같이, 시대에 따라 방사선 피폭의 분야가 늘어났고 피해 또한 확대되었다. 그렇다면 이에 대응한 방사선 방호는 어떠했을까? 역사를 되돌아보면 다음과 같은 특징을 정리할 수 있다.

(1) 직업병으로서 방사선 장애 방지를 목적으로 한 시기(1928~1950년)

방사선 관련학회와 협회를 중심으로 '국제X선및라듐방호위원회'를 설립해, 방사선 의사와 기사 등을 대상으로, 직업병으로서의 방사선 장애를 막기 위해, 주로 방사선으로 인한 급성장애를 고려한 '내용선량 기준'을 만들었다.

(2) 핵무기 개발, 핵무기 확산 정책에 따른 피폭 관리를 최대 목적으로 한 시기(1950~1958년)

미국 원자력위원회의 주도로 '국제방사선방호위원회ICRP'를 만들고, 2차세계대전 이후 국제적 피폭 방호 체제를 재편성했다. 핵무기로 인한 방사선의 유전적 영향에 관한 문제가 사회적, 과학적으로 확대되면서 '안전선량'의 존재를 인정하는 '내용선량'이라는 개념은 포기할 수밖에 없었다. 하지만 새롭게 도입된 '허용선량'이라는 개념을 속임수로 이용하여, 마치 '안전선량'이 실재하는 것처럼 선전했다.

(3) 핵무기 개발에 추가한 핵발전 개발이 피폭 관리의 큰 목적이 된 시기(1958~1977)

핵실험으로 발생하는 '죽음의 재'에 대한 국제적 불안과 반대 여론이 높아지자, ICRP는 피폭선량 한도를 인하하지 않을 수 없었다. 하지만 핵발전소 추진으로 말미암아 비용을 낮춰야 하는 상황이 발생하자 피폭 방호 관점을 수정하였다. 소위 '리스크-베네피트론(위험-편익분석)'을 도입한 것이다. 리스크의 '과학적' 과소평가와 사회적 이익을 강조함으로써, 허용선량 피폭을 노동자뿐만 아니라 일반인에게도 강요했다.

(4) 핵발전소 반대운동이 발전하면서 핵발전의 경제적 부담이 증가하기 시작하여, 핵발전 추진 정책을 경제적, 정치적으로 보강하는 피폭 방호책이 필요한 시기(1977~)

핵발전과 핵연료주기의 경제적 부담이 미국을 시작으로 현저하게 증가하기 시작했다. 또한 미국의 스리마일섬과 소련의 체르노빌에서 핵발전소 중대사고가 일어나, 핵발전소 반대운동은 세계적으로 거세졌다.

핵발전-핵연료주기의 경제적, 정치적 어려움이 한층 분명해졌다. 그러자 ICRP 등은 '피폭 방호'라는 허울 좋은 명분을 희생하면서까지 핵산업을 옹호하는 본심을 드러내기에 이르렀다. 사회적, 경제적 요인을 중요시하는 '코스트-베네피트론(비용-편익분석)'을 도입해, 경제적 관점에서 피폭 방호를 시행했다. 공공연하게 생명을 돈으로 계산하기 시작했다.

이상과 같이 국제 방사선 방호기준을 제정하고 시행했지만, 방사선 피폭과 피해 확대를 막을 수는 없었다. 특히 사회적, 육체적 약자의 피해를 막는 것에 완전히 실패했다. 아니, 오히려 이들을 내다버린 역사였다.

피폭과 방호에 관한 역사의 핵심은, 첫 번째로 핵무기 개발과 핵무기 확산, 또 핵발전 개발과 추진 정책으로 세계 각지에서 여러 종류의 수많은 피폭자를 낳았다는 점이다. 두 번째로 이들의 희생으로 핵무기와 핵발전 개발을 추진해 온 국가와 핵산업이, 자신들의 입장을 우선 고려한 방사선 피폭 방호 정책을 만들어 온 점이다. 세 번째로 피폭 방호 정책의 토대는 방사선 피폭으로 인한 생물·의학적 영향에 대한 과학적 평가로 이루어져야 하나, 이것마저 피폭을 강요하는 사람들의 이익에 맞게 평가해 왔다.

오늘날 방사선 피폭 방호의 기준이란, 핵무기와 핵발전 개발을 통해 이익을 보는 세력이 희생자를 향해 피폭이 어쩔 수 없는 것이니, 참고 받아들일 수밖에 없다는 논리를 과학으로 위장해 만든 사회적 기준이자, 핵발전 개발 추진 정책을 정치적, 경제적으로 지탱하기 위한 행정적 수단이다.

이런 역사의 실태와 진실은 지금까지 잘 밝혀지지 않았다. 왜냐하면 '방사선 방호'에 관한 거의 모든 해설과 설명이 피폭을 강요하는 자들의 이익을 위해 서술되어 왔기 때문이다. 지금까지 피폭을 강요받고 희생당하는 사람들의 입장에서 피폭 방호의 역사를 논의한 적은 없었다.

역사가 이렇기 때문에, 기본적으로 '국제적으로 권위 있는 기관'으로 자화자찬하는 ICRP가 '권고'라면서 방사선 방호기준을 제멋대로 제시했다. 이런 허울뿐인 내용을 핵추진 국가들이 각국 법체계에 반영하여, "과학의 진보로 달성한 권위"를 구축했다고 호도해 왔다.

이들은 이런 내용을 "과학의 진보"라고 칭송한다. 이들은 무엇보다 피폭에 따른 희생을 보지 않는다. 이들은 ICRP 권고가 핵군비 확장과 핵발전 추진 정책에 결합해 온 사실, 방사선 피폭의 위험성을 과소평가 했다는 사실을 시종일관 숨기려고 한다. 역사가 보여 주듯이, 핵무기와 핵발전 시대와 함께 구축해 온 방사선 피폭의 사회적 체계는 피폭을 강요하고, 피폭으로 인한 희생을 감추고, 피폭의 위험성을 과소평가 하는, 일련의 범죄적 행위를 '과학'의 미명 아래 정당화하는 지배체제이다. 이것이 바로 핵추진 지배체제의 본질이다.

현재의 피폭 문제가 지닌 특징

시대에 따라, 더 정확하게는 핵발전 개발 추진에 따라 방사선 피폭 피해자는 늘어났고, ICRP 등 국제 방호 체제는 거의 역할을 하지 못했다. 여기서는 좀더 구체적으로 현재의 피폭 문제가 지닌 특징을 정리하고자 한다.

먼저, 핵발전소의 중대사고는 피할 수 없다. 핵발전소 중대사고로

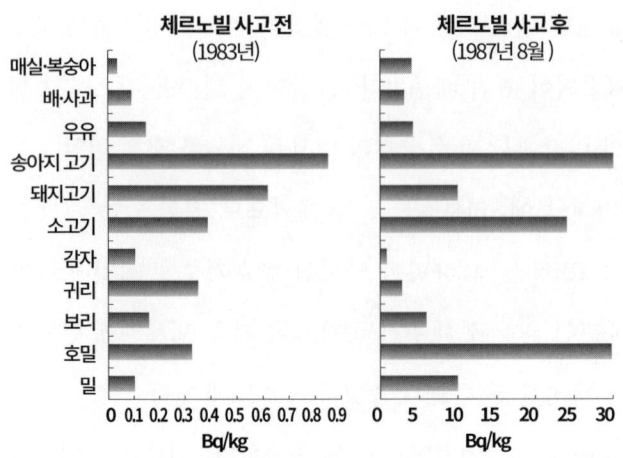

▲ 서독 식품 중 세슘 농도
(Mario Schmidt(1988), IPPH, Vol. 4 Issue 1)

　방대한 양의 방사성물질이 환경 중에 방출되며, 아주 많은 방사선 피폭자가 발생한다. 100만kW급 핵발전소를 1년간 운전하면, 히로시마형 핵폭탄으로 대략 1000개에 해당하는 '죽음의 재'가 핵반응로 내에 쌓인다. 핵발전소에서 중대사고가 발생하면 '죽음의 재'는 한꺼번에 환경으로 방출된다. 1979년 미국 스리마일섬 핵발전소에서 일어난 중대사고는, 다행히도 주로 방사성 비활성 기체를 방출했고, 수명이 긴 방사성 세슘137과 스트론튬90은 소량이었다. 정말 엄청난 행운이었다. 그러나 1986년 소련에서 일어난 체르노빌 핵발전소 중대사고는 히로시마형 핵폭탄의 약 500발 이상에 해당하는 '죽음의 재'를 환경 속으로 방출했다. 이 땐 방사성 비활성 기체는 물론이거니와, 방사성 세슘과 스트론튬90과 같은 수명이 긴 방사성 물질도 대량으로 방출되어, 대기, 물, 토양을 비롯해

▲ 1979년 노심용융 사고가 난 스리마일섬 핵발전소

모든 생명을 방사능으로 오염시켰다.

두 곳의 핵발전소 사고에서 볼 수 있는 방사능 오염의 특징은 (1) 적어도 핵발전소에서 100㎞ 내지 수백㎞ 지역이 방사능으로 오염되고, 피해를 면할 수 없다. (2) 만약에 주로 방사성 비활성 기체만 방출됐다고 해도, 방사능에 제일 취약한 아기와 태아의 피해는 피할 수 없다. 태아 사망의 증가와 장애 증가, 소아 백혈병과 소아암의 증가뿐만 아니라 성인의 백혈병과 암 증가로 나타난다. 스리마일섬 사고는, 약 1억큐리(1큐리=370억 베크렐)에 달하는 방사성 비활성 기체가 환경에 방출되었는데, 원거리임에도 방사능이 확산된 지역, 말하자면 핵발전소로부터 100㎞ 넘게 떨어진 곳에서도 사고 후 유아 사망률이 증가한 것으로 보고됐다. 보건 당국은 유아 사망률의 증가를 부정하지만, 공식 발표 자료에 따르더라도, 예를 들어 16㎞ 권내 유아 사망률 증가는 부정하기 힘들다.

방사능 오염의 영향은, 체르노빌 핵발전소 사고에서 볼 수 있듯이, 핵발전소에서 수백㎞ 떨어진 지역에서도 극히 심각하고 장기간에 걸쳐서 나타난다. 소량의 방사선 피폭이라도 심지어 수천km 떨어진 지역의 수억 명의 주민을 피해자로 만들어 버린다. 체르노빌 사고로 인한 방사선 피해는 암과 백혈병을 비롯해서 향후 수십 년 동안 수십만 명의 희생자를 양산할 것임에 틀림없다.

이렇듯, 핵발전소 사고가 한 번이라도 일어나면 꽤 넓은 지역에서 방대한 수의 주민들이 방사선 피폭의 희생자가 될 수밖에 없다. 체르노빌 사고 피해는 현재 국제원자력기구IAEA를 중심으로 실태조사가 진행 중에 있다. 일본 정부와 방사선영향연구소RERF는 이런 조사를 포함해서 체르노빌 피해 조사에 협력하고 있다. 하지만 핵발전을 추진하는 기관인 IAEA가 실시하는 조사는, 본서에서 이미 밝힌바와 같이, 히로시마와 나가사키의 핵폭탄 피해자에 대해 미군합동조사위원회와 ABCC가 실시한 조사와 유사하다. 방사선 피해를 과소평가 하려는 편향된 의도가 처음부터 작용한다. 이들의 조사 목적은 체르노빌 사고와 같은 중대사고가 일어나 어마어마한 양의 방사능을 방출해도, 피해는 크지 않다고 결론내리는 데에 있다. 이런 얼토당토않은 신화 만들기 작업을 경계해야만 한다.

두 번째 특징은 핵재처리 공장 등 핵시설의 일상적인 운전으로 주변 지역의 피폭 피해가 전 세계적으로 두드러지고 있다는 점이다. 전형적인 사례는 가장 먼저 핵개발을 시작한 미국과 영국에서 찾아볼 수 있다.

▲ 영국에서 백혈병이 많이 발생한 지역

먼저 영국의 사례를 보자. 영국의 세라필드 핵재처리 공장 주변 지역 주민들 사이에서 소아 백혈병이 영국 평균보다 약 10배 높다는 사실은 1983년 이후 세계적으로 알려졌다. 소아 백혈병과 소아암이 다발하고 있다는 것은 핵추진파의 각종 조사와 보고도 인정하는 사실이며, 원인을 둘러싸고 다양한 논의를 진행해 왔다. 1990년 가드너 조사를 발표한 이후, 원인이 세라필드 재처리 공장의 방사선 피폭이라는 점은 이미 부정할 수 없는 사실이다.

영국의 경우 지적해야만 하는 또 하나는 세라필드는 말할 것도 없고, 영국에 있는 모든 핵시설과 핵발전소 주변에서 백혈병이 다발하고 있다는 점이다. 예를 들어 인구 통계 조사국은 1959년부터 1980년까지

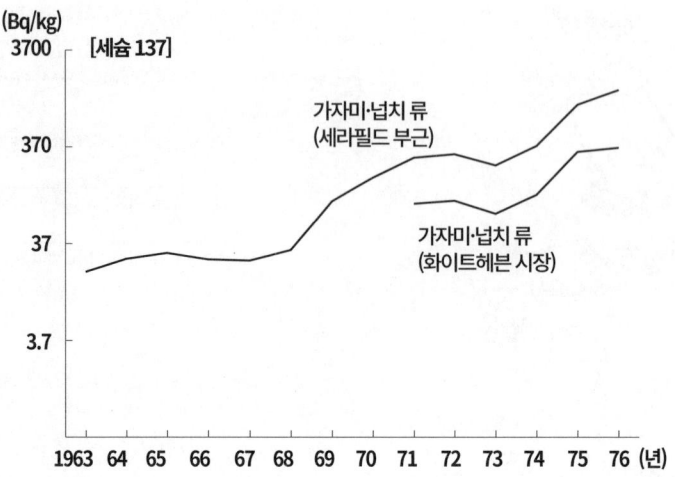
▲ 영국 세라필드 재처리공장으로 인한 생선 오염

24세 이하 림프구성 백혈병이 영국의 15개 핵시설 주변에서 급증했다고 발표했다. 기타 각종 조사에서도 백혈병과 암이 대량 발생한다고 밝혀졌다. 방사선 피해는 발생까지 기간이 짧은 백혈병, 그리고 방사선에 민감한 소아에게 먼저 나타나지만, 넓은 연령층에 걸쳐 백혈병 이외의 다양한 암으로도 발생한다고 밝혀졌다.

영국의 핵발전소는 1960년대 초반부터 운전을 시작했다. 핵반응로 종류는 다르지만, 해안 지역에 들어섰다는 점에서 일본의 핵발전소와 비슷한 환경 조건에 있다. 오늘날 영국의 핵발전소 주변 지역에 나타나고 있는 백혈병 다발 현상은, 10년 후 일본의 핵발전소 주변 지역의 방사선 피해를 암시한다고 생각한다.

섬나라 영국에서 또 하나 지적해야 하는 것은, 세라필드 주변 지역을 비롯한 각지에서 수산물 방사능 오염이 심각해지고 있다는 사실이다. 세라필드 주변의 백혈병 다발이 알려진 이후 당국은 1970년대 후반 이후 세라필드 공장의 방사능 방출량이 꽤 줄었다고 선전했다. 그러나 바닷물의 방사능 오염, 혹은 수산물 방사능 오염은 여전히 감소하지 않았다. 예를 들어 세라필드 해안에서 잡히는 농어는 1988년 자료의 경우, 방사성 세슘이 1kg당 90베크렐에 달한다. 뿐만 아니라 시장에서 파는 대구나 가자미와 같은 생선의 경우, 1kg당 25~30베크렐의 방사성 세슘에 오염된 사례가 보고됐다. 재처리 공장 등 핵발전 관련 시설에서 운전을 일단 시작하면 수산물의 오염은 점점 심해지고, 방사능 축적은 장기간에 걸쳐 진행된다.

다음으로 미국의 경우를 보자. 에너지부 관련 핵시설은 미국의 경우 100개가 넘지만, 그 중 대표적인 것은 플루토늄 생산용 핵반응로와 핵재처리시설을 가진 핸포드, 핵반응로가 나란히 줄서 있는 서배나강 Savannah River, 우라늄 농축시설이 즐비한 퍼날드Fernald, 플루토늄을 취급하는 록키플랫Rocky Flats, 핵무기 조립 등의 시설이나 연구소가 있는 로스앨라모스와 오크리지 등이다.[73] 이러한 핵시설에서 일하는 노동자 피해와 주변 지역 방사능 오염에 대해 미국 원자력위원회와 에너지부는 강력하게 부정해 왔다. 하지만 체르노빌 핵발전소 사고 이후 방사선 피폭의 위험성에 대한 주민들의 불안이 증가하고, 핵시설로 인한 방사능 오염을 문제 삼는 우려의 목소리 또한 급격히 높아졌다. 과거 30년 동안 사고와 방사능 오염의 은폐가 체르노빌 사고를 계기로 한꺼번에 분출한 것이다.

지역 주민들은 정보공개법을 적극 활용했다. 예를 들어 핸포드는, 1940년대 말부터 1950년대 초반에 큰 방사능 방출 사고가 발생한 사실이 드러났다. 서배나강에서는 연료봉이 녹아내리는 중대사고가 발생했다. 퍼날드 우라늄 농축시설에서는 1952년부터 1984년 사이에 대기 중에 방출된 우라늄이 95톤에 달하며 해수 중에도 74톤의 우라늄이 방출되었고, 부지 내에 5000톤의 우라늄이 폐기된 것을 밝혀냈다.

에너지부는 기존 방침을 크게 변경할 수밖에 없는 사태로 내몰렸다. 미국 정부는 첫째, 에너지부의 핵시설 주변 방사능 제염 작업을 실시하겠다고 발표했다. 둘째, 에너지부의 관할 하에 있는 각 시설에서 일하는 노동자들에 대한 역학조사를 실시해 결과를 공개하겠다고 약속했다. 셋째, 핸포드 주민들에 대한 방사선 피폭 사실을 인정하고 피폭선량 평가를 시행하겠다고 밝혔다. 넷째, 에너지부는 60만 명에 달하는 노동

---

73) 미국 주요 핵시설의 대략적인 위치는 다음과 같다.

자들의 방사선 피폭 데이터를 집약·정리해, 에너지부에 속하지 않는 연구자도 자료를 이용할 수 있도록 약속했다.

그렇다면 에너지부가 정책을 변경할 수밖에 없었던 까닭은 무엇일까? 중요한 점이기 때문에 여기서 다시 점검해 보자. 첫 번째, 핵시설 지역 주민들 사이에서 방사선 피해가 눈에 띄게 나타났고, 정보 공개를 이용해 주민들이 다종다양한 운동을 전개했다. 정보공개법을 활용한 핸포드 시설 지역 주민들의 운동이 대표적 사례이다. 스리마일섬 핵발전소 주변 주민들 또한 에너지부 핵시설 노동자의 피폭 데이터를 외부 연구자도 사용할 수 있도록 요구했다. 스리마일섬 사고 이후 주민들은 재판을 통해 얻은 '스리마일섬 공중위생 기금' 활동의 하나로, 영국의 엘리스 스튜어트를 대표로 한 반핵의사들과 연구자들에게 에너지부 핵시설 노동자들의 역학 데이터 해석을 맡겼다. 물론 에너지부는 데이터 이용을 가능한 한 한정하려고 했다. 데이터 이용을 미국과학아카데미에 맡겨, 자신들의 관할 통제 하에서만 제한적으로 데이터를 이용할 수 있게 하려 했다. 데이터 이용을 둘러싼 투쟁은 '맨큐소 보고'로부터 시작된 기나긴 세월에 걸쳐 진행해 왔음을 잊어서는 안 된다. 핵분야에서는 자료이용조차 투쟁의 결과물일 수밖에 없다. 맨큐소를 비롯한 연구자들은 이런 기회를 이용해 새로운 조사결과를 얻으려고 노력했다.

두 번째 특징으로서 에너지부가 관할하는 각종 시설의 노동자들 사이에서 방사선 장애가 두드러지게 나타났다. 각 기관별 노동조합은 에너지부에 대책을 강력하게 요구하기 시작했다. 예를 들어 1989년 8월에 '방사선이 건강에 미치는 영향에 관한 에너지부 연구계획과 에너지부

산하 시설에 대한 상원 정부 활동위원회' 공청회를 개최했다. 공청회 증언대에 선 사람은 제임스 데이빗 왓킨스James David Watkins 에너지부 장관, 엘리스 스튜어트 등 연구자, 석유화학 및 원자력노동조합, 국제화학노동조합 등, 록키플랫이나 퍼날드 기타 핵시설에서 근무하는 노동조합 대표자들이었다. 국제화학노동조합 대표는 노동자들에 대한 소위 허용 선량 값이 너무 높고, 과학적으로도 틀린 시대착오적 내용임을 지적하고, 최신 리스크 평가를 근거로 선량 값을 10분의 1이하로 낮추어야 한다고 국회에 강력하게 요구했다.

핵시설 주변 지역에서 선출된 국회의원은 주민들의 불안을 무시할 수 없었다. 미국 의회 기술평가국은 1991년 초에「복잡한 청소·핵무기 제조의 환경 유산」이라는 제목의 보고서를 제출했다. 보고서는 미국 에너지부가 대중의 신뢰를 얻지 못한다고 비판했다. 에너지부가 시행한 기존 대응보다는 주민들의 의견을 반영하는 방사선 대책이어야 한다는 압력이었다.

현재의 피폭 문제가 나타내는 세 번째 특징은, 핵발전소 주변지역에서 발생중인 사태를 말한다. 미국 세클라멘토시에 있는 란초세코 Rancho Seco 핵발전소는 1989년 6월에 주민투표로 폐쇄를 결정했다. 란초세코 핵발전소는 1974년에 운전을 시작한 출력 92만kW의 가압수형으로, 결코 노후된 핵발전소가 아니었다. 하지만 란초세코는 운전을 시작한 순간부터 사고가 잇따르던 핵발전소였다. 사고의 대부분은 증기발생기의 전열관 파손이었다. 언론보도는 거의 없었지만, 증기발생기 전열관사고로 인한 방사능 오염은 심각한 상태였다. 예를 들어, 주변 지역

흙의 방사성 세슘 농도가 최고 1kg당 4,000베크렐이었다. 주변지역에서 수확한 채소도 방사성 세슘 농도가 1,840베크렐에 해당할 만큼 심각한 상태였다. 또 세슘 농도가 548베크렐에 달하는 '그린피시'라는 물고기도 발견되었다. 이처럼 사고가 많은 핵발전소 주변지역은 환경 중의 방사능 오염도 상당히 심각한 상태임이 알려졌다. 란초세코는 전형적인 사례다. 방사능 오염의 확대가 주민들의 불안을 높이자, '안전한 에너지를 요구하는 세클라멘토 시민의 모임'을 비롯한 주민운동이 활발해졌고, 주민투표로 폐쇄를 결정한 것이다.

방사능 오염에 더해 지역 주민들 중에 백혈병 등 방사선 피해가 현저히 늘어난 지역도 나타났다. 메사추세츠주에 있는 필그림Pilgrim 핵발전소에서는 1974년부터 1976년 기간 중에 방사성 요오드131이 4분기에 0.5~1.5퀴리, 기타 방사성 물질이 5,000~15,000퀴리가 누설되는 사고가 발생했다. 사고 후 방사성 기체가 이동한 플리머스Plymouth 지역은 유아 사망률이 평균보다 1.7배 높아졌고, 선천성 기형 발생도 평균보다 1.8배 증가한 것으로 밝혀졌다. 주민들은 아예 필그림 핵발전소의 폐쇄를 요구하기 시작했다.[74] 운전 중인 핵발전소의 폐쇄를 요구하는 운동은 터키포인트Turkey Point 핵발전소와 나인마일포인트Nine Mile

---

74) 필그림 핵발전소를 운영하는 '엔터지(Entergy)'는 2015년 10월 13일, 2019년 중반까지 영구폐쇄하겠다고 발표했다. 발표 당시의 운전주기는 2017년 종료예정이었으나, 규제요건 충족이나 추가 부담 등과 함께 주민들의 영향이 폐로에 결정적인 영향을 주었다.

Point 1호기, 펜실베니아 주의 피치바텀Peach Bottom 핵발전소, 브라운즈 페리Browns Ferry 핵발전소 등으로 확산됐다. 사례로부터 알 수 있듯이 운전 중인 핵발전소에서 방출한 방사능 피해의 현저한 증가가 현재의 큰 특징이다.

일본 피폭 문제의 특징

핵발전소를 중심으로, 일본의 방사선 피폭 문제의 특징을 여기서 따로 다뤄보겠다. 먼저 일본의 핵발전소 중대사고 발생 가능성이 현실적으로 높다는 점을 반드시 지적해야 한다. 미국, 소련에 이어 핵발전소 중대사고가 발생할 수 있는 국가는 일본이라는 이야기가 사방에서 들린다. 소문이 현실이 될 위험성이 높아지고 있다.

간사이關西전력 미하마美浜 핵발전소 2호기는 체르노빌 사고 5년째인 1991년 2월 9일, 가압수형 핵반응로PWR의 아킬레스건이라 할 수 있는 증기발생기의 전열관 하나가 마치 단두대로 자른 것처럼 가로방향으로 절단되어, 방사능에 오염되었다. 1차 냉각수가 적어도 수십 톤 이상 2차 냉각수로 흘러 나갔다. 더불어 일본 핵발전소 운영사상 처음으로 연료봉 주변 1차 냉각수의 일부가 끓어오를 만큼 온도가 높아져 연료봉이 녹아내릴 위험이 생기자 가동 중이던 노심냉각장치ECCS를 작동하는 사태로 발전했다.[75] 간단히 말하면, 미하마 2호기는 노심용융 직전상태까지 간 것으로, 체르노빌의 비극이 재연될 만큼 위험했다. 간사이전력이 초기에 발표했던 내용과는 달리 2차쪽 증기방출 밸브에서 나온 방사능이 주변지역을 오염시켰다. 당시 상황에선 말 그대로 일본 핵발전소 역사상 가장 중대하고 심각한 사고였다.

증기발생기 전열관은, 한편으로는 방사능이 섞인 1차 냉각수를 가두는 동시에 다른 한편으로는 핵연료를 연소시켜 발생한 열을 2차 냉각수로 전달하여 발전에 필요한 증기를 만들어내는 역할을 한다. 첫째 목적을 위해 전열관은 될수록 두꺼워야 하지만 둘째 목적을 위해서는 가능한 한 얇아야 한다. 전열관은 이렇게 서로 다른 목적을 만족시켜야 하지만, 실제로는 발전의 경제성과 효율성을 위해 가능한 한 얇게 만든다. 직경 약 2cm, 길이 20m인 전열관의 두께는 불과 1.27mm이다. 표준형 100만kW급 핵발전소에는 얇은 전열관이 약 1만 개 있고, 방사능을 가두는 벽인 핵반응로 용기나 관의 총면적 중 대략 95%를 차지한다. 방사

---

75) 증기발생기가 있는 가압수형 핵반응로는 비등수형과 달리 1차 계통과 2차 계통으로 구별한다. 1차 계통은 노심을 순환하고, 2차 계통은 터빈발전기 계통을 순환한다. 1차 계통을 순환하는 1차 냉각수는 핵반응로에서 핵분열한 핵연료와 직접 접촉하기 때문에 다량의 방사능을 함유한다. 1차 냉각수(약 160기압, 약 320도)는 증기발생기 전열관 바깥을 지나면서, 증기발생기 전열관 내부의 2차 냉각수를 데운다. 전열관 내부의 데워진 2차 냉각수(약 60기압, 약 280도)는 터빈 쪽으로 보내지고, 터빈과 연결된 발전기가 돌아가면서 전기가 만들어진다. 터빈을 돌린 2차 냉각수는 복수기(復水器, 바닷물이 지나가는 파이프에 2차 냉각수를 닿게 해, 증기를 물로 되돌리는 장치)를 거치면서 냉각된 물이 된 후, 다시 증기발생기로 되돌아간다. 전열관 파열로, 고농도의 방사능을 함유한 1차 냉각수가 2차 냉각수와 뒤섞이면서, 2차 냉각수는 터빈 쪽을 방사능으로 오염시키게 된다. 별개로, 핵반응로를 냉각시키는 1차 냉각수가 빠져나가면서 핵반응로를 냉각시킬 수 없는 위험한 상황이 초래되자, 노심냉각장치가 작동하게 되었다는 의미이다.

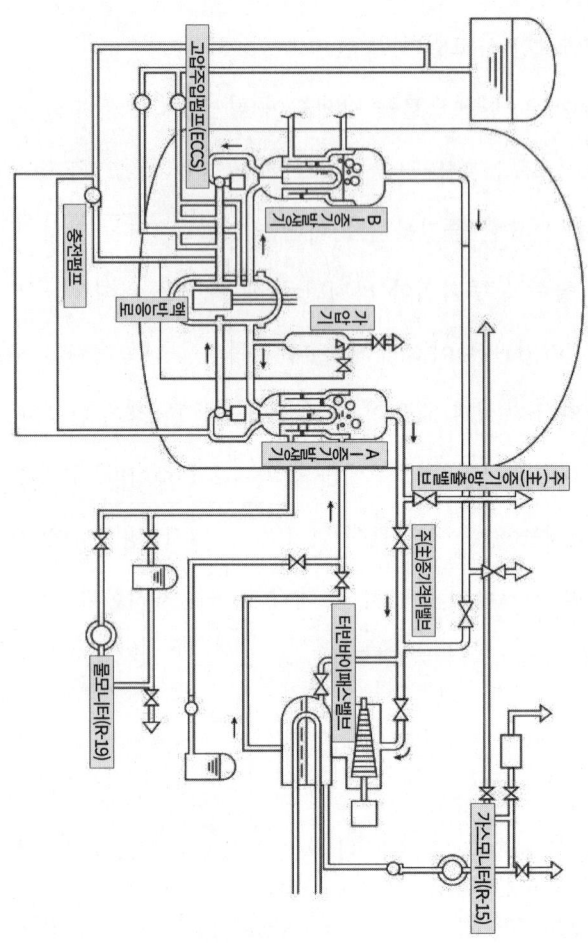

▲ 미하마핵발전소 2호기 개략적인 계통도(간사이전력 공표자료로 작성)

능을 가두는 벽의 총 면적은 고시엔야구장[76] 그라운드에 해당하지만, 대부분이 두께가 겨우 1.27mm에 불과한 전열관이 차지한다. 게다가 1차 냉각수 압력은 약 150기압이고, 2차 냉각수 압력과의 차이, 약 100기압이 얇은 전열관의 벽에 가해진다. 전열관은 1차 냉각수에 포함되는 방사능, 혹은 2차 냉각수에 포함되는 나트륨 등 부식을 일으키는 각종 물질에 계속 노출되어 있고, 얇고 긴 전열관 주변을 급격하게 흐르는 물이나 증기로 손상되는 열악한 조건 속에 있다.

결국 증기발생기 전열관은 두께가 얇아져, 마치 사람의 치아가 얇아지는 듯하다 해서 '덴팅'[77]이라는 현상과, 구멍이 나는 '피팅'[78]이라는 현상, 나아가 합금 입자간 경계에 따라 부식이 진행되는 입계부식粒界腐食 균열과 응력부식應力腐蝕[79] 균열이라 불리는 손상이 끊임없이 발생해 왔다. 일본 가압수형 핵반응로에서 일어난 사고 중 3대 원인은 관, 밸브 및 증기발생기인데, 이중에서 증기발생기 사고가 전체의 3분의 1이상을 차지하며, 가압수형 핵반응로 사고의 최대 요인이다. 이런 역사적 사정 때문에 증기발생기 전열관은 가압수형 핵발전소의 '아킬레스건'이라 불리기도 한다. 전력 회사와 일본 정부는 (1) 2차 냉각수의 화학 처리법 개

---

76) 일본 효고현 니시노미야시 고시엔마치에 위치한 야구장으로, 정식 명칭은 '한신 고시엔 야구장'으로, 지명을 따서 '고시엔'이라고 부르고 있다. 봄·여름에 일본 전국고교야구대회가 개최되는 곳으로 유명하다. 한국에는 코시엔(甲子園)이라는 한자를 그대로 읽은 '갑자원'으로 알려져 있다. 그라운드 크기는 약 13,000m^2 정도의 크기(좌우 각 95m, 중앙 길이 118m)로, 잠실야구장 경기장 크기(좌우 각 100m, 중앙길이 125m) 약 26,331m^2와 비교하면 크기를 가늠해 볼 수 있을 것 같다.
77) denting. '움푹 들어가다'는 뜻
78) pitting. '구멍을 뚫다'는 뜻
79) 응력은 주로 용접 등의 과정에서 부자연스러운 일그러짐이 발생할 때, 일그러짐에 대응하는 힘을 의미한다.

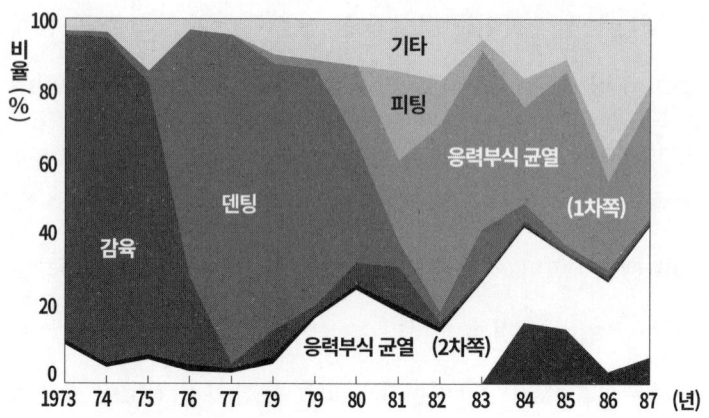

▲ 근본적 해결책이 없는 증기발생기 부식 요인
 (NEI 1990년 1월호를 참고로 작성)

선, (2) 와전류 탐상검사渦電流探傷檢査 등 손상 전열관의 검사 기술 개량, (3) 레이저를 이용한 슬리브sleeve 보수라고 하는 독특한 용접방법 개발 등을 근거로 전열관 손상문제를 해결했다고 주장해 왔다. 더군다나 안전관리가 철저한 일본에서는 전열관 파열은 있을 수 없다고 강변했다.

현실적으로 간사이전력 오오이大飯 1호기, 다카하마高浜 2호기에서 볼 수 있듯이, 정기검사를 시행할 때마다 다수의 전열관 손상을 발견해 왔다. 전력회사는 손상된 전열관을 막아 1차 냉각수가 흐르지 않도록 조치한 다음 핵반응로 운전을 계속해 왔다. 그렇지만 막은 전열관이 많아지면 냉각수의 흐름이 원활하지 않기 때문에 냉각수 누출사고가 일어날 경우에는 연료봉을 냉각할 수 없어 노심용융 사고로 발전할 위험성이 높아진다. 통산성[80]과 원자력안전위원회[81]는 형식적으로 개별 핵발전소의 '전열관 막음비율'을 정해왔다. '전열관 막음비율 안전치'로 불리는 인정비율은 처음엔 3%정도였다. 그러나 손상 전열관이 지속적으로 늘어나자 통산성과 원자력안전위원회는 전력회사의 신청에 따라 비율을 인상해, 다카하마 2호기의 경우 1990년에 전열관 막음비율을 25%까지 허가했다.[82] 게다가 전열관 막음비율은 "50%까지 올려도 안전하다"고 주장해, 안전 기준을 사업자인 간사이전력에 떠넘기는 엉터리 방식으로 안전 심사를 통과시켰다.

전열관 손상이 많아지자, 간사이전력 등 전력회사는 관 막음 방식으로만 대응하는 데 한계가 있었다. 막아 놓은 전열관에서 마개를 뽑아 손상된 부분을 레이저 용접(슬리브 방식)으로 보수하고, 결과적으로 전

---

80) 일본 행정기관의 하나로 통상산업성의 약어. 2001년 1월부터 경제산업성으로 바뀜
81) 핵발전소의 안전 확보 강화를 위해 1978년에 원자력기본법의 일부를 개정해 원자력위원회에서 분리해서 발족함. 2011년 후쿠시마 핵발전소 사고를 계기로 핵발전소의 안전 및 규제체제 개혁에 따라 원자력규제위원회가 2012년 9월 19일에 발족해 원자력안전위원회는 폐지됨
82) 우리나라에서는 전열관 막음비율을 '관막음률'이라고 하는데, 개별 핵발전소 호기마다 관막음 허용률은 다소 차이가 있다. 예를 들어, 영광에 소재하고 있는 한빛핵발전소의 1~2호기 관막음 허용률은 5%이고, 3~6호기의 허용률은 8%였다. 하지만, 2015년 2월 한국수력원자력이 원자력안전위원회에 '한빛3~4호기의 관막음 허용률을 8%에서 18%로 상향하겠다'고 운영변경 허가를 신청하자, 원자력안전위원회는 그해 11월 이를 승인한다. 당시, 영광한빛원전민간환경감시위원회 등 인근 지역주민들은 "증기발생기 관막음 허용률을 상향 조정할 경우 안정성에 위험이 있기 때문에 현행대로 8%를 유지해야 한다"며, 이를 비판하는 입장을 밝히며, 한국수력원자력 등이 개최하려든 '설명회' 등을 무산시킨 바 있다.

열관 막음비율을 낮추는 방법도 채택하면서 급증하는 전열관 손상에 대처해 왔다. 하지만 전열관 손상은 최근 들어 더 급증했다. 다카하마 2호기의 경우 1990년에는 총 10,164개의 전열관 중 4,686개, 즉 46%가 손상되었다. 간사이전력에 따르면 두께 1.27㎜의 전열관에서 40%이상의 균열이 생길 경우를 손상으로 정의한다. 바꿔 말하면 두께의 39%이하로 균열이 생길 경우는 손상으로 인정하지 않는다. 현실적으로 40%미만의 균열은 다수 존재한다고 생각할 수밖에 없다. 상식적으로 판단하면 다카하마 2호기 등의 증기발생기 전열관의 대부분은 손상을 입은 상태라고도 할 수 있다.

그런데 미하마 2호기 사고의 중대성은 어디에 있었을까? 첫째, 노심용융 사고 직전, 혹은 체르노빌 핵발전소 사고 직전까지 간 사고였다는 점이다. 둘째, 전력 회사와 정부가 "절대로 발생하지 않는다"라고 주장해온 증기발생기 전열관 파단破斷이 발생했다. 핵발전소 반대파들이 계속 주장해온 그대로, 단두대에 잘린 것처럼 잘려나갔다. 가압수형 핵반응로 증기발생기 전열관 사고는 절대로 일어나지 않는다는 신화 아래, 운전을 강행한 것이 분명해졌다. 셋째, 핵반응로 전열관의 파단은 늘 겪고 있는 진동 등 금속피로metal fatigue(金屬疲勞)가 원인이라고 할 수 있지만, 이런 이유를 포함해서 실제로 손상이 파단에 도달하는 현상은 다양한 원인이 있다. 문제는 이런 모든 가능성에 대한 근본적인 해결책은 아무것도 없다는 점이다. 넷째, 사고가 나야 분명해지지만, 설계 결함과 시공 결함에 더불어 운전 실수가 겹쳐서 일어나는 것이 중대사고의 공통점이다. 스리마일섬 핵발전소 사고와 체르노빌 사고에서 볼 수 있었던 동일한 결함이, 일본의 핵발전소에서도 쉽게 발생할 수 있음이 명확해졌다.

이상의 문제는 사고가 실제로 일어나야 조금씩 밝혀지지만, 구체적인 사실을 확인하는 과정에서 간사이전력이 말을 바꾸는 경우가 다반사다. 제대로 된 논의를 진행하기 위한 전제 조건으로, 전력 회사와 정부가 사고는 물론이거니와, 평상시 핵발전소에 대한 정보를 국민에게 공개할 필요성이 더욱 높아지고 있다.

체르노빌과 같은 사고가 일어난 뒤의 대응은 너무 늦다. 사고의 중요성을 고려한다면, 미하마 2호기와 다카하마 2호기, 오오이 1호기 등 초창기 가압수형 핵반응로에 한정하지 않고 모든 가압수형 핵반응로의 운전을 즉각 멈추고 전열관 파단과 손상에 대해 철저히 규명해야 한다. 증기발생기 전열관 손상 문제는 9개의 초창기 가압수형 핵반응로에 한정된 일이 아니다. 예를 들면 1985년에 운전을 시작한 다카하마 3호기는 1989년 정기검사 시 전열관 23개의 손상을 발견했다. 4호기도 1990년 3월 정기검사에서 21개의 전열관 손상을 확인했다. 이런 사례를 포함해 근래 일어나고 있는 전열관 손상은 입계부식 균열과 응력부식 균열이지만, 부식의 원인은 여전히 해명되고 있지 않다. 원인 불명의 전열관 손상 현상에 대한 유효하고 근본적인 대처 방법이란 존재하지 않는다. 모든 가압수형 핵반응로는 증기발생기 전열관 파단의 위험성을 늘 안고 있다. 두 개 이상의 전열관이 파단되면, 긴급노심냉각장치ECCS가 제대로 작동하더라도 노심 가열을 막을 수 없다. 만약 현실이 된다면, 체르노빌 사고가 되풀이될 수 있다.

와카사만若狭湾[83])에 집중된 10기의 가압수형 핵반응로에서 만약에 사고가 발생하면, 인구 밀도가 극히 높은 일본의 경우 체르노빌을 훨씬 뛰어넘는 참사를 피할 수 없다. 와카사만 일대는 방사선으로 인한 급성 사망도 피할 수 없을 것이다. 게다가 방사능 구름이 교토, 오사카, 고베 지역으로 확산되면, 약 1000~2000만 명의 사람들이 피난해야 하는 사태가 벌어진다. 방사능으로 인한 피폭은 장기간에 걸쳐 확대될 것이다. 지역의 식수원인 비와호琵琶湖의 오염도 발생할 것이다. 교토, 한신阪神지역에서 암과 백혈병 사망자만 해도 수십만 명에 달할 위험성을 아무도 부정할 수 없다. 미하마 2호기 사고를 통해 이러한 중대사고의 징후를 확인했다.

간사이전력과 정부는 미하마 2호기를 비롯해 다카하마 2호기와 오오이 1호기 등에 대해 증기발생기 전열관 자체를 교체해 근본적 대책을 세운다고 주장하지만, 이 또한 새로운 사고 발생 원인이 될 수도 있다. 새로운 증기발생기라고 해도 근본적으로 전열관 손상은 막을 수 없다. 아울러 오래된 핵반응로와 파이프에, 신형 증기발생기 전열관과 파이프를 억지로 접속할 경우, 새로운 사고 원인을 만들어내지 않는다고 누가 보증할 수 있는가.

다시 한 번 강조하는데, 핵발전소 중대사고의 위험성은 가압수형

---

83) 와카사만은 후쿠이현(福井県)에서 교토부(京都府)에 걸친 해안지형을 말한다. 대규모 리아스식 해안의 특징을 갖는다.

핵반응로에만 한정할 수 없다. 1989년 1월 6일 도쿄전력 후쿠시마福島 제2핵발전소 3호기(비등수형 핵반응로)에서 일어난 재순환펌프 사고도 심각한 사고였다. 비등수형 핵반응로에서 재순환펌프가 정지하는 사태가 발생하면 체르노빌 핵발전소 사고에서 본 것과 같은 연쇄 핵분열로 발전할 위험성이 있다. 재순환펌프는 핵반응로 내부를 흐르는 물의 양을 조절하여, 출력을 조정하는 소위 심장부와 같은 최고 중요 설비 중 하나이다. 펌프가 정지하거나 고장 나서, 파손된 부품으로 인해 냉각수의 흐름이 원활하지 않다면, 노심 냉각을 할 수 없어 핵반응로의 온도가 급상승하고, 수증기 거품도 급증한다. 이러한 상태에서 만일 펌프가 재가동해 냉각수 유량이 늘어나면, 수증기 거품이 터지고, 물의 밀도가 커져 핵반응로 내 중성자 감속 능력이 높아져 출력이 급상승한다. 또한 낙뢰 등으로 발전기를 돌릴 수 없는 상황이라면, 핵반응로를 중단시킬 수 없는 상태에서, 터빈만을 정지시키는 조작을 해야 한다. 급하게 터빈으로 보내는 밸브를 닫아야 하는 이 때, 만일의 경우 증기를 다른 관으로 보내는 밸브가 열리지 않는다면, 즉 증기가 빠져나갈 곳이 사라지면, 핵반응로의 내부 압력이 급격하게 높아지는 현상이 발생한다. 핵반응로의 압력이 높아지면 핵연료봉 부근의 증기 거품이 터지고, 핵반응의 속도가 급격히 빨라지면서, 통상 출력이 10배 정도 급상승한다. 온도가 아주 높아진 핵연료 일부에서 용융, 파열 등이 일어나고, 증기와 녹아내린 연료의 핵혼합물이 한꺼번에 터져 나와 물을 급속도로 끓인다. 이럴 경우엔 핵반응로 내부의 압력이 급속히 증가하여 핵반응이 더욱 빨라지며, 통상시 출력의 100배 이상 증가할 위험이 있다. 이것이 바로 비등수형 핵반응로의 연쇄 핵분열 과정이다. 체르노빌 사고의 최대 교훈은 출력 급상승으로 인한 핵분열 사고 등은 현재로서는 이미 극복하여 발생하지 않는다고 위험성을 경시해 온 사태였다는 점에 있다. 일본의 핵발전소에서는 체르노빌과 같은 연쇄 핵분열 사고는 일어날 수 없다고 하는 일본 핵추진파들의 주장은 체르노빌 사고에서 아무런 교훈도 배우지 않았다는 것을 의미한다.

후쿠시마 제2핵발전소 3호기 사고 때는, 재순환 펌프가 불규칙한 진동을 나타냈다. 펌프를 구성하고 있는 부품이 크게 파손된 결과였다. 대량의 금속파편이 마모되거나 파손되어 핵반응로 안으로 들어갔다. 재순환펌프의 비정상적인 진동은 펌프로 이어지는 배관의 연결을 파괴할 수도 있다. 만약에 연결하고 있는 파이프가 파열해, 냉각수를 대량 누출하면 노심용융 사고의 위험성도 부정할 수 없다. 비등수형 핵반응로도 파이프, 밸브, 순환펌프가 사고의 3대 요인을 독점한다. 후쿠시마 제2핵발전소 3호기 사고가 체르노빌 사고의 재발로 이어지지 않은 것 또한 큰 행운이라고 해야 한다.

사고 이후, 도쿄전력과 정부가 보인 자세는 또 다른 핵발전소 중대사고를 우려하게 만든다. 도쿄전력은 당초, 핵반응로 내에 들어간 금속파편을 모두 회수할 때까지 운전을 재개하지 않겠다고 약속했다. 그러나 실제로 금속파편과 분말을 완전히 회수하는 일은 불가능했다. 안전을 우선한다면 핵반응로의 운전을 정지하는 것밖에 방법이 없었다. 도쿄전력은 1990년 가을, 핵반응로 내에 들어간 금속파편을 남겨 두고 운전 재개를 강행했다. 물론 정부가 허가를 내렸는데, 이와 관련해 일본 정부가 실시한 재순환펌프 사고의 원인 규명도 엉터리였다. 핵발전소 반대운동 측이 미국의 정보공개법을 이용해 입수한 자료에 따르면, 재순환펌프가 심한 진동을 일으켜 파괴된 근본적 요인은 공진共振이라는 현상에 있었다. 미국에서 기술을 도입하면서 미국의 재순환펌프를 그대로 복사해 만든 펌프가 교류 주파수가 미국과 다른 동일본의 환경에서 고스란히 공진을 일으켰다. 하지만 웬일인지 정부 위원회는 펌프 파손의 원인이 용접 불량에 있다고 결론 내렸고, 핵발전소 반대운동 측이 지적한 공진설說은 거들떠보지도 않았다. 위원회 책임자가 예전 재순환펌프의 안전성을 평가하는 위원회의 핵심인사로, 이미 "극히 안전하다"는 평가를 내렸기 때문에, 이번 사고 원인 규명에서 자신이 책임지는 선택을 할 리가 없었기 때문이다.

사고 원인 규명마저 제대로 하지 않은 상태로 문제가 있는 핵발전소 재가동을 강행했다. 이런 사례만 보더라도 일본의 핵발전소 가동은 중대사고가 발생하지 않는다고 단정하기 힘든 환경이다.

핵발전소 주변의 인구도 문제이다. 가압수형이든 비등수형이든, 일본에서는 핵발전소에서 100km 이내에 인구밀집 지대가 존재한다. 일본의 대도시는 모두 100km 내에 언제 사고를 낼지 모르는 핵발전소를 안고 있다. 일부에서는 도시 사람들이 방사능 오염의 희생을 핵발전소 인근 지역 주민에게 떠넘기고 혜택만 누린다는 지적도 있었지만, 스리마일, 체르노빌 사고에서 밝혀졌듯이 대도시 시민들 또한 핵발전소 방사능 오염에서 벗어날 수 없다.

방사능 오염이라는 차원에서 더 지적해야 할 점은, 미하마 핵발전소 2호기의 경우에도 나타났지만, 환경으로 방출된 방사능 오염의 심각성을 경시하는 문제이다. 간사이전력은 사고 직후, 역시나 환경 중에 누출된 방사능은 없었다고 발표했다. 나중에 방사능 누출을 더 이상 부정하기 어려운 상황이 되자, 방사능은 누출되었으나, 환경에 영향은 없다고 말을 바꾸었다. 간사이전력의 자체 평가에서도 대기 중에 약 50억베크렐, 해수 중에 약 700만 베크렐의 방사능 누출을 확인했다. 그렇지만 간사이전력이나 후쿠이현 자체도 환경에 영향은 없고 안전하다고 선언했다. 심지어 간사이전력은 사고가 일어나는 순간에, 미하마 핵발전소를 찾아온 방문객 457명을 방사능에 그대로 노출시킨 상태로 대피시키지 않았다. 간사이전력이 발표한 방사능 수치의 신뢰성은 거의 없다. 데이터의 근거가 분명하지 않기 때문이다. 명확한 사실은 환경 속으로 방사능이 방출되었고, 주민들에 대한 방사능 피폭의 위험성에 대해 간사이전력은 물론 해당 지자체도 거의 문제 삼지 않는다는 점이다.

아울러 노동자 피폭의 위험성도 완전히 경시하고 있다. 미하마 2호기에서 일어난 증기발생기 전열관 파단 사고를 조사하기 위해 노동자들이 바로 증기발생기 안으로 들어갔다. 증기발생기 내부는 시간당 50밀리시버트로 피폭될 만큼 상당히 오염된 곳이다. 물론 간사이전력이 발표한 이 수치를 그대로 신뢰할 수는 없다. 왜냐하면 미하마 핵발전소와 같이 상당히 오랫동안 운전해온 핵발전소 증기발생기 수실水室 내부 선량은 시간당 50밀리시버트 수준 이상일 경우가 훨씬 더 많기 때문이다. 심할 경우에는 한 자릿수 이상 높은 것도 다반사이다. 이렇게 심하게 오염된 증기발생기 내부에 사고 발생 후 인해전술처럼 다수의 노동자를 투입했다. 미하마 2호기 사고는 이런 실태를 많은 사람들에게 알렸다는 점에서 중요한 의미를 지닌다.

최근 일본 피폭 문제의 두 번째 특징은, 아오모리현青森県 시모키타반도下北半島에서 진행하고 있는 재처리 공장 건설 준비와, 우라늄 농축공장 등 핵연료순환주기와 관련한 정책 추진 문제이다. 동전의 양면인 방사성 폐기물 처리·관리 문제도 있다. 유럽과 미국의 사례처럼, 핵재처리 공장의 오염은 너무 심각하다. 일상적인 오염이 심각하다는 점을 뒤집어 생각해본다면, 재처리 공장에서 만일 중대사고가 일어나면, 체르노빌 사고와는 비교가 되지 않을 정도로 클 것이다. 상상을 초월할 만큼의 방사능 오염이 전 지구적 수준으로 확장할 수 있다. 시모키타반도에서는 연간 800톤의 사용후핵연료를 처리하는 기업형 재처리 공장을 계획하고 있다. 예상 처리량을 히로시마 핵폭탄과 비교한다면, 연간 약 3만 발에 해당하는 '죽음의 재'를 처리한다. 재처리 공장에서는 지극히 가연성이 높은 화학물질을 취급하기 때문에 화재사고가 끊이질 않는다. 플루토늄이 화재 등으로 산화 플루토늄이 되어 대기 중에 뿌려진 다음 사람들이 숨을 들이쉬게 되면, 불과 1g의 산화 플루토늄만으로도 100만~1000만 명이 폐암에 걸릴 수 있는 초 맹독성을 갖는다. 독성은 2만 4000년 이후에나 겨우 절반으로 줄어든다. 플루토늄이라는 물질이 겨우 5kg만 있어도 나가사키 형 핵폭탄을 만들 수 있다. 재처리 공장에서는 이것을 수용액 상태로 다뤄 핵폭탄과 양적으로는 다를지 모르나, 질적으로는 전혀 다르지 않은 임계 폭탄의 위험성이 상존한다.

임계 폭발 사고와 화재사고를 계기로, 처리중인 '죽음의 재' 중에 아주 일부만 환경에 누출되더라도, 히로시마형 핵폭탄의 '죽음의 재'로 환산하면, 수백 발, 아니 수천 발에 해당하는 양임을 짐작할 수 있다.

요컨대 중대사고가 일어날 경우는 물론, 일상적으로 환경 중에 방출되는 방사선 오염 문제, 혹은 근무하는 노동자의 피폭 문제 모두가 각각 극히 심각한 상태인 셈이다.

그러나 극히 위험한 재처리 공장이 일본의 경우 활성단층의 존재가 의심되는 지역에 건설될 예정이다. 단층이 있어 지진으로 인한 파괴가 매우 우려스러운 상황은 이미 건설을 시작한 시모키타반도의 핵연료 시설이나 저준위 방사성 폐기물의 저장시설 모두 동일하다. 전국 각지의 핵발전소에서 매일 발생하는 핵폐기물을 당초 계획으로 20만 개, 최종적으로 300만개의 드럼통에 담아서 아오모리현 무쯔오가와라むつ小川原 인근에[84] 저장할 예정이다. 300년 동안 감시할 예정이라지만, 실제로는 지하 얕은 부분에 콘크리트 구덩이를 만들어 매장한 후 위에서 점토와 흙을 덮어서 매립하는 방식이다. 지진으로 인한 파괴 위험성과 함께 일상적으로 드럼통을 반입하는 노동자와 인근 주민들의 피폭 위험성이 있다. 아울러 지반 자체가 충적층과 홍적층으로 구성되어 단단한 암반

---

84) 일반적으로 알려진 시모키타반도(下北半島) 롯가쇼무라(六ヶ所村)를 지칭한다. 이곳에는 저준위 방사성 폐기물 매설센터, 우라늄 농축공장, 고준위 방사성 폐기물 저장관리센터, 재처리 공장(건설중), MOX연료공장(건설중)이 있다.

이 없고, 풍부하게 지하수가 흘러 방사능이 물에 스며들어 흙과 농산물을 오염시킬 위험성도 꽤 높다. 사실 이런 현상은 시모키타반도만의 문제가 아니라 일본 전국의 문제이다.

이외에도 우라늄 농축공장, 해외에서 돌아오는 고준위 방사성 폐기물 관리 등 몇 만 년에서 몇 십만 년에 걸쳐서 맹독성을 유지하는 핵물질을 시모키타반도에 집중하려는 중이다.

식품의 방사능 오염

중요한 문제이니 만큼 좀더 구체적으로 생각해보자. 체르노빌 핵발전소 사고로 전 세계에 흩어진 방사능 오염식품 문제는 건강 유지 측면은 물론 피폭의 근본 문제를 생각하는 경우에도 중요하다. 사고 후 약 1년 반이 지난 시점에서 방사능으로 오염된 식품을 수입하여, 이로 인한 불안이 급속히 일본 전국에 퍼졌다. 후생성[85]은 식품 1kg당 세슘 기준치를 370베크렐로 잡은 잠정기준을 채택했다. 핵추진파 방사선 피폭 문제 관계자들은 기준치 370베크렐 이하라면 자연방사선량과 비교해도 높지 않아 안전하다고 주장했다. 정부의 소관 기관인 과학기술청[86] 방사선의학종합연구소[87]는 "체르노빌 사고의 경우에도 반감기가 긴 방사성 물질

---

85) 2001년 1월 노동성과 통합해 현재의 후생노동성이 됨
86) 총리부의 외국(外局)으로 설치된 일본 행정기관의 하나. 2001년 1월 문부성과 통합되어 문부과학성으로 발족

은 많지 않아 수년 후에는 영향이 거의 없어질 것"이라고 주장했다. 뻔한 거짓말로 국민들의 불안 확산을 막으려는 것이다. 핵추진파와 인정파 모두 일본 국민이 방사능과 방사선에 대해 너무 민감하다고 주장한다.

이들 주장의 대부분은 과거 핵실험 낙진 논쟁에서, 미국 원자력위원회 등이 허용선량을 논거로 전개한 '소량 방사선 안전론'을 그대로 답습한다. 차이점은 피폭의 영향을 과소평가 하기 위해 새롭게 만든 유효선량당량이라는 그들만의 개념을 이용한 교묘한 속임수를 쓴다는 점이다.

핵발전소 인정파인 일본과학자회의[88] 사람들은 체르노빌 사고가 이미 2년 반이 지난 시점이라, 방사능 오염식품은 "현재의 오염 수준이면 너무 신경 쓰지 말고, 무엇이든 먹어도 괜찮다"라고 핵추진파와 같은 주장을 했다. 뿐만 아니라 추진파가 매우 기뻐할 논점도 전개했다. 예를 들어, "방사능과 오염식품에서 370베크렐의 세슘을 매일 영구적으로 먹

---

87) 1957년에 과학기술청 소관 국립연구소로 발족된 방사선의학에 관한 종합연구소. 현재는 문부과학성 소관의 독립행정법인으로, 양자과학기술연구개발기구의 일부

88) The Japan Scientists' Association. 과학자의 전국조직 결성 움직임이 높아지면서, 1965년 12월 일본과학의 자주적·종합적 발전과 과학자의 사회적 책임을 수행하기 위한 공동조직을 목표로 결성되었다. 1966년 기관지 「일본과학자(日本の科学者)」를 창간하고, 세계과학자연맹(World Federation of Scientific Workers)에 가입했다. 전국적으로 지부가 있고, 전문위원회로 공해문제연구위원회, 에너지·원자력문제연구위원회, 재해문제연구위원회, 평화문제연구위원회, 보건의료복지문제연구위원회, 과학·기술정책위원회 등이 있다 (일본 위키피디아 참고).

어도 연간 피폭량은 자연방사선 피폭량과 비교하면 아주 적다"며, "사소한 문제를 침소봉대하면 다른 차원에서 인권문제가 발생할 수 있다"라고 주장했다. 방사능 오염식품의 위험성에 대한 주장을 온갖 공포를 조장하고 인권을 침해하는 협박으로 표현한 것이다.

방사능 오염식품 문제에 집약적으로 나타나듯이 핵발전소 추진파와 인정파의 공통점은, 첫째 방사선 피폭의 영향을 의도적으로 과소평가 하고, 둘째 피폭의 희생자를 포기하고 무시하는 작태를 거리끼지 않는다는 점에 있다.

우선 첫 번째 내용은 유효선량당량 방식이 식품 중의 스트론튬90 등의 영향을 거의 무시한다는 점을 의미한다. 방사능 오염식품 문제에 한정하지 않더라도 피폭 문제에서 알라라ALARA 원칙이나 유효선량당량 방식과 같은 경제성 원리에 대해 비판하지 않는다면, 교묘한 속임수에 협조하려는 사람들이거나, 속임수인지도 알아차리지 못할 만큼 ICRP를 무비판적으로 추종하는 사람들이다.

설령 자연방사선에서 받는 연간 피폭량의 수분의 1정도 오염식품을 통해 섭취하더라도 일본 전국에서 성인만 하더라도 수천 명의 암 및 백혈병 피해자가 발생한다. 방사선 피폭에 약한 어린 아이들을 생각하면 피해는 양적으로는 물론 질적으로도 심각해진다. 하지만 그들은 이런 심각성을 인정하지 않는다. 그들은 더 많은 피해자가 발생하는 교통사고 등 다른 경우들과 비교하면서, 방사선 피폭으로 인한 영향과 피해는 얼마 되지 않는다며, 상대적으로 과소평가 하는 속임수도 쓴다. 이도 저도 아니다 싶으면 아예 심각성을 공공연히 무시해 버린다.

왜 그들은 이렇게까지 무리한 해석을 하는 것일까? 핵발전소와 핵연료순환주기에서 나오는 방사능이 무섭고, 미래 세대를 포함한 방대한 희생자가 발생하는 역사적 사실을 억지로 부정하려 하기 때문이다. 방사능 오염식품으로 인한 불안 등 많은 사람들이 갖고 있는 방사능 공포가, 기본 출발점인 핵발전소와 핵연료순환주기에 대한 반대 여론으로 확장되는 것을 극도로 경계하기 때문이다. 그들은 본인들의 정치적, 경제적 가치관을 이성적인 것으로 여기는 반면, 일반인이 가지는 방사능에 대한 공포는 감성적이며 비과학적인 것으로 취급한다.

그들의 속임수와 모순은 위험한 것을 위험하지 않다고 하는 억지에서 시작한다. 본질적으로 안전한 것은 일부러 "안전하다"는 말을 더하지 않는다. "핵발전의 안전성"이라든가 "방사능 오염식품의 안전성"이라는 말은 자체가 모순이다. 위험한 것을 위험하다고 인정하지 않는 이상 진보와 발전은 없다.

이러한 속임수와 기만을 용서하지 않기 위해서는, 핵추진과 용인에 대한 비판이 확산되고 핵발전소 반대운동이 크게 발전해야만 한다. 물론 피폭 피해를 근본적으로 없애기 위해서는 핵을 포기하고 핵발전소와 핵연료순환주기의 전면중단을 실현하는 방법밖에 없다. 그러나 목표를 실현하는 과정에서도 방사성 물질은 하루하루 늘어나고, 암과 백혈병을 비롯한 피폭 피해가 증가한다. 핵무기 반대와 핵발전소 반대운동은 전 세계의 피폭 피해를 가능한 한 줄이기 위해, 피폭 반대운동으로 더욱 확장할 필요가 있다.

피폭 반대운동은 오늘날 핵발전소 사고를 비롯해 핵발전소와 핵연료순환주기의 모든 공정에서 발생하는 피폭자의 실태를 전 세계에 잘 드러낸다. 동시에 핵폭탄 피폭자와 핵실험 및 핵개발에 의한 피폭자 등 온갖 피폭 희생자들의 실태에 대한 고발과 구제, 피폭자들 간의 연대를 통해 모든 핵 피해를 말끔히 없애고 핵 포기를 향해 발전해 나가고 있다. 1987년 뉴욕에서 개최된 '제1회 핵피해자 세계대회'는 이러한 운동의 필요성에 따른 것이다. 아울러 피폭 반대운동이 실제로 발전하고 있다는 점을 나타냈다.

피폭 희생 강요에 대한 고발, 방사선 위험성에 대한 재검토와 해명, 방사선 피폭 방호체제 비판과 피폭기준의 대폭 인하 요구는 모든 핵무기 반대운동이나 핵발전소 반대운동과 연결된다. 피폭 반대운동의 각종 내용은 핵무기 반대와 핵발전소 반대운동의 토대를 제공한다.

일본의 방사능 오염식품에 대한 반대운동도 객관적으로는 세계 반핵운동의 일부를 이룬다. 현재 운동에 필요한 것은 오염식품 거부운동을 철저히 전개하고, 운동에 참여하는 전 세계 사람들 특히 개발도상국의 억압받는 사람들에게 오염과 피폭을 강요하지 않도록 해야 한다. 나아가 핵발전소와 핵연료순환주기의 포기, 선진 자본주의 국가가 개발도상국에 떠넘기는 사실상의 피폭 강요 자체를 반대하는 운동으로 발전해 가야 한다.

좀더 구체적으로, 어떤 운동을 우선적으로 발전시켜 가야 할 것인가? 역사적으로 보나 또 현재의 국제 정세를 보나, 방사선의 위험성에 대한 근본적인 재검토가 무엇보다 시급하다. 즉 ICRP의 리스크 평가와 피폭선량 한도를 현행보다 적어도 한 자릿수 인하하기 위한 운동을 전개해야 한다. 이것은 근본적으로 히로시마와 나가사키를 비롯한 방사능 피폭자들의 희생을 헛되게 하지 않기 위해 꼭 해야 하는 일이다.

방사능 오염식품의 경우에도, 1kg당 370베크렐의 기준을 적어도 한 자릿수 이상, 특히 유아 대상으로는 두 자릿수 이상의 인하가 중요하다. 방사능 측정치 공표를 후생성과 지자체 식품 관련 기관에 요구해 실현해 나가야 한다. 방사능 오염식품에 반대하는 운동은 이미 생활협동조합 등에서 자발적 기준을 설정하고 있다. 이런 움직임을 더욱 전국적인 운동으로 발전시켜 나가면서, 노동자와 일반인 피폭선량 한도에 대한 대폭 인하를 요구해 나가야 한다.

피폭기준의 대폭 인하를 요구하는 운동은 체르노빌 핵발전소 사고로 인한 방사능 문제뿐만 아니라, 일본 핵발전소와 재처리 공장 등 핵시설 운영에 따른 환경과 식품의 오염, 핵발전소 폐로와 방사성 폐기물의 매립 문제에 필연적으로 수반하는 일정 농도 이하의 방사성 폐기물을 일반 산업폐기물과 같이 취급하는 문제(땡 처리)[89] 등, 피폭 강요에 반

---

89) 일본의 경우 방사성 폐기물을 총 4종류로 분류한다. 고준위, 저준위, 극저준위, 클리어런스레벨(clearance level, 해제 급수)이 그것이다. 이중 해제 급수는 말하자면 방사성 폐기물로서 취급할 필요가 없는 폐기물이다. 해제 급수 대상물은 방사능 측정 후에 해제 급수 이하를 확인하면 재이용도 가능하다. 해제 급수 폐기물은 일본의 경우 핵발전소 폐기물의 98%를 차지한다고 알려져 있다. 대부분이 콘크리트이다. 110만 킬로와트급 핵발전소의 경우 비등수형 핵반응로에서 53만 톤(콘크리트 50만 톤, 금속 3만 톤), 가압수형의 경우에 49만 톤(콘크리트 45만 톤, 금속 4만 톤)으로 추산하고 있다.

대하는 폭넓은 운동으로 확대해 가야 한다. 피폭기준의 대폭 인하는 핵발전소와 재처리 공장 등의 운전을 향후 경제적, 기술적으로도 극히 어려운 상태로 만들 수 있다.

12. 맺음말

　　방사선 피폭기준과 피폭 방호체제에 대한 비판은 새로운 피폭자 문제가 발생할 때마다 커졌으며, 국제적인 피폭 방호기준 내용에도 크나큰 영향을 미쳤다.

　　히로시마·나가사키 핵폭탄 투하나 비키니 핵실험 때도 그랬듯이, 핵발전소 사고가 전 세계적 방사능 오염이라는 심각한 문제를 일으켰을 때에도 전 세계인들이 반대운동을 했다. 핵무기와 핵실험에 대한 반대운동, 현재의 핵발전소와 핵연료순환주기에 반대하는 운동은 국제적인 피폭 문제 논의에 큰 영향을 미치고 있다. 핵무기 반대, 핵발전소 반대운동과 연결된 과학자들의 활동으로 방사선 피폭의 위험성에 대한 새로운 식견이 등장하면서, '권력집단' 측의 과소평가를 지적해 왔다. 이제 피폭자 실태는 세계의 모든 사람들이 공통적으로 인식하고 있다.

　　방사선 피폭의 위험성에 대한 인식의 확산과 함께, 위험성의 근원을 밝히는 과정이야말로 '과학의 진보'라고 불러야 한다. 진보라는 것은 ICRP 등 여러 조직에서 발표해 온 권고나, 여러 결과물이 아니다. 오히려 진보는 ICRP를 핵심으로 하는 지배구조의 성과로 칭송해온 '위장된 과학'에 반대하며, 피폭과 희생의 강요를 고발한 사람들이 목적의식적으로 추구하고 획득한 것이다.

핵발전 추진과 피폭 문제에 권력을 쥐고 있는 집단들은, 경제성을 우선하고 피폭의 위험성을 등한시하는 기본 입장을 더욱 강화하고 있다. 하지만 끊임없이 발생하는 희생자가 증명하고 있는 방사선 피폭의 리스크 문제, 방사선 위험성 평가 문제는 핵발전 추진파의 아킬레스건이다. ICRP 등 핵추진파의 리스크 평가의 오류에 대해 반핵 운동 진영은 오래 전부터 일관되게 비판했으나, 받아들여지지 않았다. 핵추진파는 자신들의 최대 약점을 은폐하고 강력하게 회피해 왔다.

그들이 저선량 방사선 피폭의 위험성 재검토를 거부하는 동안, 전 세계에서 얼마나 많은 피폭노동자들이 희생되었을까. 피폭 문제는 본인은 물론 미래 세대에도 영향을 끼친다. 리스크를 크게 과소평가 한 사실이 밝혀진 지금, 재검토는 잠시도 유예할 수 없다. ICRP가 종래와 같이 잡다한 이유를 제시하는 재검토 연기는 이제 용납할 수 없다.

최근 들어 피폭 문제에서 지배적 집단이었던 ICRP 등이 방사선 리스크에 대한 과소평가를 인정할 수밖에 없게 되자, 지금까지의 주장을 수정하는 작업에 하나둘 착수했다. 방사선영향연구소RERF가 시행한 히로시마·나가사키의 핵폭탄 피폭자 데이터에 근거한 암과 백혈병 사망 리스크 재검토도 그런 사례 중 하나이다. 문제는 재검토 작업이 ICRP 등이 과소평가 해 온 방사선 리스크의 대폭적인 수정과, 국제적인 피폭방호 기준의 근본적인 개정으로 이어질 것인가의 여부에 있다.

ICRP 등이 방사선 리스크에 대한 전반적인 재검토를 하려면, 역사가 말해 주듯 세계의 여론이 높아져야 한다. 피폭의 위험성을 널리 호소하고, ICRP의 피폭선량 한도가 극히 과소평가 된 것에 대해 많은 사람들이 인식하고, 방사선 피폭의 모든 기준을 대폭 인하하도록 요구하는 광범위한 운동이 세계적으로 발전해야 비로소 가능한 일이다.

운동의 발전을 위해서는 지금까지 방사선 피폭 방호를 지탱시켜 온 근본 사상, 즉 사람들의 생명과 건강보다 핵산업의 경제적 이익을 더 중시하는 원칙에 대한 비판, 말하자면 ICRP 조직 자체와 이들이 만든 권고에 대한 비판이 무엇보다 중요하다. 바로 이 점이 방사선 리스크와 피폭선량의 대폭 수정 문제를 진행하는 데 핵심이다.

체르노빌 핵발전소 사고 이후 피폭에 반대하는 세계 운동은 ICRP의 리스크 평가와 선량한도의 대폭적인 수정을 요구해, ICRP의 기본적 체질을 비판하는 방향으로 발을 맞추어 움직이기 시작했다. 하지만 ICRP의 피폭 방호에 관한 사상과 경제 원리에 따른 알라라ALARA 원칙에 대한 비판은 아직 충분하지 않다. ICRP 비판은 먼저 리스크 평가와 피폭기준에 대한 생물·의학적 및 과학적인 평가를 기초로 해야 한다. 운동의 초기 단계에서는 이 점이 중요하다. 필연적으로 과학자들의 역할이 클 수밖에 없다. 달리 말하면 ICRP에 대한 근본적이고 체계적인 비판은 과학자들과 연계한 광범위한 사회 계층의 본격적인 피폭 반대운동을 전개해야 가능하다. 광범위한 피폭 반대운동의 세계적인 발전은 현 시점에서 반드시 필요하다.

일본에서는 ICRP와 그 권고가 지닌 사회적 성격을 평가하고 비판하는 데서 시작해야 한다. 왜냐면 방사선 피폭 방호에 관한 서적이 다수 발간되었지만, 거의 모두 ICRP와 같은 입장이거나, 같은 사상에 입각해서 서술하고 있기 때문이다. 이런 입장은 방사선 피폭의 위험성을 피상적으로 인정하지만, ICRP가 맡아 온 역사적, 사회적 역할을 제대로 보지 못하는 과학자들에게 많이 나타난다. 이들은 ICRP 권고의 기본원칙을 "매우 유익하다"고 높이 평가한다.

유사한 과학자들 범주에는 핵발전 추진파만이 아니라, 경우에 따라서는 핵발전 반대 주장에 일부 긍정하지만, 기본적으로 핵발전을 지지하는 '일본과학자회의' 등 소위 핵발전 인정파들도 포함된다. 핵발전 추진을 지지하는 자들은 ICRP와 그 권고를 지지해 왔다. 때론 핵발전에 반대하는 과학자들 중에서도 소수이지만 'ICRP 정신'을 지지하는 사람들이 있다. 피폭 강요에 대한 반대 의식이 아직 강하지 않고, ICRP의 기본 사상에 대한 비판이 아직 불충분하다는 점을 의미한다.

방사선 피폭 방호 대책의 가장 중요한 내용은 피폭을 가능한 한 줄여야 한다는 점이다. 우리는 자연방사선에 노출된 채 피폭당하며 살고 있다. 현재까지 자연 피폭을 방지할 수 있는 과학기술은 없다. 중요한 점은 더 이상의 불필요한 피폭을 추가하지 않아야 한다. 불필요한 피폭 중에 가장 많은 것이 핵무기 개발과 핵발전, 핵연료순환주기로 인한 방사선이다. ICRP 등 핵발전 추진파들은 사람의 건강을 판단할 때 피폭을 줄여야 한다는 원칙을 인정하지 않을 수 없었다. 다만 그렇게 했을 경우엔 핵산업의 활동이 불가능해지기 때문에 핵 이용의 사회·경제적 편익을 고려하라면서 선량한도 이내의 피폭을 강요하는 피폭 방호기준을 만들었다. 이들이 소리높여 주장하는 'ICRP 정신'이란, 피폭, 즉 사람의 생명 문제를 돈으로 계산하는 관점이다. 핵산업은 현대판 '죽음의 상인'이다. 그들은 피폭을 가능한 한 적게 해야 한다는 생각 따위는 하지도 않는다.

방사선 관계자가 국제조직을 만들어 건강을 위한 피폭기준을 제정한 것은 과거 일이다. 핵시대로 들어선 이후, 피폭 방호체제는 핵무기와 핵발전 추진을 최우선시 하는 지배세력이 대중들에게 피폭을 강요하기 위한 사회적 구조가 되었다. 피폭선량 한도는 지배자가 정한 피지배자의 피폭 강요 한도이다. ICRP는 과학 분야에 대한 권위를 갖고 있는 국제조직이라고 할 만큼 가치가 없다. ICRP는 피폭을 민중에게 떠넘기고, 핵산업과 지배층들에게 경제적·정치적 이익을 가져다주는 국제위원회일 뿐이다.

방사선 피폭 강요를 반대하기 위해서는 근원을 없애야 한다. 핵무기와 핵발전, 핵연료순환주기를 파괴하지 않는 이상, 현대의 피폭 강요 구조를 근절할 수 없다. 핵발전과 핵연료순환주기에 반대하는 사람들은 물론 핵무기에도 반대하고 있다. 그러나 핵무기에는 반대하면서 핵발전에는 반대하지 않는 사람들도 있다. 이들은 악의 근원을 철저히 근절하지 않거나, 근절하고 싶지 않은 사람들이다. 피폭 강요를 철저히 비판하지 않는 자세가 ICRP와 그 권고의 지지로 나타난다. ICRP에 대한 철저한 비판 여부가 피폭 강요에 대해 근본적인 반대를 나타내는 시금석이 된다.

피폭의 근본적 원인을 없애는 것도 중요하지만, 단순히 핵무기와 핵발전의 근절이라는 최종적 목표만을 주장해서도 안 된다. 핵무기 근절은 핵실험 중단으로부터 시작한다. 부분 조치에 대한 실현을 철저히 해나갈 때만이 최종 목적에 도달할 수 있다. 핵발전과 핵연료순환주기의 경우에도 마찬가지다. 핵발전의 전면적인 폐기라는 목표 아래, 신규 핵발전소 건설 백지화 운동부터 운전 중인 핵발전소에 대한 대응활동까지, 함께 할 수 있는 가능한 모든 일을 철저히 실행해 가야 한다. 비핵이라는 최종 목적을 위해 부분적이며 개량적인 조치 실현을 어떻게 노력해 나갈지가 현재 핵 문제의 핵심이다.

피폭 강요에 반대하는 운동은 방사능 오염에 반대하고 근원을 없앤다는 공통 목표 하에, 농산물과 수산물 생산자인 핵발전소 지역 주민들과 연대할 수 있다. 그리고 일본의 핵발전 정책으로 인해 희생되고 있는 미국, 캐나다, 호주, 남아프리카, 나미비아 등 우라늄 채굴 현장 원주민, 영국 세라필드와 프랑스 라하그La Hague[90]의 핵재처리 공장에서 피폭된 노동자와 주변 주민들 특히 백혈병에 걸린 어린 아이들, 방사성 물질 운반 과정에서 피폭되는 노동자 등 전 세계의 다양한 사람들과 함께 운동을 발전시켜 나가야 한다.

방사선 피폭의 위험성에 대한 근본적인 재평가를 요구하면서, 방사선 피폭의 근원을 없애고 다른 민족을 포함해 모든 사람들의 피폭 강요

---

90) 프랑스 노르망디 북쪽 지역이다. 핵폐기물 습식저장 위주의 시설이다. 저장용량은 약 14,000톤 정도. 이중 약 850톤을 재처리 한다. 고용인원은 프랑스 핵산업 그룹 아레바의 직원이나 하청 직원 등 5,000명 수준이다. 아레바는 지분의 87%를 프랑스 정부가 소유하고 있어, 사실상 국영기업이다.

에 반대하기 위해, 운동을 과거와 현재 그리고 일본과 세계를 연결하는 지구적 운동으로 발전시켜 가는 것이 향후 우리의 큰 과제이다.

|증보| 후쿠시마와 방사선 피폭

과학기술문제연구회科学技術問題研究会 이나오카 고조稲岡宏蔵

동일본 대지진과 후쿠시마 제1핵발전소 참사(후쿠시마 사고)가 발생한 지 반년이 지났다. 사고는 아직 수습되지 않았으며, 방사능의 지속적인 누출, 대량 피폭의 위험성도 사라지지 않았다.

후쿠시마 핵발전소 사고는 체르노빌 사고에 이어 대량의 방사능을 환경에 방출한 핵발전소 중대사고이다. 대기와 바다, 후쿠시마현(縣)과 주변지역의 토지, 논밭, 산림, 하천, 건물 등을 심각하게 오염시켰다. 방사능은 지구를 돌고, 특히 해양 오염은 전 세계로 확산되어 지구 전체를 오염시키고 있다.

핵발전소의 심각한 방사능 오염으로, 사고 수습 작업에 참여한 노동자가 수백 명 단위로 고선량 피폭을 강요받고 있다. 뿐만 아니라 방사능 구름이 바람 부는 대로 이동해 방사성 물질이 낙하한 후쿠시마현을 비롯해 미야기현(宮城縣)과 이와테현(岩手縣), 간토(関東) 지방과 주부(中部) 지방 일부까지 광범위한 지역의 주민들도 피폭당하고 있다.

사고로 인한 방사선 피폭은 지금도 여전히 진행 중이며, 이후에도 수십 년 이상 장기간 지속될 수밖에 없을 것이다. 후쿠시마 사고는 사고의 성격과 피폭의 심각성, 사회·경제적 영향이라는 면에서, 히로시마·나가사키 핵폭탄 투하, 비키니를 비롯한 대기권 핵실험, 체르노빌 핵발전소 사고에 이어, 핵시대의 새로운 국면, 세계 방사선 피폭 역사에서 새로운 한 시기를 열었다.

1. 후쿠시마 사고의 특징과 노동자·주민의 대량피폭

외부 전원 상실로 노심용융(멜트다운), 수소폭발

2011년 3월 11일 도호쿠東北 지방의 태평양 앞바다에서 대지진(매그니튜드9.0)이 발생했다. 대지진은 일본 도호쿠 지방의 태평양 연안에 강한 지진 파동과 거대한 쓰나미를 일으켰다. 당시 도호쿠 지방에서 운전 중이던 오나가와女川 핵발전소 1~3호기, 후쿠시마 제1핵발전소 1~3호기, 후쿠시마 제2핵발전소 1~4호기, 도카이 제2핵발전소에서 핵반응로가 지진 파동을 감지해 긴급 정지했다. 모든 핵발전소에서 핵반응로는 제어봉이 작동해 핵분열 연쇄반응을 중단했다.

한편, 강한 지진 파동은 후쿠시마 제1핵발전소에 전력을 보내는 도호쿠 전력의 송전망을 파괴했다. 이어 각종 기기, 배관 등도 파괴했다. 외부전원을 상실한 후쿠시마 제1핵발전소 1~3호기에서는 비상용 디젤 발전기가 가동해, 핵분열 반응이 정지한 후에도 방대한 붕괴열이 지속적으로 발생하는 핵반응로를 냉각하기 시작했다. 그러나 약 1시간 후에 수십 미터에 달하는 거대 쓰나미가 후쿠시마 제1핵발전소를 습격했다.[91] 비상용 발전기가 수몰되고 오일탱크도 떠내려가, 결국 모든 교류 전원을 상실해 핵반응로 냉각이 불가능해졌다. 안전설계 지침상, '예상범위 밖'으로 잡았던 모든 교류전원 불능 사고가 발생했다. 단시간 전원 상실만 상정했던 비상용 냉각시스템으로는 사고 확대를 막을 수 없었다.

도쿄전력과 핵 관리 당국은 거대 지진이 발생할 위험성을 알면서도 (869년에 이 지역에서 일어난 조칸貞観 쓰나미[92])를 교훈으로 안전대책을 강구해야 한다는 지적이 있었음), '예상범위 밖'의 영역이라면서 거대 쓰나미에 필요한 대책을 세우지 않았다. 안전성보다 경제성을 우선했기 때문이다.

후쿠시마 제1핵발전소 1~3호기에 사고가 발생한 당일 노심의 붕괴열로 냉각수가 증발해 연료봉이 밖으로 드러났고, 용융·파손이 시작됐다. 대량으로 녹은 노심연료는 압력용기 하부로 녹아내렸다(멜트다운 meltdown). 낙하한 용융 연료는 압력용기 하부를 관통하는 제어봉 구동

---

91) 후쿠시마 제1핵발전소 부지에는 1호기부터 4호기까지 있었다. 동일본 대지진으로 인한 사고 당시, 1~3호기는 지진의 영향으로 정지했다. 비상용발전기도 쓰나미로 침수되어 사용할 수 없었기 때문에, 냉각용 물을 공급할 수 없어 핵연료는 뜨거운 잔열로 녹아버렸다. 이로 인해 1호기와 3호기는 수소폭발이 발생했다. 2호기의 격납용기도 증기로 가득 찼으며 이마저도 폭발했으면 방사능 방출로 동일본 괴멸도 예상되는 상황이었다. 그러나 격납용기 바닥에 결함부분이 있어서 증기가 빠져나갔다. 4호기는 점검 중이어서 핵연료 저장수조에 사용후 핵연료가 있었다. 인근에 있는 핵반응로 웰블럭(격납건설 상단의 콘크리트 덮개)의 칸막이가 어떤 이유에선가 열려있었고, 공사의 지연으로 빼내지 못했던 핵반응로 웰블럭의 물이 저장수조에 흘러 들어와 핵연료를 냉각시켰다. 2, 4호기의 기적으로 인해, 일본의 수도권을 포함한 반경 250킬로 지역의 방사능피해를 모면할 수 있었다. 불행 중 다행이었다.

기구와 계측기 등을 용융·파괴하여, 용융연료의 일부는 핵반응로 압력용기를 관통해(멜트스루melt-through), 격납용기로 떨어졌다.

이후 3개의 핵반응로에서 연료봉 피복관 '지르코늄'[93]과 물이 반응해 만들어진 대량의 수소로 3월 12일에는 1호기, 14일에는 3호기, 15일에는 2호기에서 수소폭발이 발생했다. 이와는 별도로 4호기에서는 사용후핵연료 저장 수조 건물에서 수소폭발이 일어났다. 폭발은 1·3·4호기의 핵반응로 건물을 파괴했고, 2호기의 격납용기와 압력억제실의 일부도 파괴했다. 멜트다운과 수소폭발로 인해 12일부터 15일까지 대량

---

92) 조칸(貞観)은 일본 헤이안시대인 제56대~57대(859년~877년) 일본왕의 연호이다. 조칸 쓰나미는 조칸 11년(서기 869년)에 지금의 일본해구 근처 해저를 진원지로 발생하였다고 추정하는 거대지진(매그니튜드 8.3 이상)과 더불어 일어난 거대 쓰나미로, 당시 피해가 극심했다고 한다. 이 지역에 주기적으로 지진이 발생하고 있고, 2011년 3월 11일 발생한 동일본대지진은 이 지진이 다시 온 것이라고도 한다. 이 쓰나미를 주목한 일본 지질·지진학자들의 연구가 있었음에도 불구하고 방재에 활용치 않은 채 있다가, 2011년 3월 동일본대지진, 후쿠시마 제1핵발전소 사고가 일어나면서 고대의 이 쓰나미에 대한 일반인들도 관심을 갖게 되었다.
이미 1990년에 도호쿠대학 미나우라 코우지(箕浦幸治) 교수 등이 센다이시(仙台市)와 후쿠시마현 소마시(相馬市) 조사 연구에서 내륙 깊숙한 곳에 쓰나미 흔적을 나타내는 퇴적물이 분포되어 있다는 것을 보고했다. 보고를 근거로 도호쿠전력은 조사연구를 진행했고, 도호쿠전력의 오나가와 핵발전소는 방조제 제방을 높여 쓰나미와 지진대응을 실시했다. 하지만, 도쿄전력과 경제산업성 원자력안전보안원은 조칸 쓰나미의 조사연구를 완전히 무시하고 있었던 것이 후쿠시마 제1핵발전소 사고 후 드러나면서 비판을 받았다(일본 위키피디아, 아사히신문 등 참고).

93) 지르코늄은 핵반응로의 연료봉을 덮어씌우는(피복) 데 사용하는 물질이다.

의 방사성 물질이 환경 속으로 방출되었다(최근 원자력학회는 20일에 3호기 재용융이 일어나 21일에 새로운 방출이 있었을 가능성을 지적하고 있다).

　　핵반응로 멜트다운 사고는 미국의 스리마일섬 핵발전소 사고(1979년) 이후 처음이다. 후쿠시마 사고는 핵분열의 연쇄 반응으로 발생하는 방사성 물질을 핵연료봉 안에 가두고 붕괴열을 냉각하기가 꽤 어렵다는 점을 증명했다. 설령 핵분열 연쇄반응 제어에 성공하더라도 붕괴열을 냉각시키지 못하면 멜트다운으로 방사능 대량방출을 초래하고 마는, 핵발전소의 본질적 위험성을 다시 한 번 보여주었다.

방사능 대기 방출은 체르노빌 사고의 15%

　　경제산업성 산하 원자력안전·보안원(이하, 보안원)[94]은 사고 발생한 달이 지난 4월 12일, 당초 과소평가 했던 사고 등급을 5에서 최고 등급인 7로 올렸다. 사고 등급은 IAEA가 정한 국제평가기준에 따른다. 대기 중에 방출되는 방사성 물질의 총 배출량을 '요오드 131에 배율지수를

---

94)　2001년부터 2012년까지 존재한 일본 정부기구로, 핵과 기타 에너지에 관련된 안전 및 산업보안 확보를 위한 기관으로, 경제산업성 외국(外局)인 자원에너지청의 특별기관. 핵 이용과 관련된 발전용 핵연료 제조, 핵연료 재처리, 방사성 폐기물 처분 등 핵연료주기 및 발전용연구개발로(爐) 등의 핵과 관련된 안전행정 업무를 담당했다. 후쿠시마 핵발전소 사고를 계기로 핵 이용에 관한 체제가 재편성되어 2012년 9월에 폐지되고, 환경성에 신설된 원자력규제위원회로 일원화되었다.

곱해 환산[95]해서 만든 것이다. 레벨 7은 총 배출량이 수만 테라베크렐 이상이다. 후쿠시마 사고는 체르노빌 사고와 동급인 레벨 7이지만, 방사선 방출량은 체르노빌의 약 10%라고 발표했다.

보안원은 6월 6일, 방출 방사능에 대한 새로운 추정치를 발표했다. 4월 12일 발표의 약 2.1배, 즉 체르노빌 방출량의 15%로 상향 수정했다 [표1]. 대량의 방사능이 대기 중에 방출되었고 방사능 구름으로 흘러갔다. 국립환경연구소[96]가 8월 25일에 발표한 추산에 따르면, 세슘137의 22%와 요오드131의 13%는 육지에, 나머지는 태평양으로 떨어지는 등 일본의 광범위한 지역을 오염시켰다.

아울러 핵반응로 냉각에 사용한 10만 톤 이상의 고농도 오염수에도 거의 같은 양의 방사능이 포함되었다. 핵반응로 내부 방사능 양은 1~3호기에서 체르노빌 방출량의 약 7배를 기록했다. 여기에 1~4호기 저장

---

95) 방출된 방사성 물질의 중대성을 평가하기 위해 각 핵종의 방사능 등가성을 평가하기 위한 환산율을 부여하는 방식을 이용한다. 요오드의 총선량인자를 기준으로 각각의 핵종의 배율지수(요오드환산배율지수/방사선학적요오드등가배증지수, Multplication Factor for Radiological Equivalence to I-131)를 규정한다. 체르노빌 사고나 후쿠시마 사고에서는 반감기가 짧은 핵종이면서 갑상선암에 대한 영향력이 큰 요오드131을 추가해서 휘발성이며 반감기가 긴 핵종인 세슘137을 요오드로 환산한 값과 합한 수치를 방사능의 방출량으로 결정하고, 비교를 했다. 예를 들면 체르노빌 핵발전소 사고로 인해 방출된 방사능은 요오드131이 180만테라베크렐, 세슘 137을 요오드로 환산한 값으로 340만테라베크렐, 합계 520만테라베크렐이라는 값을 발표했다.
96) 일본의 국립연구개발 법인의 하나로 환경문제에 관한 공적 연구기관

[표1] 후쿠시마 제1핵발전소에서 방사능 상정想定 방출량

	후쿠시마 제1핵발전소 상정 방출량				(참고) 체르노빌 사고 방출량
	원자력안전·보안원 개산(槪算)			원자력안전위원회 발표치	
	방출량(4/12발표)	방출량(6/6발표)	(참고)핵반응로 내부양		
요오드131 …(a)	13만 테라베크렐 350만 큐리	16만 테라베크렐 430만 큐리	610만 테라베크렐 1억 6000만 큐리	15만 테라베크렐 410만 큐리	180만 테라베크렐 4900만 큐리
세슘137	6100 테라베크렐 16만 큐리	1만5천 테라베크렐 41만 큐리	71만 테라베크렐 1900만 큐리	1만2천 테라베크렐 32만 큐리	8만5천 테라베크렐 230만 큐리
[요오드 환산치] …(b)	24만 테라베크렐 650만 큐리	61만 테라베크렐 1600만 큐리	2800만 테라베크렐 7억6000만 큐리	48만 테라베크렐 1300만 큐리	340만 테라베크렐 9200만 큐리
(a)+(b)	37만 테라베크렐 1000만 큐리	77만 테라베크렐 2100만 큐리	3400만 테라베크렐 9억2000만큐리	63만 테라베크렐 1700만 큐리	520만 테라베크렐 1억 4천만 큐리

※ 주1: 보안원 개산(槪算)과 원자력안전위원회 발표치의 요오드 환산치는 보안원이 INES(국제원자력사고등급) 사용자 매뉴얼을 사용해 환산했다.

※ 주2: 방사선의 단위: (i) 1베크렐(Bq)=1초에 1개 붕괴해 방사선을 내는 방사선량. 1큐리 =370억Bq=3.7×10^{10}Bq, 라듐1g의 방사능에 거의 상당. (ii) 1테라베크렐=10^{12}Bq, 1만 테라Bq=10^{16}Bq=27만 큐리. 유효숫자는 두 자릿수로 통일

수조 내 사용후핵연료를 추가하면, 방사능 축적량은 체르노빌 사고 당시에 방출된 방사능의 10배를 쉽게 넘는다. 사고는 아직 수습하지 못했고, 1~3호기 핵반응로는 대기압 조건에서 비교적 안정된 상태로 냉각할 수 있는 100도 이하의 냉온 정지에 도달하지 못했다. 강한 여진이 노심에 냉각수를 주입하는 시스템을 파괴하면, 노심용융과 멜트다운이 다시 발생해, 수소폭발이나 수증기 폭발 등으로 체르노빌을 훨씬 초과하는 방사능 방출 위험성은 여전히 사라지지 않았다. 일본은 물론 지구 전체의 심각한 오염으로, 인류와 지구 생명체의 생존을 위협할 수 있다.

노동자의 고선량·대량피폭과 소홀한 피폭관리

고농도로 오염된 후쿠시마 제1핵발전소에서 많은 노동자들이 수습 작업에 종사하면서 대량피폭을 강요받고 있다.

폭발과 화재가 잇따라 일어나 추가 방사능 대량방출의 가능성으로, 각 지역 소방서의 소방차, 경찰 방수차, 자위대 헬리콥터 등을 이용하여 핵반응로에 물을 투입하는 소방작업은 3월 중순부터 시작했다. 위기에 대응하는 긴급작업이 늘어나는 가운데, 일본 정부는 3월 15일, 핵발전소 작업자의 유사시 피폭한도를 기존의 100밀리시버트에서 250밀리시버트로 올렸다. 긴급한 상황을 핑계 삼아 시행한 초법적 조치였다.

3~6월에 긴급작업에 종사한 약 15,000명의 작업자 중에서 피폭선량이 50밀리시버트를 넘은 사람은 409명이었다. 이 중 103명이 100밀리시버트를 넘었고, 6명은 250밀리시버트를 넘었다. 핵발전소의 경우 사고가 나지 않더라도 정기검사와 보수작업을 위해 수천 명의 노동자가 근무한다. 이들 중에 연간 피폭선량이 20밀리시버트를 넘는 경우가 고작 몇 명 수준임을 염두에 둔다면, 이번 사고가 얼마나 많은 노동자들에게 고선량 피폭을 강요하는지 알 수 있다. 후쿠시마 제1핵발전소에서 피폭당한 노동자는 후쿠시마 사고가 만들어낸 '피폭노동자(히바쿠샤)'이다.

3월에 고선량 조건에서 작업한 노동자의 대다수는 도쿄전력 사원이었다. 4월부터는 계열·하청기업의 많은 노동자들을 고선량 사고 처리작업에 투입했다. 피폭 작업 종사자는 도쿄전력과 계열·하청기업의 노동자로 제한하지 않는다. 많은 일용직 노동자들이 피폭노동의 위험성을 제대로 듣지 못한 상태로 근무했다. 이외에도 소방관, 경찰관, 자위대원뿐만 아니라 폐기물 처리작업에 종사하는 일반 공무원들도 피폭했다.

사고 후 허술한 피폭관리 실태도 잇따라 밝혀지고 있다. 도쿄전력은 개인 선량계를 휴대하지 않거나, 방사선 관리자의 감독이 없는 상태로, 노동자들을 긴급작업에 투입했다. 여성 직원에게도 '3개월 동안 5밀리시버트'라는, 기준을 넘는 피폭노동을 강요했다.

4월 28일, 일본 정부는 긴급작업에 종사한 노동자가 다른 핵발전소로 이동해 일반작업에 종사할 경우 '5년간 100밀리시버트, 연간 50밀리시버트'라는 기존 피폭기준에서 '연간 50밀리시버트'를 삭제했다. 다른 핵발전소 작업에 지장이 생긴다고 도쿄전력이 삭제를 부당하게 요구했던 것이다. 도쿄전력은 중대사고를 일으키고 수습하지 못한 상황에서, 다른 핵발전소의 정기검사와 보수를 강행하려고 이와 같은 요구를 했다. 당시 시점에서 정기검사 중인 핵발전소를 포함해 3분의 2는 정지된 상태이고, 이대로 냉온정지 상태를 유지하면 새로운 피폭은 일어나지 않는데도 이런 기준변경 조치를 시행했다. 요컨대 피폭기준의 완화는 대량·고선량 피폭을 노동자에게 강요하고, 사고 수습작업의 비용을 가능한 한 줄이려는 의도이다.

광범위한 오염과 주민의 대량피폭

수소폭발과 화재로 체르노빌 사고의 약 15%(보안원 평가)에 달하는 방대한 양의 방사능이 대기 중에 방출되었다. 당시 바람이 부는 방향에 따라 주로 북쪽으로(3월 12일 밤~), 남쪽에서 북서 방향으로(3월 15일 오전~), 북서에서 남서 방향으로(3월 15일 저녁~), 남쪽으로(3월 21일 오전~) 이동해 후쿠시마현을 중심으로 일본 도호쿠 지역에서 간토·

[표2] 체르노빌과 후쿠시마의 오염지역 비교

방사성세슘 오염 레벨 (Bq/㎡)	오염지역(㎢)			
	후쿠시마	체르노빌(유럽 제외)		
148만 이상 (40큐리/㎢이상)	600	7200	거주금지지역, 강제 이주	이주대상 구역, 구 소련에서는 세슘137로 환산해서 40큐리 이상을 이주 대상으로 했지만, 사고 후 개정됨
55.5만~148만 (15~40큐리/㎢)	700	3100	특별방사선관리구역, 이주 원칙, 농업금지	
18.5만~55.5만 (5~15큐리/㎢)		1.3만	고선량지역, 주민에게 이주 권리 부여	
3만7000이상 (1큐리/㎢이상)		12.5만	오염지역, 500만 명 이상 거주	

※ 출처: 제16회 원자력위원회(2011. 5. 24) 가와다 토미오(河田東海夫) 씨의 자료 「토양 오염문제와 그 대응」에 따라 작성
※ 주: 후쿠시마에서는 세슘137과 134를 합한 오염 기준, 체르노빌에서는 세슘137의 오염 기준

주부(中部) 지역까지 광범위한 지역을 오염시켰다.

세슘134와 137은 3만 7000베크렐/㎡ 이상의 양으로 핵발전소 주변에서 시작하여 후쿠시마현 대부분의 지역을 오염시켰다. 체르노빌 사고 당시의 1큐리/㎡ 이상(소련 정부 시책으로 세슘137로 표시)과 같은 오염지역이 발생한 것이다. 오염지역은 후쿠시마현에 인접한 미야기현 남부를 비롯해 100km 이상 떨어진 도치기(栃木)현 북부 지역까지 불규칙하고 광범위하게 증가했다. 한편, 체르노빌 사고로 인한 1큐리/㎡ 오염지역 면적은 소련만 계산해도 12.5만k㎡(별도로 북유럽, 스위스, 오스트리아에서 4.5만k㎡)이며, 일본 면적의 약 3분의 1에 해당한다. 후쿠시마 사고는 체르노빌의 약 10% 정도의 오염지역을 만들었다[표2].

문부과학성과 미국 에너지부가 작성한 오염 지도(5월 6일 발표)에

따르면, 후쿠시마에서는 60만 베크렐/㎡ 이상의 고농도 오염지역은 연간 누적선량 20밀리시버트 이상 지역과 거의 겹치는 것으로 추정됐다. 연간 누적선량이 20밀리시버트 이상인 지역은 약 1,100㎢로, 표2의 55.5만 베크렐/㎡ 이상의 고농도 오염지역의 면적(매우 대략적인 계산)보다 조금 작지만 후쿠시마현 면적의 10% 정도에 해당하며, 주민들 피난이 필요한 지역이다.

세슘 외에도 미약하지만 방사성 스트론튬과 플루토늄이 주변지역에서 검출되었다.

세슘으로 환산해서 4만 베크렐/㎡ 이상의 오염은 일본 법령상 '방사선 관리구역'에 해당하며, 불필요한 피폭을 피하기 위해 출입을 제한한다. 오염지역에 거주하는 주민 수는 후쿠시마를 중심으로 200만 명에 육박해, 본인의 의사와는 아무런 상관없이 방사선 작업 종사자와 동일한 피폭을 강요받으면서 피폭자(히바쿠샤)로 생활해야 한다.

후쿠시마현 내에는 현재까지 피난 대상이 아닌 지역에서도 고농도 지역이 곳곳에 존재한다. 핵발전소 주변 지역에서 피난해 온 주민들이 많이 살고 있는 후쿠시마시市 내에서도, 옥외에 있으면 1년에 20밀리시버트 이상 피폭할 만큼 오염이 심한 지점도 발견되었다.

후쿠시마 오염지역은 면적으로 볼 때 체르노빌의 약 10% 정도이지만, 인구와 산업(1차 산업뿐만 아니라 2차 산업도 포함) 집중도가 높아, 사고의 사회·경제적 영향은 무척 크다.

효과적인 제염과 방호대책 없이 후쿠시마현에서 1년 동안 생활하면, 200만 명의 후쿠시마 주민의 집단 피폭선량은 연간 외부피폭 선량만 하더라도 약 1만 2000명·시버트이다.[97] 이것은 핵폭탄 피폭자 조사 등에서 계산되는 '10명·시버트당 1인 암 사망자 증가'라는 리스크 평가를 이용하면(뒤에서 설명), 평생 동안 1,200명의 암 사망자가 추가 발생하는 선량이다(고프만의 1990년 암 사망 리스크 평가인 '10명·시버트당 3.7명의 암 사망 증가'를 이용하면 4400명이 암으로 추가 사망한다).

방사선 피폭이 건강에 미치는 영향은 암과 백혈병에 그치지 않는다. 현재의 상태로는 이후 많은 피폭노동자와 적지 않은 후쿠시마현 내 피폭 주민들이 면역계와 순환기계에 이상이 생겨 다양한 질병에 시달릴 것이다.

2. 100밀리시버트 이하의 피폭도 위험

후쿠시마 제1핵발전소에서 대량의 방사능을 방출하여, 후쿠시마현과 이바라키현에서 생산된 농산물에서 기준치를 넘는 세슘이 검출됐다. 20~30km권 밖에서도 높은 공간 선량율과 토양오염이 밝혀졌으나, 일본 정부는 "건강에 즉각 영향을 줄 수준은 아니다"는 말만 되풀이했다.

후쿠시마현 방사선 건강 리스크 관리 조언자인 나가사키대학 야

---

97) (원주) 후쿠시마 주민 연간 외부집단 피폭선량의 추정: 후쿠시마현 소재 학교 부지 등에 대해 2011년 4월에 실시한 선량 조사내용, 문부과학성의 토양 모니터링에 따른 토양 중 핵종(요오드131, 세슘137·136·134, 텔루륨132·129m, 란타늄140)의 비율, 후쿠시마현 내 7개 구역 공간선량 모니터링, 후쿠시마현 기초지자체 인구를 기초로 5월 말에 추정

마시타 슌이치山下俊一(현재 나가사키 대학을 휴직해, 후쿠시마현립 의과대학 부학장)[98]도 방사선은 "올바르게 무서워하는" 것이 중요하다며, "100밀리시버트 이하 선량에서 건강에 문제가 있다는 데이터는 없다"라고 발언했다. 특히 저선량 피폭은 "무서워할 필요가 없다"라고 강조하며 돌아다니고 있다. 식품 오염으로 인한 피폭 영향을 평가해온 식품안전위원회도 7월 26일, "방사선의 영향이 나타나는 것은 자연계와 의료피폭을 제외한 누적선량으로 약 100밀리시버트 이상"이라고 평가했다. 외부, 내부피폭을 포함한 생애 누적선량은 100밀리시버트까지 억제한다면 별 문제가 없다는 견해를 밝혔다.

정부와 전문가가 말하는 "건강영향이 없는 수준"이란, 국제방사선방호위원회ICRP가 방사선 피폭으로 인해 '결정론적 영향(급성장애)'과 '확률론적 영향(암 사망과 질병)'이 통계적으로 유의하게 증가한다고 평가한 수치, 즉 100밀리시버트를 기준으로 제시한다. 일본 정부는 ICRP가 과학적 근거를 결여한 독단적 견해로 정당화했던 100밀리시버트 이하 저선량 피폭의 건강영향 부정을 그대로 수용해버렸다.

그러나 핵폭탄 피폭자, 핵발전소 노동자, X선을 쪼인 임산부 등에 대해 지금까지 진행한 많은 조사연구는 100밀리시버트 이하에서도 건강에 많은 영향을 주고 있다고 확인됐다.

---

98) 2013년 4월부터 나가사키대학에 복직. 후쿠시마현립 의과대학 부학장은 비상근

15개국 피폭노동자 조사 - 평균 20밀리시버트 집단에서도 암 사망 증가

저선량 피폭으로 암 사망의 발생을 처음 밝혀낸 연구는 9장에서 언급한 맨큐소 박사의 핸퍼드 핵시설 노동자의 역학조사였다. 이런 사실을 더 분명하게, 국제적으로 밝힌 조사는 세계보건기구WHO의 국제암연구센터IARC가 15개국 약 40만 명의 피폭노동자를 대상으로 실시한 공동연구(Cardis et al, 2007)였다. 연구 대상자 집단의 평균 선량은 19밀리시버트였다. 집단 암 사망 리스크가 선량과 함께 증가하는 것은 통계적으로 유의하고, 암 사망의 '초과 상대 리스크'[99]는 1시버트당 0.97이다. 이것을 '초과 절대 리스크'로 환산하면, 10명·시버트당 0.81명의 암

---

99) (원주) '초과 상대 리스크'와 '초과 절대 리스크': 상대 리스크는 특정 폭로 인자를 가지는 조사집단(이 경우는 핵시설 피폭노동자군)에서 어떤 건강피해 발생률(리스크)을 그 피해 자연 발생률로 나눈 수치이고, 대조군(비폭로군)과 비교해 폭로군의 리스크가 몇 배인지를 나타낸다. '초과 상대 리스크'는 상대 리스크에서 1을 뺀 수치로, 조사대상이 되는 인자(이 경우는 방사선 피폭)가 자연발생률에 비해 몇 배 초과한지를 알아보기 위한 지표이다.
절대 리스크는 조사기간 동안에 집단에 발생한 건강피해 중 특정 폭로(이 경우 방사선 피폭)로 인한 피해 발생률이다. 비폭로군과 폭로군 사이에서 몇 명의 리스크 차이가 있는지를 알아보기 위한 지표로, 통상 '10만 명·1년당 몇 명'으로 표현된다. 초과 절대 리스크는 방사선 피폭의 경우, 단위 선량당 어느 정도 리스크가 높아졌는지를 나타내는 것으로, '사람·년·시버트당 몇 명'으로 표현된다. 15개국 피폭노동자 조사와 핵폭탄 피해자 조사의 암 사망 초과 절대 리스크는 '생애 초과 절대 리스크'로 표현된다. '생애 초과 절대 리스크'(피폭 후 남은 생을 고려한 전(全) 조사 기간의 리스크)는 '사람·시버트당 몇 명'으로 표현된다. 히로시마와 나가사키 피폭자 집단에 대한 전 조사 기간은 65년이며, 피폭자의 암 사망 생애 초과 절대 리스크는 ICRP의 평가에서는 10명·시버트당 0.5인, 우리들이 실시한 평가에서는 10명·시버트당 1인이다(287~288쪽).

사망 리스크가 된다. 이 수치는 핵폭탄 피폭자 역학조사에서 얻을 수 있는 '10명·시버트 당 1인 암 사망 증가'라는 리스크 평가를 뒷받침하고 있다. 그리고 100밀리시버트의 5분의 1 수치에 불과한 피폭집단에서도 암 사망과 선량은 통계적으로 유의한 비례(직선)관계를 이루고 있다.

최근 일본 정부도 저선량 피폭으로 인한 암 등, 업무 기인성을 인정하지 않을 수 없었다. 우리도 참가하고 있는, 산재인정 요구운동에서 74.9밀리시버트를 피폭한 나가오 미츠아키長尾光明의 다발성 골수종, 99.8밀리시버트를 피폭한 기유나 다다시喜友名正의 악성 림프종을 산재로 승인받았다.[100] 그 후, 후생노동성 보고에 따르면 5.2밀리시버트 피폭으로 인한 백혈병, 65.0밀리시버트 피폭으로 인한 다발성 골수종, 78.9밀리시버트 피폭으로 인한 악성 림프종도 산재로 인정받았다. 산재

---

100) (원주) 나가오 씨와 기유나 씨의 산재 인정을 요구하는 운동: 나가오 씨는 핵발전소 내 배관 공사와 현장 감독 등으로 핵발전소 노동에 종사했고, 약 70밀리시버트를 피폭해 이직 17년 후인 1998년에 다발성 골수종 진단을 받았다. 2002년 11월에 전국적 지원을 받아 후쿠시마현 도미오카 노동기준감독서에 산재 신청. 원수폭금지일본국민회의, 노동조합, 시민단체 등이 산재 인정을 위한 정부 교섭 등을 지원해 전국적인 운동으로 전개되었다. 결국 2004년 1월에 산재 인정을 받았다. 백혈병 외 질병으로 핵발전 노동자가 산재 인정을 받은 것은 처음이었다.
기유나 씨는 핵발전소에서 비파괴 검사 업무에 종사했고 99.76밀리시버트를 피폭했고, 2005년 3월에 악성 림프종으로 사망했다. 그해 10월에 부인이 오사카시 요도카와 노동기준감독서에 산재 신청. 2006년 6월에 각하되었지만 2006년 10월에 재신청했다. 피폭반대캠페인 등 시민단체가 지원하는 모임을 결성, 이들이 정부와 교섭을 계속해 2008년 10월에 산재 인정되었다.

인정 투쟁이 가져온 성과이다.

히로시마·나가사키 피폭자 조사 — 암 이환罹患율[101] 피폭선량의 직선관계를 드러냄

ICRP는 히로시마·나가사키 피폭자 역학조사 결과 드러난 리스크 수치를 과소평가 했다. 이들의 논리는 히로시마와 나가사키의 리스크 수치가 고선량 피폭의 결과이기 때문에 평상시의 피폭과 구별해야 한다는 점에 있다. 반면 저선량에서는 히로시마와 나가사키의 역학조사에서 얻은 리스크(10명·시버트당 1명의 암 사망)의 절반에 불과하다고 주장했다. 이를 근거로 ICRP는 암 사망과 선량의 관계가 선량에 따라 비례하는 직선관계가 아니라, 선량이 낮을 때는 거의 발생하지 않다가 특정 수치 이후에 증가하는 S자형의 곡선관계라고 단정해, 저선량 영역의 리스크를 과소평가 했다.

이러한 ICRP 평가는 결정적인 오류라고 최근의 히로시마·나가사키 역학조사가 밝혀냈다. 2007년에 공개한 논문(Preston et al, 2007),「히로시마·나가사키 핵폭탄 피폭 생존자의 고형암 이환율 1958~1998 조사」에 따르면 "0에서 2그레이(=시버트) 범위에서 고형암 이환율은 선량

---

101) 이환율(morbidity rate, 罹患率): 어떤 일정한 기간 내에 발생한 환자의 수를 인구당의 비율로 나타낸 것. 사망률과 동시에 집단의 건강지표로서 중요하다. 기간은 1년으로 하는 경우가 많다.

[그림1] 히로시마·나가사키 고형 암 이환 리스크

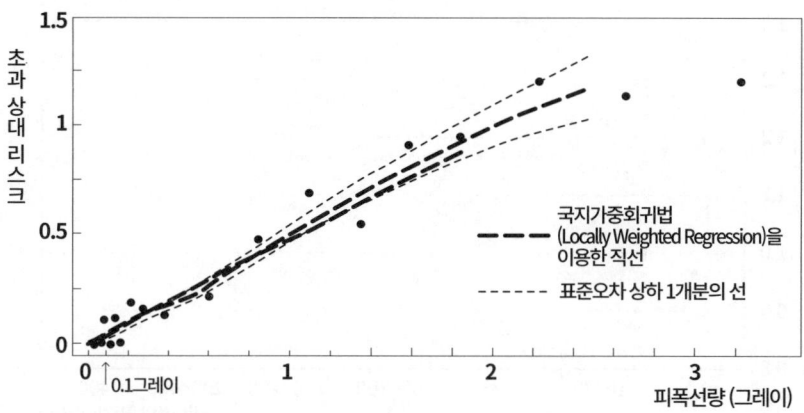

※ 출처: Preston et al, 2007
※ 주: 그레이 : 흡수선량. γ선의 생물효과 비율은 1. 중성자선은 효과 비율이 10(24쪽 각주 6 참고). 가로축 수치는 γ선 + 10 × 중성자선 흡수선량으로 가중된 수치, 따라서 1그레이는 1시버트로 간주함.

과 직선관계를 나타낸다"라고 명기하였다.

[그림1]을 보면, 0.1그레이(100밀리시버트) 이하의 저선량 영역에서도 '초과 상대 리스크'가 높고, 암 이환율의 직선 형태도 명확하다.

암·백혈병 이외의 건강영향 ― 순환기 질병도 증가

100밀리시버트 이하의 방사선 피폭으로 발생하는 질병은 암과 백혈병만으로 한정할 수 없다. 2008년에 공개한 영국의 조사 결과(McGeoghegan et al, 2008)에서는 42,400명의 피폭노동자, 평균 피폭선량 53밀리시버트 집단에서, 순환기계 질환으로 인한 사망 증가를 확인했다. [그림2]는 사망과 피폭선량과의 상관관계를 나타내고 있다. 분

[그림2] 영국 핵시설 노동자의 순환기계 질환으로 인한 사망

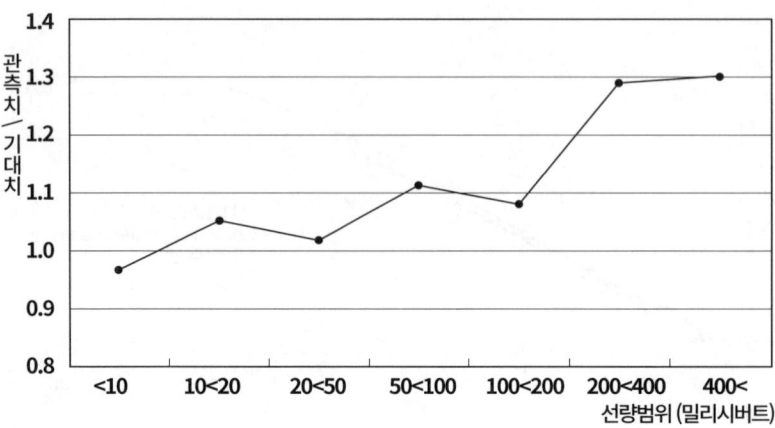

※ 출처: McGeoghegan et al. (2008)
※ 주: 조사집단 4만 2426명, 평균 추적 기간 29.22년, 평균피폭 누적선량 53.0밀리시버트, 총피폭선량 2248명·시버트

명하게 50에서 100밀리시버트 피폭집단에서 관측치/기대치[102]가 1이상의 수치인 1.1을 기록했다. 이것은 해당 집단 피폭노동자의 리스크가 피폭하지 않는 사람에 비해 10% 정도 증가했다는 점을 나타낸다. 동시에 본 조사에서는 허혈성 심장질환으로 인한 사망 증가도 통계적으로 유의

---

102) (원주) 관측치와 기대치: 관측치는 피폭집단 중에서 관측된 질환수를 말한다. 기대치는 동일 피폭집단에서 자연적으로 발생이 예측되는 질환수이다. 관측치/기대치는 양자 비율이고, 이것이 1 이상일 경우 피폭 영향으로 질환이 늘었다고 판단할 수 있다. [그림2]의 세로 줄은 순환기계 질환으로 인한 사망자 수의 비율을 나타내고 있다.

성을 지닌다고 밝혀냈다.

　히로시마와 나가사키 피폭자 사이에서도, 고혈압이나 심장병 사망과, 피폭선량 사이에 통계적으로 유의미한 상관관계를 최근 확인했다(淸水 외 2010). 자궁이나 갑상선의 양성종양, 간경변, 만성 간 질환, 백내장 등 암 이외의 질병도 핵폭탄의 방사선 피폭으로 유의미하게 증가했다.

　요컨대, 저선량 방사선 피폭은 암과 백혈병뿐만 아니라, 고혈압이나 심장병 등 순환기계 질병으로 인한 사망을 증가시킨다.

방사선 피폭에 민감한 태아, 영·유아, 아동

　일본의 문부과학성은 연간 20밀리시버트 선량을 기준으로, 후쿠시마 핵발전소 사고로 오염된 지역의 학교 운동장 등의 방사능 수치 기준을 시간당 3.8마이크로시버트로 결정했다. 높은 피폭을 아동에게 강요하려는 술책이다.

　「히로시마·나가사키 조사 결과」(Preston et al, 2007)에 따르면, 어린이는 방사선에 민감하고, 암 발병률은 어른보다 평균 3배 이상 높게 나타났다.

　영국의 엘리스 스튜어트 박사는 방사선 피폭 문제에 관심이 있는 사람이라면 누구나 한번쯤은 들어본 이름일 것이다. 그녀는 1943년부터 65년에 태어난 1960만 명의 어린이에 대해「옥스퍼드 조사」라고 불리는 방대한 역학조사를 진행했다. 태어나서 9세까지 소아암으로 사망한 유아 13,407명의 엄마에 대해 임신 중에 X선 검사 여부를 조사하여 그렇지 않는 엄마의 아이와 비교했다. 임신 중에 받은 X선 검사 횟수로 피폭

[그림3] 임산부의 피폭으로 인한 소아암

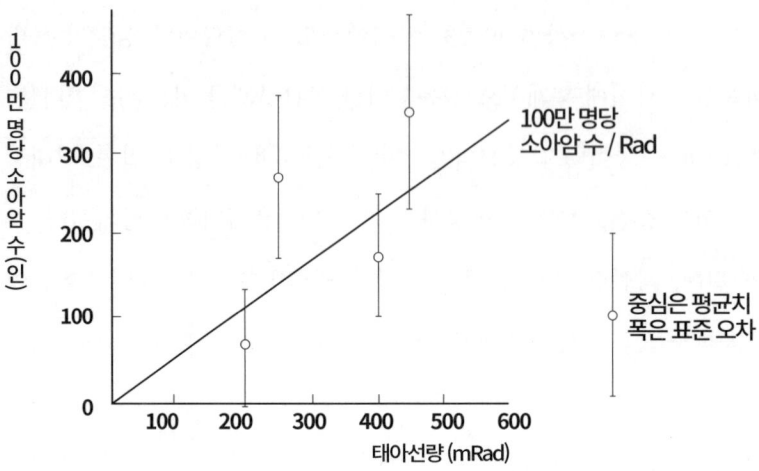

※ A. Stewart (1971)
※ 주: mRad(밀리라드): 흡수선량으로, X선의 경우 생물효과 비율이 1이므로, 밀리렘과 같다. 1밀리시버트는 100밀리렘이다.

선량을 산출해, 태아의 소아암 사망과의 상관관계를 조사했다[그림3].

당시 피폭선량 단위로 250밀리렘에서 통계적으로 유의미한 직선관계가 나타났다. 현재 단위로는 고작 2.5밀리시버트이다. 일본 공중 피폭기준 1밀리시버트의 2.5배다.

임산부의 피폭은 소아암 사망만으로 끝나지 않는다. 신생아 사망, 유아 사망의 위험성도 높인다. 미국의 스턴글라스 박사는 핵실험과 스리마일섬 핵발전소 사고 영향을 조사하여 이런 사실을 분명하게 제기했다.

이렇듯 태아, 영·유아, 아동에 대한 방사선 영향은 어른보다 훨씬 높다. 태아, 영·유아, 아동의 피폭기준이 어른보다 훨씬 낮은 수치여야 한다는 점은 국제적 상식이다.

핵폭탄 피폭자와 비슷한 양상을 나타내는 핵발전소 피폭노동자

후쿠시마 제1핵발전소는 1971년 1호기 상업운전을 시작한 이래, 노동자 피폭선량이 증가해 70년대 후반에는 일본 전국 핵발전소 노동자 피폭량의 40%를 차지했다. 당시 1호기는 일본에서 방사능 오염이 가장 심한 곳이었다. 이미 피폭노동자 구제 및 지원활동을 하고 있던 후타바双葉지역 핵발전소 반대동맹[103]과 간사이 지역 반핵 전문가 그룹(본인도 참여)들은 1980년부터 핵발전소 노동자에 대한 청취 조사를 시작해, 1982년 원수폭금지국민회의(원수금) 대회에서 실태를 보고한 책자『후쿠시마 핵발전소 피폭노동자의 실태福島原発被曝労働者の実態』를 발간했다.

조사대상 노동자들은 일반인과 비교해 유병률이 높았다. 고혈압은 18%에 달했다. 이어 간장병, 심장병, 당뇨병 등으로 입원 치료를 받은 사람들도 많았다. 자각 증상으로서는 '몸이 나른하고 자주 피곤하다', '현기증', '머리가 무겁고 아프다', '습진 및 두드러기', '코피, 잇몸 출혈' 등 핵폭탄 피폭자가 경험한 '부라부라ぶらぶら병'[104]과 비슷한 증상을 호소했다. 당시 방사선 관리는 허술했고, 방사선 관리 수첩도 본인이 소유하지 않아, 피폭량의 상세한 조사에도 어려움이 있었다. '계획 선량' 1일 1밀리시버트(1주일에 3밀리시버트)를 넘은 사람은 1/6 정도였지만, 피폭노

---

103) 후쿠시마 제1핵발전소 지역 주민들과 일본 사회당, 노동조합, 농민회 등이 중심이 되어 1972년에 결성. 핵발전소 건설 당시부터 일관해서 후쿠시마 제1핵발전소에서 일어나는 문제들에 대응하고 핵발전소 반대운동을 이끌어온 조직

동자는 다양한 질병에 시달리고 있었다.

100밀리시버트 이하에서 급성증상 발생

본서 4장에서 서술한 바와 같이, ABCC는 당시 핵폭탄 피폭자가 나타낸 급성증상 중 탈모, 자주색 반점, 구내염 세 가지만을 지표로 삼아, "급성증상은 폭심지에서 2km 이내에서만, 즉 250밀리시버트(당시 선량추정 T65D) 이상에서만 발생한다"라고 결론 내렸다. 그러나 실제로 ABCC 조사에서조차 2km 이상 떨어진 곳이라 해도 설사, 발열, 권태감 등 급성 방사선 증상을 확인할 수 있었다. 폭심지에서 3.5km 떨어진 곳에서도 설사, 발열, 권태감은 10~20%, 구내염도 수 % 빈도로 확인할 수 있었다. 현재 3.5km 지점에서 핵폭탄으로 인한 직접 피폭선량은 약 1밀리시버트(DS02)[105]로 평가하고 있어, 잔류 방사능이 외부 및 내부피폭에 어느 정도 기여하는지는 분명하지 않지만, 100밀리시버트 이하의 저선량 피폭 결과, 급성증상이 나타날 가능성은 충분하다고 생각한다.

───────

104) '부라부라(ぶらぶら)'는 '빈둥빈둥'이라는 뜻이다. 주로 히로시마 나가사키에 핵폭탄이 터질 당시에는 없었으나, 이후에 도시로 들어간 사람들에게 주로 나타났다. 무슨 일을 하든 쉽게 피곤해지나 검사를 하면 아무런 문제가 없었다. 당시 가족들이 볼 때는 그냥 꾀병처럼 느껴지거나, 일을 하지 않고 놀기만 한다는 차원에서 부라부라병이라고 불렀다. 이후에 이들을 집중 진료한 히다 슌타로(肥田舜太郎)에 의하여 저선량 피폭자에게 주로 나타나는 질병으로 밝혀졌다.

105) DS02는 2002년 선량추정방식의 줄임말이다. 앞의 9장에서 나타난 바와 같이 당초 ABCC 등이 측정한 핵폭탄의 선량은 T65D라 명명하였으나, 1975년 미국의 중성자탄 개발과정에서 T65D의 선량추정방식이 잘못되었음을 확인한 바 있다. 미국에서는 1986년 이를 최종적으로 확인하고 DS86으로 명명한 바 있다. 이후 미국과 일본의 전문가들은 피폭선량 평가시스템을 수정하기 위한 연구조직을 설치하고, 2003년 1월까지 8회 실무연구자회의를 진행했다. 최종적으로 2003년 1월 미일 양국 전문가 4명씩 위원회에 참여하여 설치한 상급위원회는 2003년 3월 15일 'DS86'을 대신하는 새로운 선량추정방식을 승인하고 이를 'DS02'라고 명명했다.

미일 상급위원회의 주장에 따르면 DS02를 DS86과 비교한다면 크게 변한 것은 아니지만, 컴퓨터 기술의 발전에 따라 복잡하고 정밀한 계산이 가능해 져 핵폭탄의 폭발과정에서 방사선의 방출, 확산에 이르는 상세한 시뮬레이션을 실행할 수 있었다고 한다. 위원회는 피폭자 한 사람 한 사람의 상세한 차폐상태를 고려하여 피폭선량 계산을 더 정밀하게 할 수 있도록 향상시킨 것이라고 주장한다. 말하자면 피폭선량의 정밀도가 대폭 향상되었다고 자체평가하고 있다. DS86과 DS02의 차이점을 표로 나타내면 다음과 같다. 다음은 ABCC의 현재 조직이라 할 수 있는 일본의 방사선영향연구소에서 제시한 DS86과 DS02의 비교표이다 (출처: www.rerf.or.jp/glossary/ds02).

DS86과 DS02의 차이점(2003년 3월 14일)

			DS86	DS02
히로시마	핵폭탄 출력		15킬로톤	16킬로톤
	폭발점의 높이		580m	600m
	폭심 위치			서쪽으로 15m 이동
	지상 1m 무차폐 선량	감마선		0.5km 증가 (10% 이내)
		중성자선		1km까지 점차 증가(최대 약 10%), 1km 밖에서 점차 소멸(1.8km에서 DS86과 동일한 수준), 2km 밖에서 DS86보다 약간 감소
나가사키	핵폭탄 출력		21킬로톤	변화 없음
	폭발점의 높이		503m	변화 없음
	폭심 위치			서쪽으로 3m 이동
	지상1m 무차폐 선량	감마선		약간 증가 (1km에서 약 10%)
		중성자선		거리와 함께 점차 소멸했고, 1~2km에서 10~30% 감소

최근, 히로시마 핵폭탄 피해자의 급성증상에 대해 1957년에 발표한 「핵폭탄 잔류 방사능 장애에 대한 통계적 관찰」이라는 논문(오보 겐사쿠 於保源作), 『일본의사신보日本医事新報』 1746호)이 주목받았다. 폭심지로부터 3.5km 지점에서 옥내 피폭한 자에게 발열, 피부점막출혈 등 급성증상을 확인했고, 재판에서도 논문의 내용을 소개했다. 한난주오병원阪南中央病院 피폭자 실태조사 실행위원회가 1985년부터 90년 피폭자를 대상으로 시행한 설문조사에서도 급성증상을 보고하였다. 피폭 42년(1987년)에 방사선영향연구소와 NHK 히로시마 방송국이 공동으로 실시한 조사에서도, 잔류 방사능으로 인한 내부, 외부 피폭을 합한 추정 선량이 '최대 12라드, 평균 1.3라드'(감마선으로 최대 120밀리시버트, 평균 13밀리시버트 상당)의 결과가 나타났다. 잇몸출혈, 구내염, 탈모 등 급성증상을 확인했고 "낮은 추정 선량의 방사선 피폭에도 불구하고 급성 방사선 증상이 나타난 사실에 주목해야 한다"라고 보고했다.

급성증상은 폭심지에서 2km 내 250밀리시버트 이상에서만 일어난다고 하는 ICRP 평가는 명확한 오류이다. ICRP는 2km 범위 밖의 피폭자가 급성증상으로 고통을 받았다는 역사적 사실을 묵살하려 하였다.

여러 피폭조사에서 드러난 사실 — 저선량 피폭도 다양한 건강피해를 일으킨다

이상과 같은 피폭노동자에 대한 역학조사와 히로시마·나가사키의 최근 조사결과에서, 100밀리시버트 이하의 피폭에서도 암·백혈병의 증거는 분명해진다. 암과 백혈병 외에도 순환기계 질환 및 허혈성 심장질환으로 인한 사망 증가도 밝혀지고 있다. 방사선에 특히 취약한 어린이들의 피폭은 어른의 3배 이상 위험성이 높아지는 것도 명확하다. 1960년대 이래, 핵폭탄 피폭, 핵실험 피폭, 핵발전소와 핵시설로 인한 피폭, 임산부 피폭에 관한 조사는 저선량 피폭으로 다양한 건강피해가 나타난다고 분명하게 제기했다. 후쿠시마 핵발전소 하청노동자의 실태조사와 히로시마 핵폭탄 피폭자의 초기 조사 결과, 가령 저선량 피폭이더라도 면역계와 순환기계에 이상을 일으키고, 유병률을 높이고 건강피해를 일으킨다고 확인하였다.

요컨대 100밀리시버트 이하의 저선량 피폭은 집단이나 개인에게 결코 안전한 기준이 아니다.

후쿠시마 오염지역에서도 새로운 문제로 '내부피폭 문제'가 발생하고 있다. 체내에 들어간 핵종이, 인체 기관과 조직에 대해 국소적인 고선량 피폭을 가져오기 때문에, 공기, 식품, 물의 흡입·섭취에 따른 내부피폭의 위험성은 중요하다. 몸에 들어간 핵종은 그 종류에 따라 특징적인 인체장기(표적장기)와 조직에 분포해 해당 지점에서 집중적으로 피폭이 발생한다.

내부피폭의 건강영향에 대해 ICRP처럼 '조직가중치'를 이용해 전신피폭으로 환산해 버리면,[106] 내부피폭을 단순하게 외부피폭 선량에 가산하는 방식일 뿐, 사실상 정확한 평가가 불가능하다.

내부피폭은 체내축적과 국소피폭, 방사선 종류에 따라 인체에 주는 영향 차이 등 실제 작동 메커니즘을 밝히고, 핵종마다 구체적으로 평가해야 한다. 아울러 내부피폭의 영향을 포함해, 후쿠시마 사고로 피폭한 어린 아이와 임산부 등 모든 사람들의 건강을 장기적으로 조사해, 건강 피해를 국가 책임으로 보상하는 것이 중요한 과제이다.

3. 후쿠시마의 오염·피폭대책, 그리고 ICRP

정부의 피난구역 설정 — 20밀리시버트 기준

3월 11일 심야, 핵발전소에서 방사능 방출의 위기가 임박한 가운데, 일본 정부는 반경 3km 주민에게 피난 지시를 내렸고, 3~10km 주민에게는 옥내 대피를 지시했다. '핵시설 등 방재대책에 대해서'(원자력안

---

106) 방사선 영향의 수용 민감성은 인체의 조직이나 장기별로 다르게 나타난다. 개별 장기에 대한 발암 등 영향력의 크기를 중요도에 따라 가중치를 다르게 부여하는 계수를 '조직가중치'라고 한다. 장기마다 등가선량과 조직가중치를 곱해서 전신을 모두 합한 것이 실효선량(단위는 시버트, Sv)이다. 따라서 인체의 각 장기별 조직가중치를 합하면 1이 된다. 실제로는 방사선의 영향은 성별이나 연령 등 다양한 조건마다 다르지만, ICRP의 방사선 방호 관점에서는 평균적인 값을 이용한다. 아래 표는 ICRP의 1990년과 2007년의 조직가중치이다.

	조직가중치	
	1990년	2007년
생식샘	0.20	0.08
골수, 결장, 폐, 위	0.12	0.12
방광, 간장, 식도, 갑상선	0.05	0.04
유방	0.05	0.12
피부, 뼈의 표면	0.01	0.01
뇌, 침샘	-	0.01
기타 장기·조직	0.05	0.12
합계	1.00	1.00

전위원회 '방재지침')에 따른 조치로, 피난 지시는 50밀리시버트 이상, 옥내대피 지시는 10~50밀리시버트의 피폭을 예측하여 내린 지시였다. 에다노 유키오枝野幸男 관방장관(당시)은 '피난은 만약을 위한 조치'라는 담화를 발표했지만 오염영역이 늘어나자 대피 범위를 연이어 확대했다. 피난은 3월 14일에는 20km까지, 옥내대피는 3월 15일에 20~30km까지 확대되었다.

하지만 사고를 수습하지 못한 상태였기 때문에, 재임계, 재용융과 수증기 폭발 등으로 인한 오염 확대와 피폭의 위험성이 지적되었다. 30km 범위 밖에서 실시한 조사에서도 고선량을 확인한 가운데, 일본 정부는 새로운 대응방침을 마련해야만 했다.

4월 11일, 연간 누적선량이 20밀리시버트의 가능성이 있는 20km 범위 밖의 지역을 계획적 피난구역으로 설정한다고 발표했다. 거기에는 이이타테무라飯舘村 등 핵발전소에서 50km나 떨어진 지역도 포함했다. 해당 주민들은 한 달 이내에 피난해야 했다. 나미에마치浪江町같은 경우에는 동일한 행정구역 안에서 20km 범위 밖이라 피난 왔던 주민들이 정부의 피난 지시로 다시 다른 행정구역으로 피난해야 하는 일도 벌어졌다.

같은 날, 일본 정부는 추가로 20~30km 범위 내의 지역 중에 '계획적 피난구역'으로 지정하지 않은 모든 지역을 '긴급 시 피난준비구역'으로 지정한다고 발표했다[그림4]. 주민들에게는 긴급 시를 위해 옥내대피 또는 피난을 위한 준비를 권장했다. 주민 스스로 실행하는 자발적 피난을 권장하였으며, 구역 내 보육 시설과 학교 등에 휴원·휴교 조치를 내렸다. 이 구역은 미나미소마南相馬시 일부를 제외하곤 연간 누적선량

[그림4] 후쿠시마 제1핵발전소와 경계구역 등

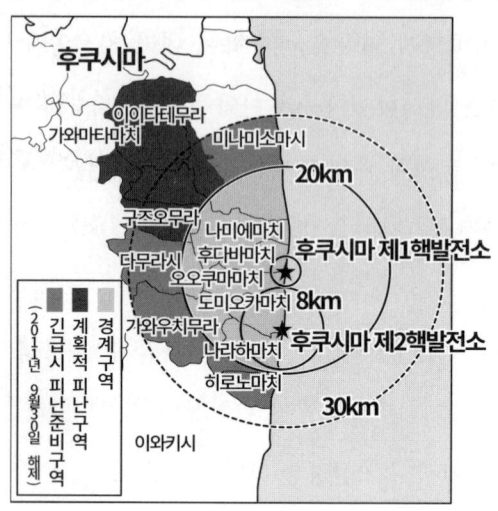

이 20밀리시버트를 넘지 않았다. 말하자면 피난구역 지정은 만약에 일어날지도 모르는 새로운 대량피폭의 발생에 대비한 조치였다.

4월 22일 일본 정부는 20km 범위 안의 일정 지역을 재해대책법에 따른 '경계구역'으로 지정해 원칙적으로 출입을 금지하고 퇴거를 명령했다. 해당 지역은 세슘134와 137이 총 60만 베크렐/㎡ 이상의 고농도 오염지역(체르노빌에서는 이주명령이 내려진 오염 레벨)이 거의 대부분이다[표2]. 가와우치무라川内村를 시작으로 5월 10일에 시작한 일시귀가를 허용했을 때, 주민들은 방사선 방호복을 입고 피난할 때 남겨둔 귀중품을 찾기 위해 2시간의 제한된 시간만 집으로 돌아갈 수 있었다. 정부는 '경계구역'에 속하는 오오쿠마마치大熊町와 나미에마치 등 연간 200밀리시버트 이상의 고농도 지역에서 사람들이 다시 생활하기 위해서는 수십 년이 지나야 한다고 예상했다.

피난생활을 하는 주민 수는 '경계구역'에서 약 78,000명, '긴급 시 피난준비구역'에서 약 59,000명, '계획적 피난구역'에서 약 1만 명이다. 합계 147,000명으로 후쿠시마현 인구의 7.3%에 해당한다[표3]. 많은 사람들이 익숙한 땅을 떠나 생활수단을 상실하고, 가족마저 뿔뿔이 흩어졌다. 이들은 앞으로 힘든 생활을 할 수밖에 없다. 절망한 주민들 사이에서 자살을 선택하는 사람들도 발생했다.

게다가 피난의 기준으로 정한 피폭선량은 연간 20밀리시버트였지만, 피난처가 후쿠시마현 나카도리中通り 쪽 후쿠시마시, 코리야마郡山시와 같은 비교적 선량이 높은 곳의 경우, 피난지역이라 하더라도 1년에 20밀리시버트를 넘게 피폭할 수도 있다. 이들은 이후 건강장애의 불안을 안고 살아가야 한다. 특히 어린이와 젊은 여성은 심각하다.

후쿠시마현 내에서는 피난지역으로 지정되지 않았지만, 고농도 오염 핫스팟 지역이 군데군데 자리 잡고 있다. 일본 정부는 2011년 6월 말에 연간 20밀리시버트를 넘을 우려가 있는 지점을 '특정피난 권장지점'

---

107) 2011년 6월 일본 정부는 후쿠시마현 다테시 내 104지점 113세대를 '특정피난 권장지점'으로 지정한 다음, 추가적으로 다테시 15세대, 미나미소마시 153세대, 가와우치무라 1세대가 추가되어 총 282세대가 지정되었다. 그러나 그 후 방사선량이 줄었다고 해 2012년 12월 14일부터 일부 해제, 2014년 12월 28일에 모두 해제했다. 2015년 4월, 미나미소마시 주민 약 530명이 해제 취소와 손해배상을 요구하는 소송을 걸었다.

[표3] 피난지역, 높은 선량의 피폭을 강요받는 지역의 인구

(단위 : 명)

지자체	총면적 (km²)	총인구	0~20km 경계구역	20~30km (4/11) A	30km권외 (4/11) B	계획적 피난구역	긴급 시 피난구역	30km권 잔류자 (4/11현재)	피난자 (4/13현재) ■
다무라시	458	약 40,400	약 600	약 3,200	약 36,600		약 3,200	약 1,200	2,997
미나미소마시	399	약 70,900	약 14,300	약 47,400	약 9,200	약 550	약 47,400	약 30,000	5,713
히로노마치	58	약 5,400	약 200	약 5,200	0		약 5,200	약 110	5,000
나라하마치	103	약 7,700	약 7,700	6	0		6		7,800
도미오카마치	68	약 16,000	약 16,000	0	0				15,480
가와우치무라	197	약 2,800	약 1,100	약 1,700	130		약 1,700	약 130	2,997
오오쿠마마치	78	약 11,500	약 11,500	0	0				11,363
후타바마치	51	약 6,900	약 6,900	0	0				6,884
나미에마치	223	약 20,900	약 19,600	약 1,000	약 300	약 1,300		약 150	17,793
구즈오무라	84	약 1,500	약 300	약 1,300	0	약 1,300		약 80	1,497
이이타테무라	230	약 6,200	0	약 300	약 5,900	약 6,200		약 140	2,438
가와마타마치	128	약 15,600			약 15,600	약 1,200			
이와키시	1,230	342,200	0	약 2,200	약 340,000			약 310	3,042
합계	3,307	약 548,100	약 78,200	약 62,500	약 391,900	약 10,550	약 57,500	약 32,100	83,004
후쿠시마시	768	294,000	시내를 포함한 일부 지역에서 연간 누적선량이 10~20밀리시버트, 일부 지점 20밀리시버트 초과						
다테시	265	66,000	서부 일부 지역에서 연간 누적선량이 10~20밀리시버트, 113세대는 특정피난 권장 지점으로 설정						
소마시	198	37,900	서부 일부 지역에서 연간 누적선량이 10~20밀리시버트						
니혼마츠시	345	60,400	연간 누적선량이 10~20밀리시버트인 곳 산재						
모토미야시	88	31,800	연간 누적선량이 10~20밀리시버트인 곳 산재						
고리야마시	757	339,000	일부 지역에서 연간 누적선량이 10~20밀리시버트						
후쿠시마 현	13,800	2,004,000							

※ 도미오카마치, 오오쿠마마치, 후다바마치는 모든 지역이 20km권 내 경계구역으로 설정됨.
　이와키시, 이이타테무라는 전 지역이 20km권 바깥
A : 대부분이 긴급 시 피난, 일부가 계획적 피난구역
B : 이이타테무라는 전 지역이, 나머지는 일부가 계획적 피난구역으로 설정
■ : 피난자수에는 30km 권외에서 피난하고 있는 주민, 핵발전소 사고 이외 이유로 피난한 사람도 포함되어 있음

으로 지정했다. 다테伊達시 113세대에 이어, 8월에는 추가로 가와우치무라川内村 1세대, 미나미소마시 72세대를 지정했다.[107]

일본 정부의 피폭대책 국제지침 ―「ICRP 2007년 권고」

3월 21일 국제방사선방호위원회ICRP는 후쿠시마 사고와 피폭관리에 관한 성명(3·21성명)을 발표했다. 막 방출된 방사능이 바람을 타고 오염지역을 확대하고 있어 일본 정부와 도쿄전력이 사고수습과 피폭대책을 어떻게 해야 할지 골몰하던 시기였다. 3·21 성명은 일본 정부가 추진하는 긴급 시 대책과 오염지역 처리에 도움을 주기 위해「ICRP 2007년 권고(07년 권고)」의 피폭방호 원칙과 '참고준위(기준선량)'의 이용을 권장하였다.

일본 정부는 07년 권고를 '권위 있는 국제지침'으로 여기며 환영했다. 3·21성명 발표 전인 3월 15일에 ICRP의 긴급 시 작업 노동자 기준선량 '500~1000밀리시버트'를 참고로, 후쿠시마 제1핵발전소에 한정해 노동자의 긴급 시 피폭한도를 100밀리시버트에서 250밀리시버트로 인상했다. 일본 정부는 작업노동자 기준선량보다는 낮고, 또 일시적인 조치라고 강변하면서 250밀리시버트가 타당한 결정이라고 주장했다.

'계획적 피난구역'과 학교 옥외 활동 제한 등, 4월 이후 일본 정부가 잇따라 발표한 주민의 방사선 피폭대책 기준도 07년 권고에 따른 내용이었다.

일본에서는 07년 권고의 국내 도입에 대해선 여전히 검토 단계로서 심사 중에 있었지만, 긴급사태를 이유로 대폭 완화한 작업자의 피폭기준과 일반 국민의 기준선량을 초법적으로 채택하여, 다수의 노동자와 주민에게 고선량 피폭을 강요했다.

[그림5] 방사선 기준 (ICRP)

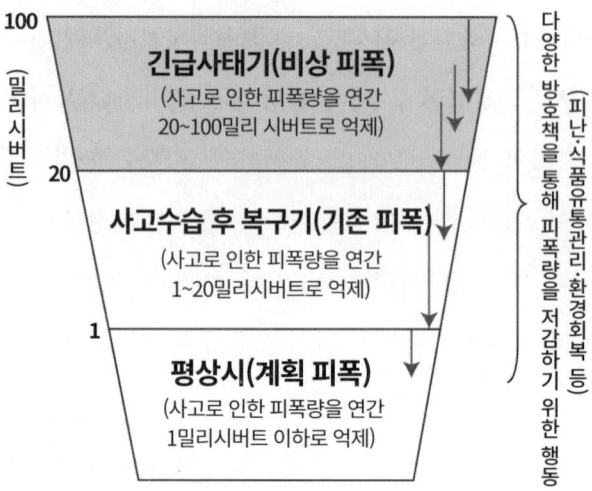

※ 출처: 방사선의학종합연구소 홈페이지(www.nirs.go.jp/imformation/info.php?i14)에서 옮겨옴

방사능과의 공존, 노동과 생활에서 피폭을 강요하는 ICRP

07년 권고는 사고가 발생할 경우 '비상Emergency Exposure Situations', '기존Existing Exposure Situations', '계획Planned Exposure Situations'의 세 가지 범주로 피폭관리를 구분한 것이 가장 중요한 특징이다. 방사능의 대량 방출, 노동자·주민의 대량피폭이 발생한 체르노빌 사고에서 핵추진파가 교훈을 얻어, 사고에서 평상시까지의 이행 과정을 통해 고선량·대량피폭을 전제로 '참고준위(기준선량)'을 설정하여 피폭을 관리한다.

07년 권고는 평상시와 구별해, 중대사고 발생 후 사태를, 사고 현장이 여전히 통제되지 않는 '비상'과 일정한 통제를 시행중인 '기존'의 두 가지 피폭상황(국면)으로 나눴다. '비상'은 사고가 이어진 채 변화 중인 높은 선량 상태에 놓여 있으며, '기존'에서는 "평상시보다 피폭 선량이 상대적으로 높지만 일정하게 장기간 지속중인 선량"을 유지한다. 특성에 맞게 기준 (참고준위)을 설정해 피폭 저감 정책을 취하도록 제시한다[그림5].

07년 권고의 '비상' 피폭상황에서는 노동자에게 '500~1000밀리시버트'라는 상당히 높은 선량(어떤 경우에는 무제한)에서 작업을 강요하고, 주민에게는 '20~100밀리시버트/년'을 기준으로 피난 조치와 활동 제한을 제안한다. '기존' 피폭 상황에서는 '1~20밀리시버트/년'을 기준으로 오염지역에서 주민들이 계속 생활할 수 있다고 제시한다. 결국 ICRP는 사고 후 진행과정을 2개의 다른 국면(피폭상황)으로 구분하고, 선량기준을 임의로 제시하여 방사능이 상존하는 방식으로 노동자와 민중에게 피폭을 강요한다.

07년 권고는 위의 선량 범위 내에서 국가별 사회, 경제, 환경적 요인 등 고유 상황과, 사고 수습 노동자와 오염지역 주민집단의 건강 상태를 고려하여 '참고준위'를 선택하도록 요구한다. 이에 따라 일본 정부가 채택한 일반 국민 참고준위 '20밀리시버트'는 과학에 근거했다고 보기는 어렵고, 권고에서 제시한 사회적·정치적 수치에 지나지 않는다. 권고의 비상 기준치 범위인 '20~100밀리시버트'의 하한 값이자, 동시에 사고수습 후 기준선량 범위인 '1~20밀리시버트'의 상한 값이기도 하다. 일본 정부는 '20밀리시버트'라는 높은 선량을 기준 삼아, 오염지역 대책이라는 명분으로 주민에게 피폭을 강요했다.

파탄 난 ICRP 권고

ICRP는 1977년 권고 선언 이래, 방사선 방호의 3원칙으로서 '정당화', '피폭한도', '최적화'를 채택했다. 07년 권고는 특히 '비상'과 '기존'의

두 가지 피폭 상황에서 '최적화'를 최우선 원칙으로 제기했다. '최적화' 원칙은 "경제적·사회적 요인을 고려하여 피폭 발생확률, 피폭자 수, 개인 피폭선량을 합리적으로 달성할 수 있는 수준에서 가급적 낮게 억제하기 위한 사고현장 관련 프로세스"라고 정의하고 있다.

'최적화' 원칙은 '(경제적)합리성'을 전제조건으로 놓고 있다. 즉 개인선량과 집단선량을 최소화하기 위한 방침이 아니다. 중대사고 수습과, 오염지역 생활 유지(경제적·사회적 요인)를 이유로, 피폭으로 잃게 될 노동자와 주민들의 생명 가격(손해)과, 관리와 제염 등 대책비용을 저울질해서 비용을 최소화하겠다는 의미이다. 07년 권고는 참고준위의 '적절한 수치' 선정에도, 참고준위 미만으로 선량을 인하할 때도 '최적화' 원칙의 적용을 요구한다.

07년 권고는 집단선량이 "작업자 방호 최적화의 중요한 매개변수"라고 규정한다. 그러나 주민 등 대규모 피폭집단이 광범위한 지역에서 장기간에 걸쳐 발생할 경우, 전체 집단선량은 잘못된 정보를 수집할 수가 있고, 방호대책의 결정에도 오류가 발생할 수 있어, 결정적으로 유용한 수단은 존재하지 않는다. 후쿠시마에서는 '기존피폭상황'에 놓여 있는 주민과 같이 다수의 광범위한 집단에 대해 집단선량의 적용, 집단선량을 전제한 '최적화' 원칙의 적용은 시행하지 않는 것이 좋다.

일본 정부도 지금까지, 주민들의 피폭에 대해, 집단선량을 적용해 건강영향평가를 실시하지 않았다. 후쿠시마에서는 '경제적 합리성'조차 헛소리에 불과하며, 실제로는 자신들이 만든 체계마저 무시하고, 현실적으로 저선량 피폭의 광범위한 영향을 무시한다.

후쿠시마의 피폭 상황은 "사고를 수습하지 못하는 상태가 향후 일정하게" 지속할 수 있는 조건이다. 사고현장을 통제하지 못하는 '긴급'과, 통제하고 있는 '기존'의 구별은 극히 모호하여, 세 범주의 피폭 상황이 지리적으로 '병존'하는 상태에서 시간에 따라 다른 범주로 '이행'할 수 있는 특수성도 있다. 후쿠시마뿐만 아니라 후쿠시마 외부 지역인 미야기현, 이와테현, 도치기현에서도 고농도 오염지역인 '핫스팟'이 존재한다. 후쿠시마의 오염지역에서 '핫스팟'은 계속 이동한다고 알려졌다.

아울러 피폭기준이 서로 다른 지역에서, 농산물이나 사료 등을 거래할 때 물류나 사람의 이동이 발생하면서 오염과 피폭 상황도 달라진다. 사고 후 야외에 방치한 오염 볏짚과 이것을 먹은 소의 오염도 밝혀졌으며, 소의 오염은 이미 일본 혼슈本州 전 지역으로 확산됐다. 앞으로 농산물과 해산물 등 식품을 통한 내부피폭이 중요한 문제로 대두할 것이다.

ICRP 07년 권고에서 제시하는, '20~100밀리시버트', '1~20밀리시버트', '1밀리시버트 이하'의 세 가지로 나눠 시행하는 일반 대중(이들 중에는 방사능에 민감한 임산부와 영·유아도 포함된다)의 피폭관리는 시간적으로도, 지리적으로도 후쿠시마의 오염과 피폭의 복잡한 상황에 대응하지 못하고 있다. 전형적인 사례가 어린이 연간선량 '20밀리시버트', 옥외 활동 1시간 선량 문제(뒤에서 설명)가 있다.

그리고 '기존피폭상황'으로 볼 수 있는 후쿠시마현과 '계획피폭상황'으로 볼 수 있는 현 밖의 도시에서도 폐기물과 하수 처리를 통해 고농도 방사성 세슘을 포함한 침전물이나 소각재가 대량으로 발생해, 보관 장소 확보에 난항을 겪고 있다. 이뿐만이 아니다. 일반폐기물 처리 작업

(방사선 작업이 아님)에서도 피폭이 발생하는 중대한 문제가 있다. 이들 문제는 ICRP의 피폭 관리 대책 밖에 놓여 있다.

결국 07년 권고에 따른 일본 정부의 피폭관리와 대책은 이미 파탄 난 상태이다. 이로 인해 수많은 노동자와 광범위한 지역 주민, 시민, 특히 핵발전소 하청노동자와 오염지역에서 생활할 수밖에 없는 사회적 약자들이 극히 높은 선량의 피폭을 강요받고 있다.

4. 방사선 피폭과의 싸움에서 탈핵으로

아동에 대한 연간 기준선량 '20밀리시버트', 주민 기준 '20밀리시버트'를 철회하라

문부과학성은 4월 19일, 어린이의 연간 기준선량이 20밀리시버트, 옥외활동 1시간당 선량이 3.8마이크로시버트를 밑도는 경우에 평상시와 같이 학교에서의 야외활동을 인정한다고 잠정 결정했다. 20밀리시버트는 07년 권고에서 '기존피폭상황'의 참고준위 '1~20밀리시버트'에 따르는 수치이다. 1시간 선량기준은 방사선 관리구역의 1.3밀리시버트/3개월(주 40시간 노동, 2.5마이크로시버트/시간)을 넘는다. 방사선에 민감한 어린이들의 피폭방호 대책을 방사선 작업자보다 더 위험한 조건에 두려는 내용이었다.

이에 대해 어린이들의 연간선량 '20밀리시버트'를 철회하고, '후쿠시마 어린이들'을 방사능으로부터 지키자는 시민운동이 4월 하순부터 급격히 활발해졌다. 국회에서도 정부에 철회를 요구했다. 문부과학성은

5월 26일 초·중학교에서 아동의 야외활동 제한을 위한 잠정선량 '연간 20밀리시버트'를 당분간 유지하면서도 '연간 1밀리시버트 이하'를 최종 목표로 한다는 방침을 후쿠시마 교육위원회에 전달했다. 최종목표 또한 ICRP 견해에 따른 것이다.

이후 국가의 지원을 받아 학교 운동장의 오염 흙 제거 작업과 아래위 흙 교체작업을 진행하여 학교 운동장 방사선량은 내려갔다. 하지만 문부과학성은 '20밀리시버트' 철회 요구에 대해선 완강히 거부했다. 7월에 시작한 후쿠시마현 고등학교 야구 예선에서 고등학교야구연맹은, 경기 중지 조건으로 '3.8마이크로시버트/시간'을 기준으로 삼고, 문부과학성은 이를 묵인했다. 고리야마郡山 시내에 있는 구장에서 열린 야구경기는 외야에서 최고 '2.2마이크로시버트/시간'을 기록했다.

문부과학성은 8월 26일, 학교에서 아동이 쪼이는 선량을 원칙적으로 연간 1밀리시버트로 규정하고, 야외활동 선량을 '매시간 1마이크로시버트'로 낮추겠다고 후쿠시마현 등에 통보했다. 이전과 비교하면 한 걸음 진전된 내용이었다. 하지만 통학로 등에서 아이들이 쪼인 피폭량은 통계에 포함하지 않았다. 더 안전한 대책을 위해선 어린이들의 교육 환경뿐만 아니라 생활 전체를 통합 계산해서 시간선량과 연간선량을 모두 낮출 필요가 있다.

어린이와 임산부 및 가임여성은 물론이지만, 일반 성인도 '연간 20밀리시버트' 피폭은 결코 안전한 수준이 아니다. 일본 정부는 주민 피난 기준으로도 '연간 20밀리시버트'를 채택하고 있다. '연간 20밀리시버트' 기준을 철회하고 국가 책임으로 철저하게 오염 수준을 인하해 피폭을 줄이도록 해야 한다. 이와 함께 식품을 통한 내부피폭의 철저한 회피와 절감 대책 또한 중요해질 것이다.

후쿠시마현의 '주민건강관리조사'와 건강수첩 교부를 요구하는 운동

　　방사선에 피폭한 후쿠시마 주민들의 향후 건강피해에 대한 불안과 관심이 높아지는 가운데, 공해반대운동을 경험한 학자들이 방사성 물질이 통과한 시점으로 거슬러 올라가, 피폭을 조사해 기록하는 작업의 중요성을 지적했다. 향후 예상할 수 있는 건강피해에 대처하기 위해, 방사선과 의료 전문가의 지원을 받아 피폭과 생활을 기록하는 '건강수첩' 작성을 요구하는 주민운동도 시작했다.

　　후쿠시마현 '주민건강관리조사' 검토위원회(검토위)는 6월 18일 건강관리에 관한 조사계획을 발표했다. 검토위는 건강관리 목적으로 '핵발전소 사고에 따른 후쿠시마 주민의 불안 해소, 장기간에 걸친 주민 건강관리를 통한 안전·안심 확보'를 내걸었다. 조사목적으로는 (1) 피폭선량을 추정하고 제시하여 불필요한 불안을 제거하고, (2) 조사결과에 기초한 장기 건강관리 시행이라고 명기하였다. 즉, 조사와 건강관리는 '불안'의 해소가 첫 번째 목적이다. 피폭으로 실제 발생 가능성이 있는 질병(신체적 건강피해)의 예방, 조기진단과 치료 등에 대해서는 명기하지 않았다.

　　후쿠시마 주민에 대한 조사를 질병예방과 치료와 연결하지 않고 건강영향 데이터의 수집으로 끝낼 수는 없다. 핵폭탄 투하 후 ABCC는 피폭자 상해조사를 실시했다. 목적은 '핵무기의 효과'에 대한 조사였고, 치료는 전혀 하지 않았으며, 검사결과도 당사자에게 알리지 않았다. 조사에 동원된 피폭자를 '실험용 쥐'처럼 취급한다고 ABCC에 항의했다. 이런 전철을 되풀이하지 않기 위해선 검토위를 감시해야만 한다.

검토위 의장은 저선량 피폭의 영향을 계속해서 부정해 온 야마시타 슌이치山下俊一가 맡았다. 위원은 핵폭탄 피폭자와 JCO 임계사고[108]의 건강피해를 과소평가했던 '방사선영향연구소'와 '방사선의학종합연구소' 전문가들로 구성했다. 일본 정부에서는 내각부 원자력재해대책본부/경제산업성 대신관방 심의관, 문부과학성 원자력안전과 규제실 기획관, 후생노동대신 관방기술 총괄심의관이 참관인으로 들어갔다. 검토위는 형식상 내각부 원자력 재해대책본부가 중심이나, 실제로는 핵발전을 추진해온 경제산업성 주도로 진행하고 있다. 게다가 위원회에는 주민대표가 참여하지 않았고 회의록도 공개하지 않는다. 주민참여의 필요성은 교토대학교 핵반응로(간사이 연구용 핵반응로) 설치 반대투쟁과 공해반대 투쟁의 교훈이다.

'주민건강관리조사'는 후쿠시마 모든 주민이 대상인 '기본조사'와 피난구역 주민이 대상인 '상세조사'로 나눠진다. 전자는 피폭선량 평가를

---

108) 1999년 9월 30일, 일본 이바라키(茨城)현 도카이무라(東海村)에 위치하는 JCO 도카이사업소 핵연료가공공장에서 핵연료 가공 중에, 우라늄 용액이 임계상태에 달해 핵분열 연쇄반응이 시작했다. 가까운 거리에서 작업을 하고 있던 노동자 3명 중 2명이 사망, 1명이 중태에 빠졌다. 사고 현장에서 350m 주민에게 피난 지시, 10km 주민 약 31만 명에게 옥내대피 명령이 내려졌지만 총 667명의 피폭자가 발생했다. 국제원자력사고등급(INES)에서 4등급 사고로 규정했다.

위한 행동과 식사 등에 관한 설문조사이다. 후자는 건강상태 파악을 목적으로 18세 이하 모든 주민을 대상으로 한 '갑상선 검사'와, 기존검진을 활용한 '검진조사'이다. 다만 '검진조사'는 피난구역 주민 등 약 20만 명으로 제한하여 일반검진을 이용하여 진행한다. 행동조사와 건강조사 결과는 '건강관리 파일'로 개개인마다 기록·보관한다. '주민건강관리조사'는 국가가 책임지는 후쿠시마 전 주민의 건강피해 보상과는 거리가 멀다.

'후타바지역핵발전소반대동맹', '원수폭금지일본국민회의(원수금)', '원자력자료정보실', '반원자력 이바라키 공동행동', '핵은 싫다! 히로시마 시민모임', '피폭 반대 캠페인'의 여섯 단체는 1999년 JCO 임계사고 이후, 노동자와 주민들의 피폭에 대한 보상을 요구하는 연대활동을 펼쳐 왔다. 6개 단체는 5월 1일 후쿠시마 피폭주민에게 건강수첩을 발행해, 국가 책임의 건강피해 보상 등을 일본 정부에 요구했고, 6월과 8월에는 후쿠시마 주민들도 참여하는 가운데 정부 교섭을 진행했다.

'원수금·도호쿠東北블록'은 '피폭자 지원법' 제정운동에서 채택한 세 가지 요구를 학습하고, 후쿠시마 주민의 건강과 생활보장, 방사능 오염으로 인한 손해와 건강피해에 대한 보상, 탈핵을 통한 안전한 미래의 보증을 정부에 요구하였다.

나가사키 피폭자 5개 단체는 8월 9일 후쿠시마 사고로 인한 피폭을 심각하게 받아들이면서, 사고수습 과정에 종사하는 작업자와 피폭 주민들에 대한 '의료보호혜택'과 '피폭자 수첩교부'를 정부에 요구했다.

피폭주민에 대한 현재의 생활과 건강 보장, 평생 동안의 건강관리와 진단, 발병할 경우의 치료비와 생활보장은 꼭 필요하다. 이를 위해 국가가 사고 책임(가해 책임)을 분명하게 인정하면서 국가 보상 원칙에 근거한 후쿠시마 피폭자의 구제, 특히 '건강수첩' 교부를 내용으로 한 관련 법률 개정이 시급하다.

후쿠시마와의 연대에서 탈핵·에너지 전환 운동으로

후쿠시마 피해자 지원운동과 반핵운동의 연대, 핵폭탄 피해자와 후쿠시마 사고 피폭자의 연대는 확실히 확대 중에 있다. 연대는 피폭노동자와 주민을 지원하고 국가 책임으로 이들의 생활과 건강을 보장하며, 피폭을 줄이고, 그 근원을 없애기 위해 중요하다.

원수금을 중심으로 개최한 '피폭 66주년 원수폭(핵폭탄/수소폭탄) 금지 세계대회'는 2011년 7월 31일 '후쿠시마 대회'로 시작했다. 이 대회는 남쪽에서는 오키나와부터, 북쪽은 홋카이도에 이르기까지 전국에서 대표들이 참석했다. 대회에서는 피해 실태를 확인하면서 후쿠시마에 무엇인가 지원해야 한다는 열기로 가득했다. 피난민의 심각한 실상을 호소하면서 도쿄전력을 규탄하는 현지 보고, 전국적 투쟁 호소와 병행하여 "다시는 피폭자를 만들지 말라!"면서 피폭자 연대성명도 발표했다.

8월 6일 '히로시마 대회'는 '후쿠시마에 연대하는 특별결의'를 채택했다. 핵의 '군사적 이용'으로 피해를 입은 '히로시마', '나가사키'와, 핵의 '상업적 이용'으로 피해를 입은 '후쿠시마'를 결합해서 "핵과 인류는 공존할 수 없다"고 호소하며, "No more 히로시마, No more 나가사키, No more 후쿠시마"의 메시지를 전 세계에 발신했다. "핵과 인류는 공존할 수 없다"는 '핵 절대부정'의 이념은 1차석유파동이 발생하고, 선진국들이 핵발전소 추진으로 방향을 전환하면서, 일본 전국에서 반핵운동이 확산하던 1975년 대회에서, 고故 모리타키 이치로森瀧市郎 의장이 제창한 말이다.

8월 9일 '나가사키 대회'에서 채택한 '대회선언'은 후쿠시마 주민의 생활 보장과 향후 건강피해 보상을 요구함과 동시에, 탈핵 실현과 에너지 절약, 자연에너지를 중심으로 에너지 정책 전환을 요구해 '사요나라(잘가라) 핵발전소 1000만 명 행동'의 성공을 호소했다. 탈핵과정을 확실히 하기 위해 '행동'을 성공시키고, 전력독점구조 등 핵발전소 유지와 추진의 토대인 산업적·사회적 기반의 근본적 변혁을 지향하는 투쟁을 발전시켜 가는 것이 중요하다.

원수협이 중심이 되어 개최한 2011년 '원수폭 금지 세계대회'는 지금까지 '핵무기 철폐' 하나에만 집중해 온 기존 방침을 변경하고, '핵발전소 철폐와 자연에너지 전환'을 강조했다. 일본 원수폭피해자단체협의회(히단쿄被団協)도 창립(1956년) 이후 일관되게 유지해 온 방침(맨 처음엔 핵의 평화적 이용을 지지하다가, 이후 핵발전소에 대한 분명한 입장을 표명하지 않고 단순히 에너지 정책 전환만을 요구했음)을 변경하고 분명하게 탈핵으로 전환했다.

민간 대기업 노조가 참여하는 '핵금核禁회의'는 핵발전 유지방침을 고수하고, 전국 노동조합 조직 중의 하나인 '연합'(렌고連合)은 내부 동요와 분열을 억제하기 위해 핵발전에 관한 논의를 하지 않았다. 원수금, 핵금회의, 연합이 공동으로 8월에 개최한 '히로시마 대회', '나가사키 대회'에서는 과제를 '핵무기 폐기'로 한정했다. 핵발전 유지파와 핵발전 반대파 양쪽 모두 비판의 목소리가 높아졌으며 통일개최라는 의미 자체가 혼

109) 일본의 피폭자 조직은 맨 처음 원수협(겐스이쿄, 原水協)이 1955년에 설립했다. 원수협은 8월에 히로시마에서 '원수폭금지세계대회'를 개최하였다. 1961년 소련의 핵실험이나 미일신안보조약을 둘러싸고 우파 보수계열의 피폭자를 중심으로 원수협을 탈퇴하여 핵금회의라는 피폭자 조직을 결성했다. 쉽게 말하자면 핵금회의는 '우파피폭자 조직'이라 할 수 있다. 핵금회의는 참여하는 피폭자가 소수이고, 또 세계대회에는 참여하지 않으며, 핵발전은 "원자력의 평화적 이용"으로서 반대하지 않는다는 입장이다. 1965년에는 부분핵실험금지조약의 찬성여부를 둘러싸고 일본사회당, 일본노동조합총평의회(현재 일본노동조합총연합회 = 렌고) 그룹이, 조약에 찬성했던 원수협의 주류파인 일본공산당계와 대립하고 탈퇴하면서 원수금(겐스이킨, 原水禁)을 결성했다.

일본의 사회당 계열 사람들은 "모든 핵실험을 금지해야 한다"고 주장하였다. 원수금은 원수협이 "정치적 이유로 소련의 핵개발에 찬성하고, 일본공산당이 주도했던 안보투쟁에 참가하기 위해 반핵운동을 안보투쟁의 범위에 포함시켜, 반핵운동의 확산을 방해하였다"는 등의 주장을 결성이유로 밝혔다. 이후 원수금은 일본 내에서는 가장 빨리 핵발전소 철폐(탈핵, 脫核)운동에 적극적으로 참가하였다. 말하자면 사회당 계열의 원수협 탈퇴와 원수금의 결성은 일본의 반핵운동, 피폭자운동이 분열하는 계기로 작용하였으며, 현재와는 달리 분열 당시에는 사회당 계열인 원수금이 핵폐기를 '궁극적 목표'로 두는 양상을 나타냈다. 이런 상황 때문에 원수협에 소속한 피폭의사 히다 슌타로는 처음에 자신도 원수금과 활발한 연대활동을 하여, 공산당 계열 사람들로부터 문제제기를 받은 적이 있다고 비판을 한 바가 있다. 원수협은 2011년 후쿠시마 핵발전소 사건을 계기로 핵발전소 철폐를 분명하게 내걸었다.

핵금회의는 1980년대에 원수협과 몇 번 공동집회를 개최하기도 하였다. 즉 1987년에 당시 새롭게 노동조합을 결성한 사회당 계열의 렌고(連合)와 원수금, 핵금회의 등 3개 조직이 협력을 모색하기 시작하였다. 2005년부터는 3개 조직이 협력해서 합동으로 히로시마와 나가사키에서 평화대회를 주최하면서 '핵무기 철폐'를 주장했다. 다만 앞에서 언급했지만, 핵금회의는 '평화를 위한 원자력' 즉 핵발전을 핵의 평화적 이용으로 보고 사실상 이를 승인하고 있지만, 원수금은 '핵발전 반대'의 입장이라, 탈핵 단체와 공동연대를 중심에 두고 활동한다. 2011년 3월 11일 후쿠시마 제1핵발전소 사고가 발생하자, 탈핵을 선명하게 내세운 원수금과 핵발전의 평화이용을 주장하는 '핵금회의'는 사실상 분열할 수밖에 없었다. 2011년 평화대회에서 원수금의 가와노 코우이치(川野浩一) 의장이 핵발전을 문제 삼자 '렌고', '핵금회의'가 반발했다. 2012년 평화대회 전에 핵금회의의 카마다키 히로오(鎌滝博雄) 전무이사는 "대회에서 '탈핵'을 요구하면 금후 함께 행동할 수 없다"고 원수금을 비판했다. 또한 원수금의 인사말에 '핵과 인류는 공존할 수 없다'는 문구를 문제 삼았다. 하지만 원수금은 인사말을 수정하지 않고 그대로 진행했다. 이리하여 평화대회에 앞장섰던 원수금과 핵금회의가 각각 단독으로 집회를 개최하는 등 대립이 깊어졌다. 최종적으로 핵금회의의 요구가 관철되어, 2013년의 평화대회는 렌고가 단독 주최하는 형식으로 했으며, 원수금, 핵금회의는 공동후원으로 밀려났다.

들렸다.[109]

　　탈핵과 반핵을 내거는 시민·주민 그룹은 수도권을 중심으로 전국 각지에서 다양한 행동을 진행하고 있고 '사요나라 핵발전소 1000만 명 행동'에 합류하였다.

　　'핵무기'도 '핵발전소'도 인류를 위협한다. "핵과 인류는 공존할 수 없다", 핵무기도 핵발전소도 폐기할 수밖에 없다고 많은 사람들이 공통된 인식을 하고 있다.

　　2011년은, 1954년 비키니 피폭으로 시작한 일본의 원수폭 금지(반핵) 대중운동의 역사상 새로운 장을 연 해였다.

5. 후쿠시마가 의미하는 것

　　후쿠시마 사고 발생 이후 일본 정부가 시행한 피폭방호 대책은 ICRP의 '피폭방호' 대책과 기준을 우선시했다. 이로 인하여 후쿠시마는 ICRP 07년 권고의 비과학성과 반인권적 본질을 제대로 드러냈다. 즉 ICRP 07년 권고는 "피폭을 강요하는 진영에서 사람들에게 피폭이 불가피하니, 참고 견뎌야 한다는 자포자기 사고를 유도하기 위해 과학으로 위장하여 만든 사회적·경제적 제도"이며, 핵개발 추진 정책을 "정치적, 경제적으로 지원하는 행정수단"(『방사선 피폭의 역사』 구판 표지)인 점을 다시 한 번 입증했다.

　　또한 2007년 권고에서 채택한 '피폭방호 관리체계'는 사고 발생 시 방사능 대량방출을 전제로, '피폭상황'에 맞게 '참고준위(기준선량)'을 설정해, 노동자와 주민들의 피폭을 합리적으로 관리하기는커녕 실제로는 현실에 대응할 수 없는 파탄 상태임을 확인하였다. 결국 2007년 권고를 따라 세운 피폭방호 대책은 노동자와 주민·시민 등에게 고선량·대량피폭을 강요할 수밖에 없어, '피폭반대 투쟁'을 확산시켰다.

마지막으로 본서의 제1장에서 제기한 내용과 관련해서, 히로시마와 나가사키 이후 핵과 피폭의 역사를 간단히 돌아보며 후쿠시마의 역사적 의미를 생각해 보고자 한다.

(1) 히로시마와 나가사키에 투하된 핵폭탄은 강력한 열 폭풍과 1차 방사선[110]으로 두 도시를 파괴했다. 20만 명이 넘는 시민이 급사하여, 핵무기(원자력)의 거대한 파괴력을 보여주었다. 직접적인 방사선 피폭뿐만 아니라 검은 비와 잔류방사능으로 인한 피폭으로 많은 피폭자가 발생했다. 히로시마와 나가사키는 핵시대(핵에너지와 핵폐기물을 군사적·상업적으로 이용하는 시대)의 시작을 알렸고, 동시에 미·소 군사대결도 시작했다. 이후 핵폭탄에서 살아남은 수십만 명의 피폭자는 다양한 방사선 장애와 사회적 차별에 시달려야 했고, 여러 질병으로 사망했다.

(2) 1954년 비키니에서 시작된 대형 수소폭탄 실험은 핵 오염과 피

---

110) 방사선원(源)으로부터 직접 방출되어 대상물에 직접 도달하는 방사선. 2차 방사선은 1차 방사선이 조사(照射)된 물질로부터 방사(放射)되는 방사선으로, 1차 방사선과 물질과의 상호작용에 의해 만들어지는 방사선으로, 에너지 또는 운동량이 감소된 입자 또는 광자를 뜻한다. 여기에서는 핵폭탄 폭발 시, 쏟아져나온 방사선을 의미한다.

폭의 전 지구적 성격과 파멸적 특성을 고스란히 드러냈다. 핵실험과 핵무기 금지를 위한 국제 운동이 시작되었고, "인류는 생존할 것인가, 아니면 핵무기로 파멸할 것인가"라는 인식 아래 반핵평화운동이 전 세계적으로 고조되었다. 이 때 미국은 "평화를 위한 핵"을 슬로건으로, 핵무기 개발과 불가분의 형태인 핵발전 개발을 추진했다. 핵기술과 핵연료를 자본주의 동맹국에 팔아, 소련을 비롯한 사회주의 국가에 대항한 핵 독점구조를 유지하려 했다. 동시에 "핵의 평화적 이용"이라는 대대적인 선전은 반핵평화운동의 발전을 억제하려는 의도를 갖고 있었다. 핵의 군사 이용과 평화 이용을 통해 세계를 지배하려는, 핵을 둘러싼 세계적 항쟁과 대립의 시대가 시작했다.

(3) 인류가 전면 핵전쟁으로 파멸의 위기에 직면했던 쿠바 위기(1962년)를 거쳐, 63년에는 대기권과 바다에서 핵실험을 금지하는 '부분핵실험금지조약PTBT'을 체결했다. 전문에 핵무기를 비롯한 모든 군비 경쟁 중단을 목적으로, "방사성 물질로 인한 인류의 환경 오염 종식을 희망한다"라고 명기했다. PTBT에 따라 핵실험 방사선 낙진으로 인한 오염과 피폭은 대폭 줄었다.

한편 동일한 시기인 1960년 중반에 핵발전의 상업화도 국제적인 규모로 시작했다. 두 번의 석유위기를 경험한 1970년대 후반에는 핵발전을 '석유대체 에너지', '에너지 자립화'의 수단으로 규정하고, 적극적으로 추진했다. 미국, 유럽, 일본에서는 대중적인 핵발전소 반대운동이 확대되었다.

(4) 1986년 체르노빌 사고는 벨라루스, 우크라이나, 러시아를 비롯

해 북유럽 지역을 방사능으로 심각하게 오염시켰다. 핵발전도 핵무기와 같이 인류에게 파멸적인 영향을 줄 수 있음이 분명해졌다. 탈핵의 국제 흐름을 만들었고, 핵발전에 의존하는 에너지 정책을 수정하기 시작했다.

동시에 1980년대 후반 냉전이 끝나면서 중거리 핵미사일 철거 등 '핵무기 없는 세계'를 목표로 세계 지배 세력도 참여한 국제적 흐름이 조성되었다. 그러나 핵확산금지조약의 무기한 연장(1995년)을 조건으로 핵보유국이 약속했던 핵군축과 핵의 선제공격금지는 전혀 진척이 없었다. 아울러 미국 부시 정부가 핵발전소 건설재개 정책을 추진하면서, 중국에서는 핵발전소 수입과 건설 붐이 일어났고, 핵무장을 추구하는 일부 개발도상국가에 확산되었다. 핵발전소 건설에 따른 모순의 심화와 건설 후퇴 요소를 안고 있으면서도 온난화 방지를 구실로 "핵 르네상스"를 선전하였고, 핵발전소는 강대국이 세계를 분할 지배하는 수단으로 작용했다. 체르노빌은 많은 사람이 기대했던 '핵시대 종말의 시작'까진 될 수 없었다.

(5) 후쿠시마 사고는 히로시마형 핵폭탄 170개 정도의 방사성 세슘 137을 방출했다. 핵발전소 중대사고가 한 번이라도 일어나면 인류에게 파멸적인 방사능 오염과 피폭이 초래됨을 우리에게 다시 보여 주었다. 안전한 핵발전소는 있을 수 없다고 보여 주었으며, 안전과 환경의 양 측면에서 뛰어난 재생가능에너지 확대 정책도 더욱 강해졌다. 국제적으로나 일본 내에서도 정치·경제·사회 등 모든 분야에서 핵발전소 유지와 추진 대 핵발전소 반대와 탈핵이라는 양 진영의 분리, 분열이 확대되고 있

으며, 유럽에서는 독일, 이탈리아, 스위스가 분명하게 핵발전소 중단 정책으로 전환했다.

후쿠시마는 비키니 이후 '핵의 평화적 이용'이라는 사상이 세계를 지배했던 한 시대(핵시대)의 종언을 알렸다. 인류의 생존을 위협하는 모든 피폭을 끝내기 위해서는, 물리적 기술적 근원인 핵무기나 핵발전소를 모두 폐기해야만 한다는 사실을 공통의 인식으로 받아들이고 있다. 이런 점이 핵과 피폭의 역사에서 본 후쿠시마의 역사적 의미이다. 히로시마·나가사키로부터 66년이 지난 후쿠시마를 '핵시대 종언의 시작'으로 삼아야 할 것이다. 후쿠시마를 계기로 핵이 세계를 지배하는 사회·정치 구조를 변혁하고 지구상의 모든 피폭을 감소시켜 제로에 가깝게 만들어가는 역사적 전환으로 삼아야만 할 것이다.

소론 '증보판 후쿠시마와 방사선 피폭'은 '과학기술문제연구회'가 2011년 5월부터 8월까지 5번에 걸쳐서, 후쿠시마 사고를 주제로 진행한 연구 보고와 토론을 정리했다. 후쿠시마 사고와 오염, 피폭에 대한 평가는 현재까지 발표된 데이터에 따른 것이다.

'과학기술문제연구회'는, 1970년대 후반 본서의 저자 나카가와 야스오 씨도 적극적으로 참여했던 핵발전, 환경, 기술혁신 등에 관한 연구회를 모체로, 반핵운동과 방사선 피폭기준 완화 반대운동에 함께 했던 사람들이 중심이 되어 시작한 연구회다. 1991년에 발행한 『방사선 피폭의 역사』(구판)를 다시 읽고 고인과 함께 활동했던 날들을 생각하면서, 후쿠시마의 피폭 문제를 함께 논의했다. 우리는 ICRP를 비롯한 핵의 권력구조에 대한 역사적 비판과, 저선량 피폭의 위험성에 대한 구체적 해명이 오늘날 각국 정부의 피폭 정책 비판에 결정적으로 중요하다는 점을 확인했다.

한마디로 본서의 현재 의미는 매우 크다.

2011년 8월 27일

이나오카 고조(稻岡宏蔵)
1941년 나가사키시 폭심지 근처에서 태어났다. 1960년 오사카대학 이학부(理学部) 입학. 이학박사, 전문은 물리학. 현재 과학기술문제연구회 회원. 반핵·평화운동, 환경보호운동에 참여하고 있다. 저서로 『환경위기는 가짜 이야기인가(環境危機はつくり話か)』(綠風出版, 공저)가 있다.

| 초판 | 후기를 대신하여

나카가와 게이코中川慶子

이 책의 저자인 남편, 나카가와 야스오中川保雄는 1989년 12월에 병으로 쓰러져 입원, 90년 늦가을 다시 입원했으며, 올해 91년 봄 세 번째 입원생활을 하고 있다. 이제는 후기를 쓸 수도, 구술도 불가능할 정도로 병이 진행되고 말았다.

저자는 겉보기에는 온화하고 물질에 집착하지 않는 사람이지만, 속에서는 부정과 불합리, 속임수를 용서하지 않는 너무 지나치다 싶은 결벽성과 고집도 있고, 현상을 즉각 꿰뚫어보는 통찰력도 있다. 또한 한 번 해야 한다고 마음먹으면, 이런저런 어려움은 물론 자신조차 돌아보지 않고 과감하게 실행에 옮기는 의지력을 지니고 있다. 되돌아보면, 무리한 일정을 반복하며 병으로 쓰러진 데에는 이러한 성격도 원인 중 하나가 아니었을까 하는 생각이 든다. 이 책 곳곳에 이런 경향을 찾아볼 수 있다.

이 책에 나오는 자료의 대부분은 1987년부터 88년까지 국외연구원으로 미국에 체류했을 때 수집한 것이다. 쓰러지기 전까지 이미 원고의 대부분은 완성된 상태였지만, 두세 번에 걸쳐 원고를 퇴고했다. 미하마 핵발전소 사고 등 새로운 상황에 대응하기 위해 추가한 부분은, 병으로 인한 통증 속에서도 하나씩 구술을 녹음해 가며 완성했다.

이 책은 연구실에 틀어박혀 혼자 만들기보다는, 핵무기 반대, 핵발전소 반대운동에 정력적으로 매진하는 사람들과 함께 수많은 논의를 거쳐 탄생했다. 지배세력이 강요한 피폭으로 고통 받는 약자들의 마음과, 불합리한 피폭 강요에 반대하는 사람들의 분노를 원동력으로 제작했다고 할 수 있다.

상업적인 성공을 처음부터 기대할 수 없는 내용의 책을 독창적이고 가치 있는 내용이라고 높이 평가하면서 출판을 결정하고, 처음부터 끝까지 격려해주신『기술과 인간技術と人間』[111] 관계자 분들에게 진심으로 감사한다. 피폭에 반대하는 운동과 연구를 함께 해 온 친구들, 피폭에 반대하기 위해 창의적인 운동을 만들어온 전국, 그리고 세계의 많은 분들이 끊임없이 격려와 가르침을 주신 점에 대해서도 감사드린다.

전체 구성이나 대부분의 내용은 저자가 스스로 마무리했지만, 최종 원고 작성과 도표 정리 등은 저자의 의향에 따라가면서 친구들과 두 아들의 도움으로 내가 진행했다. 이런 과정에서 본의 아니게『기술과 인간』편집장 다카하시 노보루高橋昇 씨에게 부담을 드렸다. 원고가 너무 늦어져 사과드리며, 아울러 진심으로 감사드린다.

---

111) 출판사이자, 1972년부터 2005년까지 일본에서 발행된 월간 잡지. 핵발전, 바이오테크놀로지, 컴퓨터, 공해·환경문제 등 현대기술과 인간의 관계를 주로 다루었다.

이 책이 피폭 문제에 관심을 갖는 많은 분들에게 도움이 되기를 바란다.

1991년 4월 15일

| 증보판 | 후기

나카가와 게이코 中川慶子[112]

체르노빌 핵발전소 사고로부터 25년째인 올해, 후쿠시마 제1핵발전소에서 중대사고가 발생하고 말았다. 올해는 『방사선 피폭의 역사(放射線被曝の歷史)』 출판 20년이 되는 해이기도 하다. 사고 발생 후에 정부가 보인 높은 피폭기준 제정과 사고 대응은 피해자의 고통을 제대로 받아들이지 않고, 국민의 생활과 목숨을 소홀히 하는 행태에 불과했다.

이 책 1장 '서문을 대신해서'에서 저자는 "인류가 쌓아온 문명의 수준과 풍요로움의 기준은 가장 약한 입장에 있는 사람들을 어떻게 대우하는가로 판단해야 한다고 생각한다"라고 썼다. 이 말은 안타깝게도 지

---

[112] 1942~2019년. 미국문학·아동문학 전공. 교육과 관련된 일과 더불어 '핵발전의 위험성을 생각하는 다카라즈카 모임(原発の危険性を考える宝塚の会)' 등의 시민활동에 관계했다. 번역서로 남편과 함께 공역한 『핵의 목격자들—내부로부터의 핵 비판(核の目撃者たち—内部からの原子力批判)』(Leslie J. Freeman, 筑摩書房, 1983년)을 비롯해, 『마크 트웨인의 연애편지(マーク・トウェインのラブレター)』(Mark Twain 등, 彩流社, 1999), 『반핵수녀—로젤리 버텔의 궤적(反核シスター—ロザリー・バーテルの軌跡』, (Mary Louise Engels, 緑風出版, 2008) 등이 있다.

금 우리들이 직면하고 있는 고통스러운 현실을 나타내는 말이 되고 말았다.

저자는 히로시마·나가사키·체르노빌과 같은 비극을 되풀이하지 않기 위해, 본인의 건강조차 제대로 돌보지 않으면서 연구와 운동에 매진해 왔다. 얄궂게도 후쿠시마의 비극을 계기로 본서가 각광을 받았다. 예전부터 가치를 인정하시는 분들로부터 연락을 받거나, 비용부담을 할 테니 다시 출판하자는 제안을 받기도 했지만, 사고 후에는 이런 내용의 메일이나, 이 책을 참고문헌으로 해서 집필된 논문과 도서를 더 자주 받았다.

그러던 중에 아카시서점明石書店에서 재출간 제안을 받았다. 초판에서 이미 20년이나 지나 히로시마·나가사키 연구도 진척이 있을 것이고, ICRP 변천도 있을 것이니, 그간의 움직임을 증보해서 출판하면 어떻겠냐는 제안을 받아 승낙했다. 저자가 함께 연구하고 운동해온 '과학기술문제연구회' 회원 분들이 증보 장의 집필을 맡아 주셨다.

후기를 쓰기 위해, 저자가 미국 체류 중 이삼 일마다 가족에게 보내온 일기 겸 편지를 20년 만에 다시 읽어보니, 저자가 1987년 6월부터 1988년 4월까지 약 10개월 동안의 연구기간을 충분히 활용했음을 알 수 있다.

처음부터 저선량 피폭의 위험성에 대해 연구하신 고프만 박사, 스턴글라스 박사, 스튜어트 박사, 버텔 박사, 맨큐소 박사 등과 만나고, 논문에 대해 의견을 교환하면서, 이들의 주장을 더욱 깊이 이해할 수 있었던 모양이다. 이들로부터 식사 등 다양한 환대를 받으면서 서로의 인생과 생각을 나눈 것 같다. 내가 미국을 방문한 1982년과 1985년에는 이분들을 함께 만나기도 했다. 논문이 완성될 때마다 발췌해서 보내드렸기 때문에, 아마 멀리서 온 동지처럼 우리를 따뜻하게 맞이해 주셨던 것 같다.

미국 체류 기간 중에는 IPPH(『국제공중위생전망』)과 일본 과학사학회 잡지 등에 논문 등을 보내, 같은 해 10월 초에 열린 제1회 세계 핵 피해자 대회 준비에 참여해, 히로시마·나가사키 선량 과소평가에 대한 발표 원고를 만들기도 했다.

평소에는 뉴욕의학아카데미에 다니면서 조사연구를 한 모양이다. 초청을 해 준 뉴욕시립대학과 콜롬비아대학, 뉴욕시립도서관에도 자주 다녔다. 10월에는 버스로 6000킬로를 다니며, 우라늄 채굴현장 등 방사선 피폭과 관련된 곳을 돌아다녔다. 텍사스 A&M 대학에서는 당시 긴박한 문제였던 미전략방위구상SDI(별명 스타워즈 계획)에 관련된 자료도 수집했다.

중요한 특징으로 꼽을 수 있는 점은 워싱턴의 의회 도서관이나 정부 출판국에서 큰 수확을 한 것이다. 의회 도서관에서 "비밀 정보가 그대로 실려 있는 중요한 자료"를 발견했다며, 발행 부수가 한정되어 있어서 비용이 들더라도 입수하고 싶다고 흥분을 주체하지 못한 기록도 있다. 2,000쪽이 넘는 대형 서적을 얻기 위해, 결국 편지를 20통이나 보낸 후에야 간신히 손에 넣을 수 있었나 보다. NCRP 자료에 대해서는 "지배 세력들의 통치 방식을 상당히 알 수 있었다"라고 쓰기도 했다.

도서관에서 보고 싶은 책을 찾으면 서점이나 헌책방에 편지를 써서

카탈로그(상품목록)를 요청한 모양이지만, 미국의 헌책방은 일본처럼 꼼꼼하게 카탈로그를 만들지 않아서 고생한 것 같다. 또한 당시는 현재처럼 인터넷 판매도 없고, 전화나 편지로 문의와 주문을 해야 했던 시대였기 때문에 100장으로 된 봉투묶음을 미국 체류 중에 모두 썼다고도 한다.

마지막 한 달은 스튜어트 박사 인터뷰, 이탈리아 피렌체대학의 강연 외에도, 본 업무인 고베대학의 과학사 수업을 위한 자료 수집 등을 위해, 대영박물관을 비롯한 각종 박물관을 방문해 대량의 슬라이드 교재를 만들었다.

지금 글을 쓰면서 생각이 났지만, 세상을 떠나기까지의 수년 동안, 여름에는 히로시마대학의 집중강의에 나섰다. "아침부터 폐관까지, 자료를 조사하고 있던 나카가와 씨의 모습이 인상 깊게 남아 있다"는 말을 히로시마대학 도서관 관계자로부터 들었다고, 조문에 오신 신문기자 K 씨가 이야기했다. 아마 미국에서도 그런 모습으로 조사 연구에 열심히 노력했을 터이다. 한파가 습격하면 영하 20도 이하로 떨어지는 뉴욕에서 보낸 신년 편지에는 "스스로에게 엄격해야 하고, 엄격해지는 만큼 자신감을 갖고 할 수 있다고 믿는다"라고 쓰여 있다. 힘들 때일수록 좋은 면과 낙관적인 면을 보기 위해 노력했지만, 편안하고 쉬운 길만의 선택은 하지 않으려 결심한 사람이었다.

지금까지 『방사선 피폭의 역사放射線被曝の歷史』의 재출간을 기다려 주신 분들, 따뜻한 이해와 지원을 보내주신 분들께 감사 인사를 드린다. 부디 이 증보판을 애독해서 활용해 주길 바란다.

몇 번씩 토론을 거듭해 주신 과학기술문제연구회 여러분, 논의 내용을 정리하는 어려운 일에 종사해주신 이나오카 고조 박사께 진심으로 감사드린다. 마지막으로, 증보판 제안을 흔쾌히 받아주시고, 출판의 지연을 허락해주신 아카시서점 제3편집부 오노 유코 씨에게 정말 많은 신세를 졌다.

본서가 방사선 피폭이 없는 사회를 만들기 위해 분투하고 있는 사람들에게 도움이 된다면, 원통함 속에 요절한 저자도 조금은 편히 쉴 수 있을 것이다.

2011년 8월 말
노 모어(no more) 히로시마·나가사키
노 모어 후쿠시마의 염원을 담아

옮긴이 후기

박찬호

오늘날 우리가 방사선에 대해 이만큼의 정보라도 갖게 된 데에는 본서 저자의 필사적인 노력도 일부 포함되어 있다. 특히 저자 덕분에 우리는 ICRP의 실체나 인권과 생명을 경시하는 국제 핵찬성 세력의 본질을 볼 수 있다.

저자가 본서를 발간할 수 있게 된 배경에는 피폭국가 일본이라는 점도 작용했겠으나, 기본적으로 사람의 생명과 인권의 소중함을 중시했기 때문일 것으로 본다. 인권과 생명을 소중하게 여겼기 때문에 '과학'으로 포장된 반인권, 반생명의 역사를 끈질기게 파헤칠 수 있었을 것이다.

하지만 책을 이해하면서 읽어가기 위해서는 약간의 노력이 필요하다. 본서는 ICRP나 ABCC, 방사선 방호 기준이나 허용선량 등이 어떤 상황에서 어떤 의도로 만들어졌는지, 은폐된 역사를 다루기도 하지만 방사선에 대한 이론적인 내용도 많은 탓이다. 사실 일반인들에게는 생소하거나 어려울 거라고 생각한다. 이럴 땐 정말 옮긴이의 역할이 중요하다는 점을 절감하는데, 아마도 다른 두 옮긴이의 노력이 없었다면 출판 자체가 쉽지 않았을 것이다.

출판을 코앞에 두고 마지막 옮긴이 후기를 쓰고 있지만 여전히 아쉬운 점이 있다. 과연 저자의 간절함을 독자들에게 전달할 수 있을지는 아직도 미심쩍다. 앞으로 독자 여러분과 소통하면서 미진한 점들을 보완하고 싶다.

현 정부가 탈핵으로 방향을 잡은 것은 다행이다. 그러나 핵폐기물 문제 등에서는 여전히 일방적인 강행 태세를 보이고 있고, 핵찬성 세력의 준동과 이에 부화뇌동하는 일부 보수 언론으로 인해 여전히 혼란상태다.

핵발전은 운영을 하는 한, 반드시 일정한 사람들의 피폭과 희생을 담보로 한다. 굳이 체르노빌의 공식적인 오염지역(m^2당 세슘137이 37,000베크렐 이상인 곳)이 145,000km^2로서 남한의 전체 면적보다 넓다는 사실을 강조하고 싶지 않다. 오히려 통상적인 핵발전소의 규모인 100만킬로와트급을 1년간 운영할 경우 히로시마·나가사키 핵폭탄 1,000발분에 해당하는 죽음의 재가 핵반응로에 쌓인다는 사실을 상기하고자 한다. 사고가 발생하지 않더라도 핵발전소에서 일하는 하청노동자들이 피폭을 경험할 것이고, 배관을 통해서, 또 기타 핵폐기물의 보관이나 운반 과정에서 주민들이 피폭한다.

일본의 후쿠시마 핵발전소의 오염수를 해양으로 방출하는 문제에 온 나라의 여론이 뜨겁지만 정작 일본에서는 한국의 핵발전소가 해양에 방류하는 삼중수소의 양보다 더 적은 양이라고 주장한다. 한국의 원자력안전위원회는 유독 일본의 오염수 문제에 '꿀 먹은 벙어리'다. 또한 최근의 갑상선암 소송에서 법원의 판결내용은, 피폭이 발생하고 암이 발생해도 방사선과의 직접적인 인과관계는 없다고 했다.

핵 문제와 관련해서 ICRP의 권고를 받아들이고 지침으로 삼는 이상 진정한 탈핵은 달성하기 어렵다. 모든 반핵(탈핵) 운동은 ICRP의 논리로부터 벗어나야 하고, ICRP의 이해관계에서 벗어나야 한다. 옮긴이는 우리가 ICRP로부터 벗어나고자 할 때, 그 출발은 핵발전소 노동자들의 선량한도 인하에서 출발한다고 믿는다. 하청노동자가 없다면 하루도 운영할 수 없는 핵발전소의 가장 적나라한 인권침해 현장이 바로 이곳에 있기 때문이다.

아무쪼록 이런 노력에 본서가 도움이 될 수 있기를 바란다.

옮긴이 후기

오하라 츠나키 小原つなき

『방사선피폭의 역사』 번역을 시작한지 벌써 5년이라는 꽤나 긴 시간이 지나고 말았다. 쉽지 않았고 힘이 많이 드는 작업이었다. 공동으로 번역한 윤종호 선생님과 박찬호 선생님, 그리고 교정을 맡아주신 정유선 선생님과 함께 반복해서 읽고 이해해 가는 과정을 거쳤다. 드디어 출판할 수 있게 되어서 무엇보다 기쁘고, 마음의 짐이 다소 내려진 느낌이다.

이 책은 '핵'의 힘으로 세계를 장악하려는 사람들이, 여러 이해관계 세력들과 결탁하면서 피폭의 위험성을 은폐하고 그 피해를 힘없는 시민들에게 강요해온 역사를 낱낱이 밝힌 책이다. 1991년 일본에서 출판된 오래된 책이지만, 핵을 둘러싼 그 불편한 진실은 지금까지 조금도 달라지지 않았다.

저자 나카가와 야스오 선생님은 이 책이 일본에서 출판된 1991년에 병으로 세상을 떠났다. 아픈 몸을 일으켜 사명감으로 써내려간 책이다. 저자는 히로시마와 나가사키의 피폭 실태를 밝히지 않고 오히려 핵의 본질을 왜곡하며, 소위 '핵의 평화적 이용'을 추진해온 세력을 강하게 비판했다. 그리고 체르노빌과 같은 사고가 일본에서 일어날 가능성을 수차례 언급하며 일본 사회에 경종을 울렸다. 그리고 2011년 그 우려가 현실이 되고 말았다.

후쿠시마 사고가 발생한지 9년이 지났다. 일본 정부는 피폭 실태를 조사하고 향후 예상되는 암 등의 질병 확대를 막으려 노력하기는커녕, 오히려 대대적인 '후쿠시마 부흥 캠페인'을 펼치느라 여념이 없다. 사고 당시 18세 미만이던 사람들을 대상으로 후쿠시마현에서 9년째 실시되고 있는 갑상선암 검사에서 현재 총 236명이 갑상선암 확진 및 의심 판정을 받았지만, 일본정부는 여전히 후쿠시마 사고와의 인과관계를 부인하고 있다. 그 와중에 후쿠시마 안팎에서 '피폭'을 이야기하는 것은 갈수록 어려워지고 있다. 마치 '함구령'의 마법에라도 걸린 것처럼 일본에 사는 대부분의 사람들이 가치관의 혼란 속에서 '후쿠시마'에 대해 침묵을 지키고 있다.

그렇다고 후쿠시마의 '아픔'이 이대로 잊혀지지는 않을 것이다. 핵의 위험성과 피폭의 부당함을 호소하는 작은 목소리와 용기 있는 행동들이 이어지고 있고, 반드시 결실을 맺게 될 것이라 믿는다.

2019년 한일관계가 냉각되면서 한국 사회는 후쿠시마 오염수 해양 방출방침을 비롯한 일본의 핵발전소 사고 처리 정책을 둘러싼 비판의 강도를 높였다. 이런 목소리가 일회성이 아니라, 후쿠시마 사람들의 아픔을 이해하고 공유하는 운동으로, 전 세계 핵발전소를 없애고 에너지 전환을 실현해 나가는 힘으로 발전해 나가길 바란다.

더불어, 이 책이 한국의 탈핵과 에너지 전환 운동에 조금이라도 도움이 되었으면 좋겠다.

옮긴이 후기

윤종호

참으로 힘든 과정이었다. 숱한 우여곡절 끝에, 드디어 출간에까지 이르게 되어 너무도 다행스럽다.

내가 이 책에 주목했던 것은 2015년 초였던 것으로 기억한다.

2011년 3월 후쿠시마 핵발전소 사고를 계기로 반핵운동에 관계하면서, '난, 무엇을 해야 할까'를 궁리했던 것 같다. 핵발전소를 두려워하는 이유의 핵심은 결국 '방사능·방사선'인데, 이 '방사능·방사선'에 대한 이해가 '찬핵', '반핵'을 가르는 중요한 이유 중 하나이고, 또 반대는 하지만 내 문제라고 생각하는 이들도 있고, 그렇지 않은 이들도 있게 하는 것 같았다.

변변치 않은 일본어 실력으로 '내부피폭', '저선량 피폭 문제' 등을 다루는 관련 도서 등을 인터넷을 통해 뒤졌고, 그 때 이 『방사선 피폭의 역사』도 몇 권의 책들과 함께 눈에 들어왔다. 당시 이 책을 비롯해 몇 권의 책을 일본을 다녀온 오하라 츠나키 씨에게 부탁해 구할 수 있었다. 당시 몇 권의 책을, 오하라 씨와 함께 서문 정도만 가볍게 읽어보았다. 그 몇 권의 책들 중 이 책의 서문(1장)에 내 마음이 흔들렸다. '그래, 이 책을 소개해 보자'고 마음먹게 되었고, 오하라 씨와 함께 2016년 봄에 출간하는 번역 계획을 세웠었다.

　그러나 이 계획은 마음처럼 되지 않았다. 오하라 씨와 달리 나는 일본어 실력도 부족한데다, 당시 맡고 있던 이런저런 일들까지 스스로의 역량을 넘어서고 있어, 이 책 번역에 충분한 시간과 공을 들일 수 없었다. 게다가, 이 책에서 설명하는 핵심적인 내용에 대한 이해가 부족했다. 이 분야에 대한 전문성이 부족했던 점도 있었겠지만, ICRP, BEIR 등의 내용조차 드물게 소개되어 있는 한국의 현실에서 이 기구들의 속성과 그 내용적 한계를 비판하는 이 책을 충분히 소화하지 못한 상태에서, '혹시, 잘못 번역하는 것은 아닐까' 하는 두려운 마음이 문득문득 들었다. 그렇게 차일피일 시간을 보내면서 늦어져 버렸고, 간신히 2018년 2월에야 번역된 원고 절반 정도를 일본 쪽에 최종 감수를 겸해 보내게 되었다. 나머지 절반의 원고도 번역은 되어 있었기에, 교정 등의 작업 후 곧바로 보내겠다고 했지만 또 시간을 지키지 못하고 그 해 봄도 어느덧 지나가고 있었다.

　그때를 전후해 박찬호 선생님을 알게 되었고, 저간의 사정을 들은 그는 이 번역 작업에 흔쾌히 동참해주셨다. 곧바로 그는 번역·교정본 원고를 재검토해 주셨다. 사실 그 즈음의 의논은 1~9장까지는 오하라 츠나키·윤종호가, 10장 이후는 박찬호·오하라 츠나키가 번역과 점검을 겸하는 역할을 하자고 했지만, 막상 번역과 상호 점검·교정을 보는 과정에서 뒤섞여지는 부분도 있었다. 아무튼, 2019년 2월에 10장 이후를 일본으로 마저 보낼 수 있었다.

　당시 다소 미진했던, 옮긴이 각주 등을 정리하고 일본 쪽 감수·확인

작업 등을 거친 후 최종 인쇄로까지 나아갈 수도 있었겠지만, 선뜻 그렇게 하지 못했다. 역시나 옮긴이 중 한 사람인 내가 시간을 내는 것이 여의치 않은 점이 중요한 하나의 이유였고, 게다가 앞서도 언급했던 것처럼 '뭔가 부족한 느낌'을 계속 가지고 있었기 때문이었다. 결국 2019년, 8월 중순경 옮긴이 세 사람과 교정 보는 사람까지 네 명이 모여 어떻게 이 번역·교정 작업을 최종 마무리할지 다시 의논했다.

결론은 처음부터 다시 책을 읽어가면서 번역과 교정을 점검하기로 했다. 서울, 광주, 고창 등에 흩어져 사는 네 사람은 일주일에 두 번, 요일을 정해 밤늦게 집단통화를 하면서 기존의 번역과 교정을 점검해나갔다. 그렇게 가을과 12월을 보냈다. 그리고, 2020년 1~2월 최종적인 교정과 편집디자인을 거쳐 마무리를 할 수 있게 되었다.

지금 되돌아보니, 전체 번역의 골격을 비롯해 일본 쪽과의 소통 등은 오하라 씨가 큰 역할을 해주셨다. 그리고, 뭔가 내용에 자신이 없어 쩔쩔매고 있을 때, 박찬호 선생님이 합류하고 그 맥락을 조언·해설해 주면서 상당한 의문들이 해소되어 우리들이 갖고 있던 두려움을 걷어낼 수 있었다. 이 책이 늦어진 이유는 나 때문이고, 그나마 이렇게까지 나올 수 있었던 것은 이 두 분의 역할이 무엇보다 컸다는 점을 밝혀두고 싶다.

그리고, 이 과정에서 약속한 일정을 반복해서 지키지 못해 관계되는 분들에게 엄청난 실망과 폐를 끼쳤다. 이 책의 한국어 출판을 학수고대 했지만, 출간을 보지 못하고 돌아가신 고(故) 나카가와 케이코 씨에게 죄송하다는 사과와 더불어, 용서를 구하고 싶다. 번역이 늦어지는 것에 대해 거듭 양해를 구하는 편지를 전했을 때, "건강이 좋지 않으니 한국 쪽에 모두 맡기겠다. 그래도 가능한 한 빨리 완성해주면 좋겠다"는 말씀을 하시면서, 격려의 말씀을 보내주셨는데……. 그 때가 2018년 10월. 이미 뒤늦었지만, "거듭 용서를 구합니다."

더불어, 이 책 출간과 관련된 아카시서점 관계자들과 한국 쪽 신원에이전시 관계자들에게도 반복적으로 출간 약속을 지키지 못한 점, 이렇게라도 사과드리며 용서를 구한다.

이 책 출간에 큰 도움을 주신 분들에게도 감사의 인사를 전하고 싶다. 옮긴이들이 해결하기 힘들었던 몇 군데 번역의 어려운 부분을, 이 책의 증보를 쓰신 이나오카 고조 씨와 그 부인이신 이나오카 미나코稲岡美奈子 씨가 본인들을 비롯해 주변 분들에게 문의까지 하신 뒤 답변해 주셔서 해결할 수 있었다. 더불어, 일본 쪽 저자들과의 연계·소통 과정에서 사토우 다이스케佐藤大介(반핵아시아포럼) 씨에게도 큰 신세를 졌다. 그리고, 핵발전소 관련된 몇 가지 용어를 선택함에 있어 혼란스러울 때가 있었는데, 이준택 교수님(건국대 물리학과)의 조언으로 정리할 수 있었다. 이 자리를 빌려 감사 인사를 전한다.

이제 이 책이 옮긴이들 손을 떠난다. 부족한 부분은, 거침없는 조언과 지적으로 되돌아오길 바란다. 더불어 이 책을 시작으로, 더 많은 이들이 '방사선', '내부피폭', '저선량 피폭', '피폭피해' 등의 문제에 관심을 가질 수 있기를 기대한다.

참고문헌

【영어문헌 — 잡지】

American Roentgen Ray Society(1957) *American J. Roentgenology*, 77(6), pp. 945-997.

Beadle, George W. (1959) "Ionizing Radiation and the Citizen," *Scientific American*, September, pp. 219-232.

Gofman, John W. (1971) "Nuclear Power and Ecocide: An Adversary View of New Technology," *Bulletin of the Atomic Scientists*, September, pp.28-32.

Gofman, John W. (1989) "Warning from the A-Bomb Study about Low and Slow Radiation Exposures," *Health Physics*, 56(1) January, pp. 117-118

Hashizume, T., T. Maruyama, A. Shiragai and E. Tanaka(1967) "Estimation of the Air Dose from the Atomic Bombs in Hiroshima and Nagasaki," *Health Physics*, 13, pp.149-161.

Kulp, J. Laurence, Arthur R. Schulert and Elizabeth J. Hodges(1960) "Strontium-90 in Man IV", *Science*, 132(19), pp. 448-454.

Lindell, B. (1988) "Radiation Protection—— A Look to the Future: ICRP Perceptions," *Health Physics*, 55(2) August, pp.145-147.

Marshall, Elliot (1981) "New A-Bomb Data Shown to Radiation Experts," *Science*, 212(4501), pp.1364-1365.

Marshall, Elliot(1981)"New A-bomb Studies Alter Radiation Estimates," *Science*, 212(4497), pp.900-903.

Muller, H. J.(1954) "The Manner of Dependence of the Permissible Dose of Radiation on the Amount of Genetic Damage," *Acta Radiologica*, 41, pp. 5-19.

National Radiological Protection Board(1987) "Supplement to Radiological Protection," *Bulletin*, 86.

NCRP (1957) "Statement," *Radiology*, 68, pp. 260-261.

NCRP(1957) "Maximum Permissible Radiation Exposure to Man," *Radiology*, 68, pp. 260-261.

NCRP(1958) "Maximum Permissible Radiation Exposure to Man," *Radiology*, 71, pp. 263-266.

NCRP(1960) "Somatic Radiation Dose for the General Population," *Science*, 131(19), pp.482-486.

Report on 1956 Amendments to the Recommendations of the International Commission on Radiologicai Protection (ICRP)(1958), *Radiology*, 70, pp. 261-262.

Rossi, Harold H. and Charles W. Mays(1978)" Leukemia Risk from Neutrons," *Health Physics*, 34, April, pp. 353-360.

Sinclair, Warren K. and Patricia Failla(1981) "Dosimetry of the Atomic Bomb Survivors," *Radiation Research*, 88, pp. 437-447.

Sinclair, Warren K. (1988)"Trends in Radiation Protection——A View from the National Council on Radiation and Measurement (NCRP)," *Health Physics*, 55(2) pp. 149-157.

Starr, Chauncey(1963) "Social Benefit Versus Technological Risk," *Science*, 165(3899) pp.1232-1238.

Stone, R. S.(1946) "From Roentgen to Atomic Power," *Western J. of Surgery*, 54(5) pp. 201-208.

Schwarzschild, Bertram M.(1981) "Studies Revise Dose Estimates of A-Bomb Survivors" *Physics*, September.

Tamplin, Arthur R. (1971) "Issues in the Radiation Controversy," *Bulletin of the Atomic Scientists*, September, pp.25-27.

Taylor, L. S.(1940)"The Economic Features of X-Ray Protection," *Radio-logy* 34, pp.425-437

Taylor, L. S. (1956)"Radiation Protection for the General Practitioner," *Southern Medical Journal*, 49, pp.826-833.

Taylor, L. S.(1956) "The Basics for Standards for Radiation Protection," *Journal of the Washington Academy of Science*, 46(3), pp. 69-77.

Taylor, L. S. (1957)"The Philosophy Underlying Radiation Protection", *American Journal Roentgenology*, 77, pp. 914-919.

【영어문헌 — 단행본】

AIF Ad Hoc Committee on Occupational Radiation(1978) *A Preliminary Assessment of the Protectional Impacts on Operating Nuclear Power Plants of a 500 m rem/year*

Occupation, Atomic Industrial Forum.

American Nuclear Society(1979) *Executive Conference on Economic Viability of the Nuclear Industry*, Am. Nuclear Society.

Badash, Lawrence and Joseph O. Hirschfelder(1980) *Reminiscences of Los Alamos, 1943-1945*, D. Reidel Publishing Co.

Ball, Haward (1986) *Justice Downwind: America's Atomic Testing Program in the 1950's*, Oxford Univ. Press.

Ballard, M. G. (1988) Nuclear Safety: *After Three Mile Island and Chernobyl*, Elsecier Applied Science.

BEAR Committee(1956) *Summary Report*, NAS-NRC.

BEAR Committee(1956) *The Biological Effects of Atomic Radiation——A Report to the Public*, NAS-NRC.

BEAR Committee (1960) *Summary Report* 1960, NAS-NRC.

BEIR(1972) *The Effects on Populations of Exposure of Low Levels of Ionizing Radiation*, NAS-NRC.

Blakeway, Denys & Sue Lloyd-Roberts(1985) *Fields of Thunder : Testing Britain's Bomb*, Unwin Paperbacks.

Braestrup, Charles B. and Wyckoff Harold (1958) *Radiation Protection*, Charles C. Thomas Publishers.

Bupp, Irvin, Jean-Claude Derian and Marie-Paude(1974) *Do, Trends in Light Water Reactor Capital Costs in the United States: Causes and Consequences*, C. for Policy Alternatives, MIT.

Bupp, Irvin and Jean-Claude Derian(1978) *Light Water: How the Nuclear Dream Dissolved*, Basic Books, Inc., Publishers.

Carlson, Elof Axel(1981) *Gene, Radiation, and Society: The Life and Work of H. J. Muller*, Cornell Univ. Press.

Clarfield, Gerard H. and William M. Wiecek(1984) *Nuclear America: Military and Civilian Nuclear Power in the United States, 1940-1980*, Harper & Row, Publishers.

Committee on the Biological Effects of Ionizing radiation(1980) *The Effects on Populations of Exposure to Low Levels of Ionizing Radiation* , National Academy Press .

Cutler, James and Rob Edwards(1988) *Britain's Nuclear Nightmare: The Shocking*

Truth behind the Danger of Nuclear Power, Sphere Books Ltd.

Divine Robert A. (1978) *Blowing on the Wind: The Nuclear Test Ban Debate, 1954-1960*, Oxford Univ. Press.

Dugger, Benjamin M. (1936) *Biological Effects of Radiation 1*, McGraw-Hill.

Ebbin, Steven and Raphael Kasper (1974) *Citizen Groups and the Nuclear Power Controversy : Uses of Scientific and Technological Information*, The MIT Press .

Eisenbud Merril (1987)*Environmental Radioactivity from Natural, Industrial, and Military Sources*, Academic Press, Inc.

Federal Radiation Council(1960) *Background Material for the Radiation Protection Standards (FRC Report No. 1)*, U. S. GPO.

Federal Radiation Council(1962) *FRC Report No.3: Health Implications of Fallout from Nuclear Weapons Testing Through 1961*, FRC.

Federal Radiation Council(1963)*FRC Report No.4: Estimates and Evaluation of Fallout in the United States from Nuclear Weapons Testing Conducted Through 1962*, FRC.

Federal Radiation Council(1967)*FRC Report No.8: Guidance for the Control of Radiation Hazards in Uranium Mining*, FRC.

Ford, Daniel(1982) *The Cult of the Atom: The Secret Papers of the Atomic Energy Commission*, Simon & Shuster, Inc.

Ford, Daniel (1984) *The Cult of the Atom: The Secret Papers of The Atomic Energy Commission*, Simon and Schuster, Inc.

Green, Harold P. and Alan Rosenthal (1963) *Government of the Atom*, Atherton Press.

Hacker, Barton C. (1987)*The Dragon's Tail: Radiation Safety in the Manhattan Project, 1942-1946*, Univ. of Cal. Press.

Hewlett, Richard G. and Jack M. Holl(1989)*Atoms for Peace and War 1953-1961 : Eisenhower and the Atomic Energy Commission*, Univ. of Cal. Press.

House of Representatives(1977) *Nuclear Power Costs: Hearings before a Subcommitee of the Commitee on Government Operations, House of Representatives*, U. S. GPO.

IAEA(1970) *Nuclear Energy Costs and Economic Development: Proceedings of a Symposium on Nuclear Energy Costs and Economic Development*. IAEA

International Laborer Office(1987)*Radiation Protection of Workers (Ionizing Radiation)*, ILO.

Joint Committee on Atomic Energy Development(1955) *Growth, and State of the Atomic Energy Industry: Hearings before the Joint Committee on Atomic Energy*, U. S. GPO.

Joint Committee on Atomic Energy(1957) *The Nature of Radioactive Fallout and Its Effects on Mat: Hearings before the Special Subcommittees on Radiation of the Joint Committee on Atomic Energy*, U. S. GPO.

Joint Committee on the Atomic Energy(1959) *Fallout from Nuclear Weapons Tests: Hearings before the Special Subcommittee on Radiation of the Joint Committee on Atomic Energy*, U. S. GPO.

Joint Commitee on Atomic Energy(1964) *Nuclear Power Economics: Analysis and Comments 1964*, U. S. GPO.

Jones, Lloyd Peter (1984) *The Economics of Nuclear Power Programs in the United Kingdam*, St. Martin's Press.

Jones, Russel Robin & Richard Southwood(1987) *Radiation and Health: The Biological Effects of Low Level Exposure to Ionizing Radiation*, John Wiley & Sons.

Karam, A. R. and K. Z. Morgan(1976) *Energy and the Environment Cost-Benefit Analysis*, Pergamon Press.

Kathren, Ronald L. and Paul L. Ziemer eds.(1980) *Health Physics: A Backward Glance*, Pergamon Press.

Kathren, Ronald L. (1984) *Radiation Protection*, Adam Hilger Ltd.

Lakey, R. E. J. and J. D. Lewins eds.(1987) *ALARA Principle, Practice and Consequences*, Adam Hilger Ltd.

Medical Research Council(1956) *The Hazards to Man of Nuclear and Allied Radiation*, Her Majesty's Stat. Offs.

Miller, Richard L. (1986) *Under the Cloud : The Decades of Nuclear Testing*, The Free Press.

Morgan, Karl Z. and J.E.Turner eds.(1967)*Principles of Radiation Protection*, John Wiley & Sons.

Mullenbach, Philp (1963) *Civilian Nuclear Power: Economic Issues and Policy Formation*, The Twentieth C. Fund.

NCRP(1938) *NCRP Report No.4: Radium Protection*, U. S. GPO.

NCRP(1949)*Safe Handling of Radioactive Isotopes*, U. S. Dept.of Commerce.

NCRP(1954)*NCRP Report No.17: Permissible Dose from External Source of Ionizing

Radiation, NCRP.

NCRP(1955)*NCRP Report No.18: X-ray Protection*, NCRP.

NCRP(1955)*NCRP Report No.19: Regulation of Radiation Exposure by Legislative Means*, NCRP.

NCRP(1959)*NCRP Report No.22: Maximum Permissible Body Burdens and Maximum Permissible Concentrations of Radio Nuclides in Air and in Water for Occupational Exposure*, NCRP.

NCRP(1971)*NCRP Report No.39: Basic Radiation Protection Criteria*, NCRP.

NCRP(1974)*NCRP Report No.42: Radiological Factors Affecting Decision-Making in Nuclear Attack*, NCRP.

NCRP(1975)*NCRP Report No.43: Review of the Current State of Radiation Protection Philosophy*, NCRP.

NCRP(1977)*NCRP Report No.52: Cesium-137 from the Environment to Man: Metabolism and Dose*, NCRP.

NCRP(1982)*Critical Issues in Setting Radiation Dose Limits*, NCRP.

NCRP(1982)*Perceptions of Risk: Proceedings No.1*, NCRP.

NCRP(1983)*Radiation Protection and New Medical Diagnostic Approaches: Proceedings No. 4*, NCRP.

NCRP(1983)*Environmental Radioactivity : Proceedings No.5*, NCRP .

NCRP(1985)*NCRP Report No.84: General Concepts for the Dosimetry of Internal Deposited Radionuclides*, NCRP.

NCRP(1985)*Some Issues Important in Developing Basic Radiation Protection Recommendations, Proceedings No.6*, NCRP.

NCRP(1987)*NCRP Report No.89: Genetic Effects from Internally Deposited Radionuclides*, NCRP.

NCRP(1987)*NCRP Report No.91: Recommendations on Limits for Exposure to Ionizing Radiation*, NCRP.

NCRP(1987)*NCRP Report No.92: Public Radiation Exposure from Nuclear Power Generation in the United States*. NCRP.

NCRP(1987)*NCRP Report No.93: Ionizing Radiation Exposure of the Population of the United States*, NCRP.

Neel, V. James(1963) *Changing Perspectives on the Genetic Effects of Radiation*, Charles C. Thomas Publisher.

NRC(1981) *Federal Research on the Biological and Health Effcts of Ionizing Radiation*, National Research Press.

Orlans, Harold (1967) *Contracting for Atoms*, The Brookings Institution.

Oudiz, A., H. Ebert, G. Uzzan and H. Eriskat(1981) *Radiation Protection Optimization : Present Experience and Method, Proceedings of European Scientific Seminar*, Pergamon Press.

Parker, Herbert M. (1948)*Health-Physics,Instrumentation and Radiation Protection Advances in Biological Physics* (J.H.Lawrence & J.G.Hamilton eds.), Academic Press Inc.

Parker, Herbert M. (1977) *The Squares of the Natural Numbers in Radiation Protection: Lecture No.1*, NCRP.

Pochin, Edward (1978)*Why Be Quantitative about Radiation Risk Estimates ?: Lecture No.2*, NCRP.

Pochin, Edward(1983) *Nuclear Radiation: Risks and Benefits*, Clarendon Press.

Radiation Effects Research Foundation(1983) *US-Japan Joint Workshop for Atomic Bomb Radiation Dosimetry in Hiroshima and Nagasaki*, RERF.

Radiation Effects Research Foundation(1984) *Second US-Japan Joint Workshop for Reassessment of Atomic Radiation Dosimetry in Hiroshima and Nagasaki*, RERF.

RERF(1983) *US-Japan Joint Workshop for Reassessment of Atomic Bomb Radiation Dosimetry in Hiroshima and Nagasaki*, RERF.

RERF(1983) *Second US-Japan Joint Workshop for Reassessment of Atomic Bomb Radiation Dosimetry in Hiroshima and Nagasaki*, RERF.

RERF(1987)*US-Japan Joint Reassessment of Atomic Bomb Radiation Dosimetry in Hiroshima and Nagasaki* : Final Report Vols.1&2, RERF.

Scheinman, Lawrence (1987) *The International Atomic Energy Agency and World Nuclear Order*, Resources for the Future.

Smith, H. (1990)*Status of Development of the Revised ICRP Recommendations*, ICRP.

Solomon, Frederic and Robert Q. Marston(1986) *The Medical Implications of Nuclear War*, National Academy Press.

Sweet, Colin (1983) *The Price of Nuclear Power: Is it Worth the Cost ?*, Heineman Educational Books .

Taylor, L. S. (1971) *Radiation Protection Standards*, NCRP.

Taylor, L. S.(1972) *The Development of Radiation Standards*, NRC.

Taylor, L. S.(1979) *Organization for Radiation Protection*, The Assistant Secretary.
Tomain Joseph P. (1987) *Nuclear Power Transformation*, Indiana Univ. Press.
Touraine, Alain, Zsuzsa Hegedus, and Francois Dub(1983) *Anti-nuclear Protest: The Opposition to Nuclear Energy in France*, Cambridge Univ. Press.
U. S. AEC(1950) *Control of Radiation Hazards in the Atomic Energy Program*, U.S. GPO.
U. S. AEC(1951) *AEC Contract Policy and Operations*, U. S. GPO.
U. S. AEC(1953) *Public Safety in Continental Weapons Test*, U. S. GPO.
U. S. AEC(1960) *18 Questions and Answers about Radiation*, U. S. GPO .
U. S. AEC(1962) *Civilian Nuclear Power: A Report to the President*, U. S. GPO.
U. S. House of Representatives(1979)*Effects of Radiation on Human Health: Hearings before the Subcommittee on Interstate and Foreign Commitee*, U. S. GPO.
U. S. Joint Committee on Atomic Energy(1956) *Peaceful Uses of Atomic Energy 1*, U. S. GPO.
Warren, Stafford L. (1954) *Biological Effects of External Radiation National Nuclear Energy Series, Manhattan Project Technical Section Division*, McGraw-Hill.
Weinberg, Alvin M. (1979) *Economic and Environmental Impacts of U. S. Nuclear Moratorium, 1985-2010*, MIT Press.
Williams Robert C. and Philip L. Cantelon eds. (1984) *The American Atom: A Documentary History of Nuclear Policies from the Discovery of Fission to the Present 1939-1984*, Univ. of Pennsylvania Press.
Yager, Joseph A. (1981)*International Cooperation in Nuclear Energy*, Brookings Institution.

【일어문헌 ― 잡지】

今中哲二（1983）「広島・長崎原爆による中性子線量の推定」『科学』53（2）、pp. 114-122.
中川保雄（1984）「国際放射線被曝防護基準の変遷と原子力開発」『神戸大学教養部紀要 論集』33、pp. 1-27.
中川保雄（1985）「マンハッタン計画の放射線被曝管理と放射線影響研究」『神戸大学教養部紀要 論集』36、pp. 49-69.
中川保雄（1986）「広島長崎の原爆放射線影響研究――急性死急性傷害の過小評

価」『科学史研究』 25 (157)、pp. 20-33.
中川保雄 (1986)「過小評価されていた放射線障害――広島・長崎41年目の真実」『科学朝日』 46 (8)、pp. 117-122.
中川保雄 (1987)「放射線による晩発的影響の過小評価（Ｉ）」『科学史研究』 26 (163)、pp. 129-138.
中川保雄 (1987)「放射線による晩発的影響の過小評価（Ⅱ）」『科学史研究』 26 (164)、pp. 207-213.
丸山隆司 (1981)「T65D再評価をめぐる話題――ミネアポリスのワークショップを中心に」『放射線科学』 24 (8)、pp. 141-148.
丸山隆司 (1983)「原爆線量再評価に関する日米ワークショップと今後の動向」『放射線科学』 26 (4)、pp. 61-65.

【일어문헌 ― 단행본】

ICRP (1975)「"線量は容易に達成できる限り低く保つべきである"という委員会勧告の意味合いについて」『ICRP Publication 22』日本アイソトープ協会
ICRP (1985)「放射線防護の最適化における費用――便益分析」『ICRP Publication 37』日本アイソトープ協会
ICRP (1988)「統一された害の指標を作成するための定量的根拠」『ICRP Publication 45』日本アイソトープ協会
ICRP (1988)「国際放射線防護委員会勧告」『ICRP Publication 26』日本アイソトープ協会
松原純子 (1989)『リスク科学入門』東京図書

【증보 ― 영어문헌】

Cardis, E., et al.(2007) "The 15-Country Collaborative Study of Cancer Risk among Radiation Workers in the Nuclear Industry: Estimates of Radiation-Related Cancer Risks," *Radiation Research*, 167, pp. 396-416.
ICRP(2011)"Fukushima Nuclear Power Plant Accident," ICRP ref: 4847-5603-4313 March 21, 2011. (「ICRP3.21声明」英文)
McGeoghegan,D., et al.(2008)"The Non-cancer Mortality Experience of Male Workers of British Nuclear Fuels Plc. 1946~2005," *International J. Epidemiology*,

37, pp. 506-518.
Preston, L., et al.(2007) "Solid Cancer Incidence in Atomic Bomb Survivors:1958-1998," *Radiation Research*, 168, pp.1-64.
Shimizu, Y., et al.(2010) "Radiation Exposure and Circulatory Disease Risk :Hiroshima and Nagasaki Atomic Bomb Survivor Data, 1950-2003," *BMJ*, 340, b5349.
Stewart, A.(1971) "Low Dose Radiation in Man," *Adv. Cancer Research*, 14.
Yamada, M, F.L. Wong, et al.(2004) "Noncancer Disease Incidence in Atomic Bombs Survivors, 1958-1998," *Radiation Research*, 161, pp. 622-632.

【증보 ― 일어문헌】

ICRP（1990）「国際放射線防護委員会の1990年勧告」『ICRP Publication 60』日本アイソトープ協会
ICRP（2007）「国際放射線防護委員会の2007年勧告」『ICRP Publication 103』日本アイソトープ協会
ICRP（2008）「日本語版ドラフト　緊急時被ばく状況における人々に対する防護のための委員会勧告の適用」『ICRP Publication 109』日本アイソトープ協会
ICRP（2008）「日本語版ドラフト　原子力事故又は放射線緊急事態後における長期汚染地域に居住する人々の防護に対する委員会勧告の適用」『ICRP Publication 111』日本アイソトープ協会
伊東　壯（1975）『被爆の思想と運動』新評論
岩松繁俊（1998）『戦争責任と核廃絶』三一書房
NHK取材班・阿南東也（1992）『十月の悪夢　1962年キューバ危機・戦慄の記録』日本放送出版協会
NHK広島局・原爆プロジェクトチーム（1988）『ヒロシマ・残留放射能の四十二年［原爆救援隊の軌跡］』日本放送出版協会
於保源作（1957）「原爆残留放射能障碍の統計的観察」『日本医事新報』No.1746, pp. 21-25.
吉川　清（1981）『『原爆一号』といわれて』筑摩書房
原水爆禁止日本国民会議／21世紀の原水禁運動を考える会編（2002）『開かれた「パンドラの箱」と核廃絶へのたたかい――原子力開発と日本の非核運動』七

つ森書館
スターングラス, E・J・［反原発科学者連合訳］（1982）『赤ん坊をおそう放射能——ヒロシマからスリーマイルまで』新泉社
阪南中央病院被爆者実態調査実行委員会（1992）『過小評価され、切捨てられてきた原爆被害』
廣重徹（1960）『戦後日本の科学運動』中央公論社
双葉地方原発反対同盟（1982）『福島原発　被曝労働者の実態』
プリングル, ピーター／ジェームズ・スピーゲルマン［浦田誠親監訳］（1982）『核の栄光と挫折』時事通信社
メドヴェジェフ, ジョレス［吉本晋一郎訳］（1992）『チェルノブイリの遺産』みすず書房
森瀧市郎（1994）『核絶対否定への歩み』渓水社
山下俊一監修（2011）『正しく怖がる放射能の話』長崎文献社

방사선 피폭의 역사
— 미국 핵폭탄 개발부터 후쿠시마 핵발전소 사고까지

펴낸 날 2020년 3월 11일
지은 이 나카가와 야스오(中川保雄)
옮긴 이 박찬호·오하라 츠나키·윤종호
펴낸 곳 무명인
펴낸 이 윤종호   **교정** 정유선   **편집** 김동훈

주소 전라북도 고창군 아산면 영모정길 38-29 영모마을
연락처 010-8279-7849   **전자우편** bebelow@hanmail.net
출판등록 2011년 7월 5일 제478-2011-000001호
인쇄 ㈜상지사P&B
ISBN 978-89-98277-09-3 03500
값 18,000원